U0889003

图书在版编目(CIP)数据

上海与现代化国际大都市研究 / 中国社会科学院当代中国研究所，上海社会科学院历史研究所主编；左学金著 . -- 北京：当代中国出版社，2024.3

（《纵观上海》丛书）

ISBN 978-7-5154-1317-4

Ⅰ . ①上… Ⅱ . ①中… ②上… ③左… Ⅲ . ①国际性城市—城市建设—研究—上海 Ⅳ . ① F299.275.1

中国国家版本馆 CIP 数据核字（2024）第 016677 号

出 版 人　王　茵
责任编辑　陈　莎
责任校对　康　莹
印刷监制　刘艳平
封面设计　鲁　娟
出版发行　当代中国出版社
地　　址　北京市地安门西大街旌勇里 8 号
网　　址　http://www.ddzg.net
邮政编码　100009
编 辑 部　（010）66572180
市 场 部　（010）66572281　66572157
印　　刷　中国电影出版社印刷厂
开　　本　710 毫米 × 1000 毫米　1/16
印　　张　17.25 印张　1 插页　250 千字
版　　次　2024 年 3 月第 1 版
印　　次　2024 年 3 月第 1 次印刷
定　　价　98.00 元

版权所有，翻版必究；如有印装质量问题，请拨打（010）66572159 联系出版部调换。

当代中国研究所国情调研（上海）基地丛书编委会

顾　问： 燕　爽　张道根　于信汇

主　任： 张星星

副主任： 武　力　王　健　李正华

委员（以下委员按姓氏笔画排序）

于俊霄　叶　斌　李　文　李安方　狄　飞

宋月红　张　永　张秀莉　陈殷华　欧阳雪梅

郑有贵　黄仁伟　曹宏举　褚晓琦

总　序

2012年5月6—9日，根据时任全国政协副主席，中国社会科学院党组书记、院长陈奎元的要求，时任中国社会科学院党组副书记、常务副院长王伟光组织学部委员赴上海考察。其间，学部委员们围绕贯彻落实科学发展观、转变经济发展方式、推动文化创意产业发展、提高自主创新能力等重大理论和现实问题，对上海的航运、金融、制造业和文化产业等进行深入调研，深深感受到上海历史文化的深厚积淀和改革开放率先发展的巨大活力。

正是在这次考察期间，为了进一步加强中国社会科学院与上海市人民政府的战略合作，致力于改进和创新哲学社会科学研究方法、研究手段，充分发挥当代史研究以史为鉴、资政育人的作用，努力为上海创新驱动、转型发展提供有益借鉴，双方达成了共同开展当代上海研究的意向。在中国社会科学院和上海市领导的关心、支持下，在时任当代中国研究所党组书记、所长李捷和时任上海市委宣传部副部长李琪、上海社科院党委书记潘世伟等的具体推动下，2012年10月20日，中国社会科学院当代中国研究所与上海社会科学院历史研究所合作建立的当代中国研究所国情调研（上海）基地正式挂牌成立。当代中国研究所国情调研（上海）基地成立后，双方本着优势互补的原则，通过凝聚京沪两地高端研究人才，积极开展国情调研、对策研究和经验总结，用理论与实际、历史与现实有机结合的科研成果，为党和国家的工作大局服务，为上海的创新驱动、转型发展贡献力量，并推动双方的研究体制机制创新。

当代中国正在经历着快速而深刻的变革，需要我们对中国独特的发展道路及时加以分析和总结。上海在中国的特殊地位使其在中国当代史的研究中有着非常重要而独特的意义。因此，研究当代中国历史不能不研究上海历史和当代上海。为此，基地成立后不久，即提出合作开展“纵观上海”和“当代上海”两大系列课题研究，并得到了上海市委宣传部理论处和上海市哲学社会科学规划办公室的大力支持，列入了规划办的特别委托项目。此后，项目又陆续得到了上海市委宣传部副部长燕爽和上海社科院领导的关心与指导。两大系列共计16个课题，全方位展示上海的历史和现当代上海在政治、经济、社会、文化、生态、都会、社区、民生、党建等方面的发展演进。

2018年是改革开放40周年。论及开放的历史，很少有其他国内城市能与上海相提并论。上海元代设县，明代是全国棉纺织手工业中心，清代设立海关。鸦片战争后被殖民主义者霸占为“通商口岸”。数百年间，外来人口不断涌入上海，使之逐渐发展成为独特的国际化大都会，在经济、金融等方面独领风骚，也吸引了各派政治力量的竞相角逐。在晚清以来的各种政治思潮和政治活动中，上海都扮演过重要的角色。南京国民政府建立之后，上海更成为另一个政治中心。

上海还是中国共产党的诞生地、早期中共中央的所在地。大量的人口、产业、资金、技术、信息和文化的集聚，在推动上海快速发展的同时，也把中国带进了世界现代化的舞台。可以说，没有一个城市像上海这样在一个国家的现代化进程中扮演过如此重要的角色，也没有一个城市像上海这样在中西文明的交汇融合过程中发挥过如此关键的作用。

改革开放以来，上海的开放传统又一次焕发生机。经济、贸易、航运、金融全面发展，城市的面貌日新月异，人们的精神状态也有了巨大的变化。特别是20世纪90年代以后，上海抓住了浦东开发开放这一历史机遇，以更加积极的姿态走向世界，大胆突破各种束缚，在现代工业、城市建设、高新科技等领域取得突飞猛进的发展，开放促进改革和发展的理念深入人心。2018年11月5日，习近平主席在首届中国国际进口博览会开幕式上的主旨演讲中指出：“上海背靠长江水，面向太平洋，长期领中国开放风气之先。上海之所以发展得这么好，同其开放品格、开放优势、开放作为紧密相连。我曾经在上海工作过，切身感受到开放之于上海、上海开放之于中国的重要性。开放、创新、包容已成为上海最鲜明的品格。这种品格是新时代中国发展进步的生动写照。”这是对上海的高度评价，也是对上海的殷切期望，更突显了总结上海发展历史和发展经验的重要时代意义。

跨区域、跨行业、跨专业的协同创新，是实施哲学社会科学创新工程、全面推进哲学社会科学各领域创新的重要组织形式。中国社会科学院当代中国研究所与上海社会科学院历史研究所合作建立的当代中国研究所国情调研（上海）基地，在发挥各自优势、推动协同创新方面作出了积极尝试。衷心希望当代中国研究所国情调研（上海）基地“纵观上海”和“当代上海”两大系列课题的成果，能进一步加强对中华人民共和国史的研究，特别是深化对上海革命、建设和改革历史的研究，从而总结和提炼出上海城市发展的一些规律性问题，在新的起点上充分展示作为排头兵、先行者的创造性，全面增强城市核心功能，加快建设国际经济、金融、贸易、航运和科技创新中心，为努力建设卓越的全球城市和具有世界影响力的社会主义现代化国际大都市提供有益的历史借鉴，向庆祝改革开放40周年、中华人民共和国成立70周年、中国共产党建党100周年献礼！

中国社会科学院当代中国研究所
上海社会科学院历史研究所

目 录

引　言

从 20 世纪 80 年代开始，经济全球化和区域一体化不断深入。发达国家城市化进入成熟期，发展中国家城市化开始进入加速期，两者相互作用，对国际大都市的发展起着巨大的推动作用。同时，对国际大都市的发展也提出了更高的要求。上海在遵循国际大都市发展规律的同时，将进一步发挥后发优势，向现代化方向进一步迈进。

全球化、信息化、知识化浪潮席卷全球。以信息技术为基础的创新遍布世界各个角落，对人类社会发展起到划时代的推动作用。正如联合国《2010 年信息经济报告》指出的，信息与通信技术（ICTs）在创造新生活、提高与减贫有关的企业之生产力方面所发挥的潜在作用。ICT 技术的应用正经历着快速的变革。易得的连通性第一次成为现实，甚至那些生活中低收入国家偏远地区的人们，及当地企业也能享受这一变革带来的益处。全球城市化进程不断加速，创新成为城市竞争力中最具决定性的因素之一，大城市作为参与国际竞争中观尺度的地域单元，在区域经济发展和创新活动中扮演着主要角色。

新中国成立后，上海有两次重要的城市空间规划对上海市的空间结构发展产生了深远的影响。它们分别是：1986 年的《上海市城市总体规划》和 1999 年的《上海市城市总体规划（1999—2020 年）》。这两个计划在不同阶段对上海有不同的影响，充分体现了上海市在不同时期城市空间发展转型的探索道路，也将深刻影响未来上海城市空间结构的形成与发展。

近郊区制造业企业占比高于远郊区，但增速略低于远郊区。进入 21 世纪，上海实施新一轮大发展和城市结构的战略性调整，发展重心逐步由中心城向郊区转移。同期，全球制造业加快向中国转移。在内外两种推动力作用下，制造业呈现郊区化特征。据分析，2000—2013 年，上海工业企业单位数从 19516 个下降为 9782 个。其中，中心城区比重从 2000 年的 21.2% 下降为 2013 年的 5.6%，而中心城核心区下降幅度最大，减少了 94.5%；远郊区的工业企业比重增加略高于近郊区。从产业结构细分看，低端劳动密集型制造业和低端服务业仍然较多。郊区企业数量的增加和比重的上升带动就业人口向郊区迁移，并对郊区生态环境恶化、土地资源过量消耗等产生了较为明显的影响。

与上海城市化和工业化相伴而生的第二个显著特征，即人口规模急剧扩大。统计数据显示：2000 年，上海常住人口规模为 1640.78 万，截至 2017 年底，上海常住人口规模 2418 万，年均增长 14% 以上，上海人口增长速度迅猛，来沪人口剧增是人口规模迅速膨胀的主要因素。伴随城市化工业化的推进，由于产业、就业、居住、交通等城市基本功能的内容、性质发生变化（包括空间位移），致使城市功能空间在结构上进行重新配置，城市功能空间形态不断扩大。由于城市功能不断完善，加之生活成本较中心城区具有较大优势，人口分布随城市形态扩张也呈现延展态势。各个地区都有不同程度大量外来人口进入。从人口分布看，人口呈现近郊集聚态势，远郊以新城为主要人口导入区。

随着轨道交通向郊区延伸以及上海通过郊区新城建设、郊区住宅基地和大型居住社区建设疏散中心城区人口，引导人口向郊区迁移，上海近郊区和远郊区新增住宅面积陡升，近郊已成为主要住宅分布区域，远郊的居住功能不断上升。目前，上海已形成以宝山顾村、嘉定江桥、松江泗泾、闵行浦江、浦东周康航、浦东曹路为主的 6 大保障房建设基地以及以中低价普通商品房为主的 9 个郊区大型居住社区（嘉定新城西站、嘉定新城白银路站、嘉定环球乐园站、青浦新城、青浦诸光路站、宝山新城、南桥新城、临港新城、金山亭林）。6 大保障房基地规划建设用地面积共约 19.33km^2，9 个大型居住社区总面积约为 3970 万 m^2。住宅分布的扩散对上海大都市和谐发展也产生越来越重要的影响。据统计年鉴资料分析，1990—2013 年上海中心城区的人口密度从 25174 人 /km^2 下降为

21190 人 /km^2，郊区则从 936 人 /km^2 上升为 2792 人 /km^2。但也带来了居住与就业的空间错位、交通拥堵、土地资源浪费等问题。

上海地处中国“江海之汇、南北之中”，开埠以来一直是海纳百川、经济繁荣之地。它是长江三角洲的龙头城市，对于我国长江经济带的经济与社会发展具有较大影响。上海作为我国长江三角洲地区性首位城市，在我国城市化进程中的地位与作用较为突出，影响也较大。上海的生态城市建设状况直接影响到上海的聚集与辐射作用，影响到上海服务长江三角洲、长江流域和全国的能力与范围。我们看到，上海从 20 世纪 90 年代浦东开发开放以后，经济高速发展，人口规模不断扩大，已经成为长江三角洲无可争议的地区性首位城市，成为国内外生产要素流动的通道，也是联结国内外资源与市场的全球节点城市。上海已经成为引领国内经济参与国际经济循环、加入新的国际生产劳动分工的地方性等级体系顶端城市。同时，我们也应看到，上海城市高速发展中也出现了许多问题，如居住拥挤、环境污染、交通堵塞和粗放利用资源等，这些问题直接影响城市居民的工作与生活，影响人们的健康与生活质量。如果上海不能有效地解决环境污染、交通堵塞、资源利用粗放等生态问题，上海对国际高级劳动力和其他生产要素的吸引力将会有所下降，经济与社会发展将是不可持续的，有损于上海率先发展、科学发展的城市发展战略。当前，上海正视经济与社会发展遇到的挑战与困难，正在建设资源节约型、环境友好型城市，发展循环经济，推进环境保护和生态建设。本书拟从经济发展角度分析上海生态城市建设面临的处境，评价上海城市环境生态状况，指出上海在生态城市建设的成就与面临的挑战，并提出相应对策。

开放是上海最大的优势。自开埠以来，上海的发展始终与对外开放息息相关，这座城市的竞争力与吸引力就在于其高度的开放性和国际化。改革开放 40 多年来，上海始终立足服务国家战略，深度融入经济全球化进程，打造联结中外市场的枢纽地位，坚持以制度创新推动对外开放，取得了一系列重要成就。随着全球化和区域一体化的不断深入，上海作为国际大都市要进一步扩大对外开放，以长三角一体化战略为引领，以上海自由贸易试验区为抓手，实行高水平的贸易和投资自由化便利化政策，扩大服务业对外开放，积极参与“一带一路”建设，带动长三角以及长江经济带更高水平的开放。

未来上海建设全球科技创新中心，本质上要求实现发展方式由要素驱动向创新驱动转变，着眼于服务上海经济发展方式转变，开辟生产力发展新空间，依靠科技培育新的经济增长点，开辟生产力发展新空间，使创新真正成为经济发展的驱动力，从而产生巨大效益。

未来上海城市空间结构将由“单中心”向“多中心”转型。同时，上海市也在不断改善其内部交通网络体系，建设多条发展轴，各个发展中心联系更为紧密。随着长三角一体化的不断深化和全球化进程的不断推进，上海城市空间结构外向拓展趋势明显。

未来上海将以“一带一路”国际合作为引领，推动总部经济发展，提升资源配置能力。进一步深化吸引跨国公司在沪设立地区总部、投资性公司、研发中心、营运中心、结算中心、共享服务中心等各类区域总部及功能性机构的准入、外汇、税收、人才等政策。建立和完善面向跨国公司地区总部的高效协同的工作机制，鼓励跨国公司整合区域内投资、销售、研发、结算、资金管理、共享服务、物流分拨等业务，开展区域总部业务一体化运作，重点强化在全球范围内进行资金调拨、贸易结算、人力配置、研发共享等方面功能，促进上海从跨国公司全球布局中的生产、销售基地向对各类资源进行协调、控制的区域性乃至全球性枢纽转变。同时，上海将成为国内企业“走出去”的平台。上海要在政府管理、社会服务、市场体系、专业支撑方面加强探索，完善“走出去”的促进机制和“走得好”的保障机制，使上海成为境外投资制度创新先导区、企业走出去的桥头堡、内外联动发展的连接点。

第一章

上海建设创新型国际大都市研究

进入工业化社会以来，随着城市产业结构转型调整和空间尺度的扩展，城市的科技创新功能逐步向服务化、商贸化演变。首先，是对城市传统创新发展模式的突破。在基于三重螺旋模型的创新联动实践中，大学和科技企业始终是研究的主要对象，也往往被当作区域创新驱动的主导力量。然而，随着创新环境等要素的地位日益突出，生产企业已逐渐从网络中淡出。受城市产业转型、土地集约化利用以及城市发展演进阶段等客观条件的影响，传统的科技创新模式不断受到挑战，表现在城市自主创新能力在政府管理体制、投融资体制、人才管理体制和社会化服务体系等方面，都存在制约因素，从而为突破城市传统创新发展模式的制约提供了条件。其次，是对科技创新形式的丰富。科技创新的形式包括产品创新、技术创新、服务创新、生产流程或商业流程创新、组织模式创新、商业模式创新等，受限于发展阶段和经济基础，我国城市的创新形式较为狭隘，主要侧重于高科技产业的技术进步、产品创新等。随着城市化进程的深入和城市化水平的提高，城市科技创新发展的内外部条件都发生了很大变化，文化与社会等领域的作用越来越显著，成为知识创新传递不可或缺的重要环节。

第一节　上海国际大都市创新建设背景分析

一、新一轮科技革命为主导的全球创新链逐步形成

当前，新一轮科技革命正在全球兴起，新技术、新产业正在成为各国激烈竞争的制高点。越来越多的国家更加重视以科技促进产业转型升级，以创新推动城市经济社会发展。在新技术和新产业革命背景下，全球创新格局正在重构，城市的创新模式、生产组织形式和产业发展形态正发生改变。以伦敦、纽约、东京为首的国际大都市对创新的策略、方向、结构、布局纷纷作出调整。

一是修编创新战略，为城市创新发展定方向和基调；制定聚焦主要问题的创新计划，配合创新战略实施，解决城市创新发展的突出矛盾。《上海市城市总体规划（2017—2035 年）》提出，上海将建成卓越的全球城市，

令人向往的创新之城、人文之城、生态之城，具有世界影响力的社会主义现代化国际大都市。这是在牢固树立和贯彻落实创新、协调、绿色、开放、共享新发展理念的基础上，把创新作为首要发展要素来推进的。二是应对新技术与新产业革命的创新要求，加强城市的科学应用，以完善创新要素、优化要素组合、提高要素效率的方式弥补城市创新发展短板，做好基础研究—应用研究—技术开发—市场实现之间的衔接。三是扶持占城市创新主体比重最大、最具活力的创新者——中小企业，重点解决这些企业面临的金融、市场服务和创新协作难题，帮助这些企业应对金融危机与市场风险；四是应对制造业生产方式小型化、分散化、灵活化的趋势，发展都市微型制造，从战略上、品牌上、空间上予以支持和保证。五是调整创新布局，以适应新技术和新产业革命影响下的众创需求；改变园区式发展模式，建设非园区型的创新城区与科技城，充分强调城市的文化优势和组织协调优势，鼓励创新向城市中心城区回归。六是采取以数据辅助创新的战略，大力发展数字经济以确保创新应用；从战略层面上开放政府数据平台，加强数字基础设施和平台建设；建立良好的维护机制扶持数字创新。七是精准定位政府角色，做好服务，筛选、引导资助对象，聚焦解决创新短板问题。八是重视数字化创新社会的建设，回归数字应用的初衷和本源，建设数字社会和社区，服务民生、创造福祉。

二、提升创新引领和示范作用成为我国城市发展的长期战略

从发展环境来看，上海经济发展的国内外环境出现了新变化，全球和国内经济增长格局、速度和结构的转变都使得中国的创新发展机遇与挑战并存。一方面，中国仍处于金融危机后的全球经济缓慢复苏的大环境中，由于发达经济体在较长时间内仍难以摆脱经济低迷状态，并且通过新一轮科技革命推动全球经济大变革，中国必须参与到国际经济竞争与合作的新格局中。另一方面，国内经济发展进入新常态，改革开放以来经济快速增长的支撑条件逐步改变，规模扩张方式难以为继，经济增长快速下降、增长动力发生了明显变化，经济转型升级进入关键时期。

新一轮科技革命促使中国及时调整了经济发展策略，经济发展依托创

新，向集约化和绿色的方向发展。国内许多城市都纷纷加快发展创新型经济，通过发展战略性新兴产业、改造提升传统产业、加大高新技术的应用推广来促进经济健康发展。2016 年 8 月 8 日，《“十三五”国家科技创新规划》正式印发，首次将“科技创新”作为一个整体进行顶层规划。规划从整个创新链条出发，涵盖研究、开发、产业化全过程，以深入实施创新驱动发展战略、支撑供给侧结构性改革为主线，确立发展创新型经济在建设创新型国家中的地位。在这一背景下，城市创新发展格局将重构。一方面，有利于创新价值实现的创新型经济架构亟待建立，必须充分调动一切技术因素和非技术因素，充分营造鼓励创新的经济发展氛围；另一方面，不利于创新经济价值实现的体制性和制度性障碍必须破除，以破解城市创新长期以来高调低效、持续性差、科技成果应用率低的困境。

三、构建全球有影响力的科技创新中心是上海城市发展的核心

上海城市创新发展的阶段与环境发生了一系列变化。首先，随着上海城市转型进入创新驱动发展的攻坚阶段，城市经济、社会发展越来越依靠技术创新的高产与高效组织，经济的结构与形态逐渐向创新型经济转变。其次，以“工业 4.0”为代表的新一轮科技革命和产业变革开启了世界范围内创新发展的新进程，产业技术共性、共通、共融的趋势越发明显，技术创新的重点与组织形式都发生了较大变化。同时，伴随 2015 年《中国制造 2025》行动纲领的实施，以及上海肩负的国家先进制造业发展重任，产业共性技术研发任务紧迫。再次，上海正努力建设成为具有全球资源配置能力、较强国际竞争力和影响力的科创中心，对创新资源要素集聚、创新发展方式和空间组织形式都提出了新的发展要求。内外部发展环境的变化将在很大程度上重塑上海城市创新格局，发展创新型经济、研发关键共性技术、城市创新空间功能重构等成为当前上海城市创新关注的重点。

同时，上海建设具有全球影响力科创中心一年来，尽管推出了一系列的改革创新举措，但仍存在一些悬而未决的老问题，科技创新发展内部的矛盾问题，以及经济、社会发展与科技的协调性问题相互交错、叠加，为上海打造卓越的全球城市带来不确定的因素，亟待通过迭代的方式来改善：

在成本方面，日渐攀高的地价、商务成本和人力资本难以降下来，使得上海在部分创新环境的营造方面反而落后于周边城市，存在竞争压力；高度开放的人才集聚、培养、激励机制还没有形成，亟待全方面和全方位放开；科创管理方面存在脱节、滞后、效率不高的问题，增加了创新的搜寻和运营成本；整体开放度还不够，对各种创新要素的聚集和输送能力、对其他区域和全国的带动能力还有待增强。

四、构建长三角创新一体化是上海未来的重要任务

2018年6月，在上海举行的长三角地区主要领导人座谈会，审议并原则同意《长三角地区一体化发展三年行动计划（2018—2020年）》（下称《三年行动计划》），进一步明确了长三角一体化发展的任务书、时间表和路线图。

《三年行动计划》指出，到2020年，长三角地区要基本形成世界级城市群框架，建成枢纽型、功能性、网络化的基础设施体系，基本形成创新引领的区域产业体系和协同创新体系，绿色美丽长三角建设取得重大进展，区域公共服务供给便利化程度明显提升。

在此基础上，该计划将长三角地区建设目标定位为“全国贯彻新发展理念的引领示范区，成为全球资源配置的亚太门户，成为具有全球竞争力的世界级城市群”。

11月5日，在首届中国国际进口博览会开幕式上，中国国家主席习近平发表主旨演讲时指出，为了更好发挥上海等地区在对外开放中的重要作用，决定将支持长江三角洲区域一体化发展并上升为国家战略。

习近平在开幕式上指出，要着力落实新发展理念，构建现代化经济体系，推进更高起点的深化改革和更高层次的对外开放，同“一带一路”建设、京津冀协同发展、长江经济带发展、粤港澳大湾区建设相互配合，完善中国改革开放空间布局。

“着力落实新发展理念，构建现代化经济体系。”要加快经济发展质量变革、效率变革、动力变革，不断增强长三角的经济创新力和竞争力。

“推进更高起点的深化改革和更高层次的对外开放。”长三角要按照党中央和国家的部署，抓住机遇，先行先试，继续当好全国改革开放的试验

田、排头兵。

“同‘一带一路’建设、京津冀协同发展、长江经济带发展、粤港澳大湾区建设相互配合，完善中国改革开放空间布局。”也就是说，长三角不光自己要干好，还要以更高站位，加强同其他国家战略的配合协调，进一步增强服务国家大局的能力，进一步提升国际影响力和竞争力。

目前，上海与嘉兴、南通的发展轴正在完善。2017 年 7 月 12 日，在上海、浙江主要领导见证下，上海市的松江区与浙江省的嘉兴市、杭州市共同签署《沪嘉杭 G60 科创走廊建设战略合作协议》，沪嘉杭 G60 科创走廊以 G60 沪杭高速公路为主轴，由“两核一区”构成，“两核”是上海和杭州，“一区”为嘉兴，是沪杭创新要素的重要配套区、链接区和承接区。借助科创走廊，打造一个开放型、面向长三角的国家科创要素对接服务平台，打破上海、嘉兴、杭州等地的行政区划限制，使得人才、技术、资金、项目、政策等要素自由流动、自由组合，产生“1+1 ＞ 2”的效应，也是此次走廊建设的出发点和落脚点。

第二节　国际大都市创新发展的趋势分析与模式探讨

一、从技术创新向全面创新转变

改革开放 40 多年来，我国更多依靠资源、资本、劳动力等要素投入支撑了经济快速增长和规模扩张。改革开放发展到今天，这些要素发生了很大变化，再像过去那样以这些要素投入为主来发展，既没有当初那样的条件，也是资源环境难以承受的。我们必须加快从要素驱动发展为主向创新驱动发展转变，发挥科技创新的支撑引领作用。目前，国际大都市的创新向高端化迈进，突出体现在从以往注重单纯的技术创新向全领域、全社会的广范围拓展，从推动技术创新向推进新技术、新业态、新模式创新拓展。同时，重视对传统产业和低附加值环节的改造，借助产业梯度转移推动价值链的合理布局和整体竞争力的提升。围绕品种质量、节能降耗、生态环境、安全生产等重点，完善新技术、新工艺、新产品的应用推广机制，提升传统产业创新发展能力，促进传统产业与战略性新兴产业融合发展、协调发展。

二、从集聚创新要素向构建创新网络转变

全球国际大都市在推进创新的过程中，首先是集聚创新要素。这在我国的突出表现就是通过招商引资集聚创新企业和创新要素。当前，国际大都市已经成为世界创新要素最集中的区域，必须合理优化配置创新要素，而合理优化配置创新要素的基本路径就是通过构建创新网络，促进创新要素在创新网络中高效运行，从而实现结构优化。

一是点状布局阶段。城市创新初期符合“增长极”理论，硅谷、新竹、筑波等创新要素都是从点上开始集聚的。点状布局阶段又分为两个子阶段：点状集聚阶段和块状辐射阶段。点状集聚就是创新要素的简单集聚，形成创新集聚区或创新园区；块状辐射是创新要素向周边区域的辐射，与周边城市融合，形成产城融合的格局。

二是轴向布局阶段。点状布局阶段基本完成后，创新要素需要在更大的空间寻求配置，以点为主的创新要素集聚地区一般以交通要道为轴线向外扩张和扩展。如日本东京、美国波士顿 128 公路等创新要素沿轴线向周边扩展等。

三是圈层布局阶段。轴向布局阶段形成线性布局后，开始逐步形成圈层布局的空间形态。这种形态是在中心城区整体功能从集聚向辐射，并逐步达到均衡的过程中产生的。中心城区的商务成本逐步增高，加速了非核心功能对外辐射的强度。在这一过程中，对外辐射的要素和功能呈现分层的情况：高端创新要素辐射到内层，低端要素辐射到外层，形成不同的圈层结构。

四是网络布局阶段。圈层布局后，资源要素的流动开始呈现多极化、综合化、交叉化，单纯的圈层布局边界开始模糊，在区域一体化动力推动下，要素资源向均衡化发展。总之，创新要素是在集聚和辐射，核心城市非核心功能疏解和周边城市承接能力提高的双重作用下逐步趋于均衡布局。

三、从创新园区向创新城区转变

创新园区是创新要素最集中的地区之一。传统的建设创新园区是构建工业基地。实践证明，随着现代国际大都市的发展，创新园区必须有城市基础设施和公共服务与之相配套，才能实现可持续发展。因此，越来越多的国际大都市把园区与城区规划建设相互融合，通过建设创新城区、创新街区来实现产城融合。

创新街区是创新城区的空间组成部分。在发达国家，高新技术企业向中心城区集聚的现象受到广泛关注。2014 年，美国布鲁金斯学会发布的《创新区的崛起》研究报告中首次提出“创新街区（Innovation District）”概念。此报告中所提的这些“创新街区”，一般有四个方面的特征：一是位于城市内部的高密度区域，以中心城区为主，有着丰富的公共空间，具备混合功能开发的空间要素；二是具备便利的交通设施和互联网环境；三是部分或全部地整合创新企业、教育机构、创业者、学校、金融机构、消费性服务业等经济活动要素；四是具有复杂性、高密度、文化与人口结构的多样性以及新旧事物的层次性。

创新街区可以为创新企业、高技能人才和地方政府带来收益。对创新企业而言，一是良好的城区生活环境能更好获取知识“溢出效应”。对于创新活动而言，人际接触和跨企业流动能促进知识的有效传递。二是在城市能更便捷地招聘到创新型人才。高素质的创新型人才，往往倾向具有良好生活环境的中心城区。一个办公室越接近繁华的城市街区，就有更好的配套设施，并能从工作空间获得更多收益，知识工作者被较短的通勤、更多更好的配套服务设施和步行街区所吸引。

对高技能人才而言，良好的城区生活环境能带来更多的创造性。当创新成为发展的关键要素后，必须认识到，创新基本上就是社交活动的结果，多样性的办公空间，不仅是开放楼层规划、灵活空间和“非领地型”办公规划，更能为高技能人才提供合作、日常沟通和创造性的工作环境，激发创新的思维。例如，艺术家喜欢选择拥有专业机构、丰富夜生活并能提供生活和工作空间的内城，而这最终影响了文化创意产业的空间布局。

对地方政府而言，可以通过城市更新，促进城市的再发展。地方创新的主力军是中小型企业，帮助这些企业发展，实际上就是帮助城市经济发展和提高就业。例如，在发达国家，通过地方政府的适当干预，初创型和中小型企业得以以较低成本入驻中心城区创新街区，随着这些企业收益的上升，地方政府的综合收益也得到提升，对双方而言都是经济理性行为。而且，创造和培养创新和创业文化的城市，将更有利于经济复苏和创造就业机会，提升城市的经济弹性和区域经济转型的潜力。

日本筑波从创新园区向创新街区的转变

筑波科学城位于东京东北50公里处，占地27平方公里，含4个镇和2个村；规划人口22万人，是世界上最著名的高技术园区之一。筑波科学城始建于1963年。当时由于日本主要依赖引进吸收欧美各国先进技术发展经济的战略引发了一系列问题，日本开始从“贸易立国”转向“技术立国”，从强调应用研究逐步转向注重基础研究，政府从政策、计划、财政、金融等方面，对发展应用技术、基础研究，尤其是对高技术大力引导和支持，开始兴建科学城。1974年，日本政府开始将所属9个部（厅）的43个研究机构，共计6万余人迁到筑波科学城，形成以国家实验研究机构和筑波大学为核心的综合性学术研究和高水平的教育中心。1984年4月，日本政府通过了“高技术工业及地域开发促进法”，以建设代表21世纪产、学、研相结合的中心城市为目标，形成推动远离太平洋沿岸地带的传统产业向高技术产业方向发展的基地。为了扩大筑波的国际影响，日本政府还专门举办了筑波世界博览会，有力促进了科学城对外交流和城市建设。

日本政府按照现代化标准建设筑波科学城。日本房地产公司负责开发科学城，新城的科研和教育机构占地1560公顷，占全城总面积的57.7%；住宅、商业、学校、公园等占地1145公顷，占总面积的42.3%。新城中心区安排面向全市居民使用的各种公共设施，行政中心、文化娱乐、商业和交通设施安置在市中心公园广场周围，城内生活方便、环境舒适，住房标准高于东京市区。

意识到发展滞后的日本政府于是在20世纪90年代通过“新筑波计划”，在原有规划的基础上把筑波科学城推进到再创发展阶段，并从科学城的制度、运行机制等多方面进行调整，将筑波科学城重新定位为“科学技术中枢城市、更广域范围都市圈内的核心城市和生态、生活、模范城市”。

日本政府此后开始积极引导筑波科学城与国外先进科学技术研究人员与机构进行交流，改变以往相对封闭的操作体系。日本政府在提升筑波科学城的科技研究、技术创新成果的同时也开始继续深化与完善当地城市功能，并且通过最大限度保留当地的自然风光，使筑波逐步发展成为舒适宜居科学城。

作为主导力量的日本政府能够在园区发展滞后的情况下适时对园区进行相应的调整规划，这是“自上而下”力量主导的产业集群获得成功的关键要素之一，也是目前国内很多地方政府大力推进高新产业区值得好好借鉴的地方。但必须注意的是，这种类型的产业集群即使在发展初期能够得到政府的大力支持，政府也需要意识到，在园区的发展过程中必须逐步将其引导成为能够独立运作且具有自负盈亏能力的产业园区。

四、从创新本身到创新环境的塑造

20 世纪 90 年代以来，随着日本经济的低迷乃至出现“失落的十年”，昔日令日本繁荣的国家创新系统理论宣告失灵。同一时期，美国重振制造业雄风，硅谷的持续创新发展，催生出创新生态系统理论（Innovation Ecosystem），这成为创新研究与时俱进的新探索。“创新生态系统”的提法最早源自克林顿政府 1994 年发布的第一份有关科学政策的正式总统报告《科学与国家利益》。

2004 年 1 月，“创新生态系统”首次作为一个总括性核心概念出现在美国总统科技顾问委员会（PCAST）发布的《维护国家的创新生态系统、信息技术制造和竞争力》的研究报告中。报告认为，创新生态系统不同于静态的创新系统，它通过让技术进步和经济发展所必备的机构和人才建立良好联系的方式实现创新能力的提升。同时，该报告也指出创新生态系统的构成包含了供给和需求两方面。其中，供给方面是指创新活动的开展需要优质的创新人才、前沿的知识、先进的管理理念、充沛的研发资金；需求方面是指创新活动所产出的创新成果最终要能够满足对质量、安全、定制、便捷、效率、设计等的需求。此外，创新还受到教育环境、知识产权保护环境、法律环境的影响。①

早期关于创新生态系统的解读虽然是零散的，但奠定了理论框架中的基本要素，主要包含三大部分。一是人的要素：发明家 + 技术人才 + 创业者，即要有积极进取的劳动力；二是知识和技术的要素：世界水平的研究性大学 + 富有成效的研发中心；三是经济的要素：充满活力的风险资本产业。可以肯定的是，创新生态系统在诞生伊始就是一个推进技术与经济发展所必需的机构和人员相互作用的动态系统。②

（一）重要概念比较

当前人们对于“创新生态体系”概念的理解并没有统一的界定，研究的层次涉及国家、产业、企业等多个方面，提出的模型则是多种多样的。有关创新生态系统的概念至今没有哪一种得到普遍认可，虽然表达形式各有不同，但含义相近。

1. 创新生态系统的概念

基于创新系统理论和生态系统理论的观点，我们认为，创新生态系统是一个由创新个体、创新组织和创新环境等要素组成的动态性开放系统。在这个系统中，各要素为了创新的总体目标而相互依赖，相互交流，协同演化和互动适应。自从“创新生态系统”概念首次在 2003 年美国总统科技顾问委员会的咨询报告中被提出以后，学者们基于不同的研究视角并利用不同的研究方法提出了创新生态系统的相关概念，其概念界定如表 1–1 所示。一方面，创新生态系统吸收了创新系统的理论思想；另一方面，又突出了生态系统的动态平衡、协同多样等特征，与外界环境不断进行物质、能量和信息的输入和输出，是典型的自组织复杂适应系统。③

---

① PCAST. Sustaining the Nation's Innovation Ecosystems: Information Technology Manufacturing and Competitive-ness [R], 2004.

② PCAST. Sustaining the Nation's Innovation Ecosystem: Maintaining the Strength of Our Science & Engineering Capabilities [R], 2004.

③ 曾国屏、苟尤钊、刘磊：《从“创新系统”到“创新生态系统”》，《科学学研究》2013 年第 31 期。

表 1–1 国内外学者“区域创新生态系统”的概念界定①

时间	作者	概念界定
2003 年	黄鲁成②	区域技术创新生态系统是指在一定的空间范围内，技术创新复合组织与技术创新复合环境，通过创新物质、能量和信息流动而相互作用、相互依存形成的系统
2009 年	David③	创新生态系统是一种环境和氛围，是由商界、金融界、教育者和监督管理人员组成的“创新系统”，以及有益于新老企业创新及蓬勃发展的“社会气候”
2012 年	Rich④	创新生态系统是通过物质流、能量流、信息流实现内部物种、种群、群落之间及它们与外部环境之间的物质、能量和信息的交流或交换的一个系统
2012 年	Markula⑤	区域创新生态系统是由系统中企业、城市、大学以及其他公共和私营部门组成的一种新的、创造性的生态系统
2012 年	杜德斌⑥	在一定区域内相互作用的各种创新机构（企业、大学、研究机构）与创新服务机构（政府、金融、法律、中介等）和创新环境的各个要素之间相形成的统一整体
2014 年	吴金希⑦	多个程序主体之间，基于某些技术、人才、规则、文化、运作模式、市场等共同的创新要素而形成的，相互依赖、共生共赢，并且具有一定的稳定性、独立性的组织体系
2015 年	刘志春、陈向东⑧	科技园区创新生态系统为科技园区在一定时间范围内，在创新主体及创新组织之间，创新群落与创新生态环境之间，通过价值流动、信息流动、资金流动、物资流动、人才流动而相互作用构成的统一整体

① 梅亮、陈劲、刘洋：《创新生态系统：源起、知识演进和理论框架》，《科学学研究》2014 年第 32 期。

② 黄鲁成：《区域技术创新生态系统的特征》，《中国科技论坛》2003 年第 1 期。

③ Adner R, Kapoor R. Value creation in innovation ecosystems: How the structure of technological interdependence affects firm performance in new technology generations, *Strategic management journal*, 2010, 31(3): 306–333.

④ Bendis R. Science & innovation–based trends in the U.S., *36th annual AAAS forum on Science and technology policy*, 2011.

⑤ Markkula M.A. European engineering universities as key actors in regional and global innovation ecosystems, *SEFI 40th annual conference. Thessaloniki Greece*, 2012.

⑥ 杜德斌：《区域社会经济自然环境决定创新生态系统》，《科技日报》2012 年 1 月。

⑦ 吴金希：《创新生态体系的内涵，特征及其政策含义》，《科学学研究》2014 年第 32 期。

⑧ 刘志春、陈向东：《科技园区创新生态系统与创新效率关系研究》，《科研管理》2015 年第 36 期。

续表

时间	作者	概念界定
2016 年	邹晓东、王凯[①]	区域创新生态系统是指在一定区域范围内，创新主体与创新环境因参与创新的物质、能量、信息的流动而相互作用、动态演化以及相互依存，从而形成具有生态系统特征的网络化创新系统
2017 年	陈劲、黄海霞、梅亮[②]	创新生态系统是一个由相互连接组织构成的网络，这些网络围绕着一个核心企业或一个平台构建，由生产方和用户方参与者构成，并在此基础上通过创新实现价值创造和共享

被广泛引述的朱迪·埃斯特琳的《弥合创新鸿沟：在全球经济中再点燃创造星火》（*Closing the Innovation Gap*：*Reigniting the Spark of Creativity in a Global Econo-my*，*2009*）[③] 中指出，创新生态系统里的不同栖息者，主要可以分为三大群落：研究、开发和应用，正是三个群落之间健康的平衡决定了创新生态系统的可持续性。她由此提出了一个创新生态模型，如图1-1 所示，并特别强调，正如生物生态系统背景有着基本规律一样，扶持

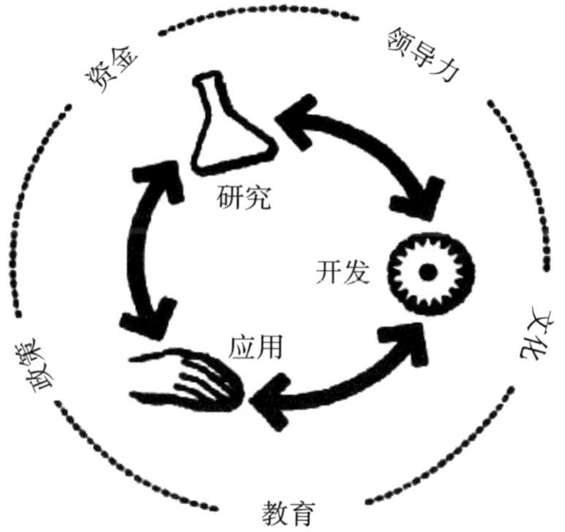

图 1-1 三大群落创新生态模型

① 邹晓东、王凯：《区域创新生态系统情境下的产学知识协同创新：现实问题，理论背景与研究议题》，《浙江大学学报（人文社会科学版）》2016 年。

② 陈劲、黄海霞、梅亮：《基于嵌入性网络视角的创新生态系统运行机制研究——以美国 DARPA 创新生态系统为例》，《吉林大学社会科学学报》2017 年第 57 期。

③［美］朱迪·埃斯特琳：《美国创新在衰退？》，闾佳、翁翼飞译，机械工业出版社 2010 年版。

创新也有一套包括五个要素的核心价值观：询问、冒险、开放、耐心与信任。正是这些价值观，成为创新的基础，它们共同决定个人、组织和国家的应变能力，并指出“创新生态系统强调创新系统的自组织性、多样性、平衡以及创新主体的共生共荣”。

2. 创新生态系统的特性

创新生态系统也是一种创新系统，或者说也是创新系统的一种视角、一种研究趋法。而创新生态系统之所以能够超越以往创新系统的关键在于其动态演化，组织自洽的特性。

首先，使用“创新生态系统”概念突出了创新系统的动态演化性。美国国家科学院的技术、创新与创业项目主任 C.W. 威斯纳博士在《美国创新系统的总貌》[①] 的报告中指出之所以采用国家创新“生态系统”的概念，因为创新系统是生长的和演化的。特别是，新的政策和制度变化可以帮助生态系统以满足新需求的新方式而生长；而且，生态系统是以在多种子系统之中的动态联系为特征的。创新系统中不同行动者之间的交互作用处于动态演变的过程之中，公共政策可以通过加强生态系统之间各主体的联系来促进创新，改变了原来认为国家创新体系是历史和文化的产物而难以改变的传统观念。[②]

其次，“创新生态体系”概念强调了系统的自组织生长性。一个创新生态系统，必定是自组织的生态系统。系统中各个要素（物种、群落、生境等及其形成的食物链、生态链）的相互联系、相互制约，要求各个创新主体共生共荣，导致创新生态系统具有自维生、自发展的特性，并保持不断演化、不断促进优势新物种的成长、不断自我超越的能力。亨利·埃茨科威兹（Henry Etzkowitz）之前提出的官、产、学的“三重螺旋”模型也指出，三者的相互作用导致一个动态的进化过程，其间每一个主体在保持自身功能和范围的同时，又衍生出其他两个主体的功能和组织形态。创新生态系统，既承认系统自组织演化中的序参量的作用，同时将视域投射到更多个创新主体之间的共生共荣。

---

① Wesner C.W. An Overview of the United States Innovation System, ppt, 2012-11-25.

② Wesner C.W. The Global Tour of Innovation Policy, *Issues in Science & Technology*, 2007, 24(1): 43-44.

（二）研究内涵及空间尺度拓展

经过20多年的发展，创新生态系统的内涵被极大地丰富和拓展。这一系统已经从学术界、产业界、基金会、科学和经济组织到各级政府的一系列行动者，其非线性和相互作用的特点获得广泛认可。

1.创新生态系统的架构

创新生态系统作为一种协同整合机制[①]，可以将系统中各个行动者整合协调一致，通过互动和交流在整个环境中相互传授思想、知识和技术，推动创新发展[②]。Russel等人提出创新生态系统是指由跨组织、政治、经济、环境和技术等各子系统组成的完整系统。通过各子系统的互动，形成一个有利的创新氛围，以催化和促进创新的持续增加。[③]

知识、技术、经济是最早被考虑其中的子系统，也是最基础的子系统，实现的是创新生态系统的基本功能。瓦尔纳和曼瑞德主张要"扩展创新生态系统的框架"，他们提道，大多数已有的创新系统模型都包括了将文化作为一个因素，但是它们都不将其视为变量因素或并不提供对其影响的手段。进入21世纪以来，创新的范围、模式和组织形式发生了很大的变化：创新已经超出了技术和产业的边界，必须依靠更多的创新主体参与合作，必须走向"开放"；在这种情况下，创新就需要一个平台，文化、社会、生态、治理等要素逐渐加入，成为创新生态系统的重要组成部分和组成形式，创新活动、经济变动、社会响应等都在同一平面上解决问题，平等作用、不再有先后主次之分、共同演进。

2.创新生态系统空间尺度拓展

生态系统是一个包含一定地区和范围的空间概念，同样，创新生态系统也是一个与特定区域空间相关的术语，对它可以从不同的视角进行描述。比如全球创新生态系统（Global Innovation Ecosystem）、国家创新生态系统

---

① Adner R. Match Your Innovation Strategy to Your Innovation Ecosystem, *Harvard Business Review*, 2006，84 (April)：98–107.

② Luoma–aho,Vilma,Saara Halonen.Intangibles and Innovation: The Role of Communication in the Innovation Ecosystem, *Innovation Journalism*，2010，7(2)：1–19.

③ Russell,M. G.,Still, K.，Huhtamaki, J.，Rubens, N..Transforming Innovation Ecosystems through Shared Vision and Network Orchestration, *Triple Helix IX International Conference*，2011.

（National Innovation Ecosystem）；也可以是中观的，又如区域创新生态系统（Regional Innovation Ecosystem）等。

创新生态系统包括企业、学校、人才、技术、风投、政府、文化等要素。各要素成分的不同，造就了区域创新的不同特色。从城市级别来看，以北京、上海为例，前者是国家首都，政治中心和经济、文化中心，高校和科研院所高度集中；后者是我国经济中心、金融中心、贸易中心，同样高校与科研院所云集。但由于创新要素首位度的差异，北京的区域创新生态系统显示出较强的内生性，而上海则外生性突出。①

从城市内部圈层来看，创新要素之所以能在空间上集聚，是因为集聚可以产生马歇尔效应，即劳动力市场共享，知识外溢以及专业产品和服务提供。同时空间上的临近还会促进隐性知识的传递交流。有研究表明，不同区域的创新首位因素有所不同，使得城市内部创新空间分布产生差异，形成了各具特色的创新生态群落。创新产业可大体分为高科技制造业、知识密集型服务业和内容创意型产业。高科技制造业主要依赖政府支持，知识密集型服务企业依赖本地客户关系。基于创新资本、成本、集聚政策等因素专业创新更依赖于中心城区，而偏向技术发明与技术创新的企业耕作的分布在中心区外。②

第三节 上海国际大都市创新的历史回顾

一、内部调整阶段（20 世纪 80 年代中前期）

20 世纪 80 年代初期，上海工业发展速度下降，不但低于全国平均水平，而且与全国工业发展速度差距逐年扩大。从 1976 年底开始，国家就对工业企业进行了恢复性的整顿。从 1976 年 10 月到 1978 年底，上海对工业企业采取了 7 项大的措施进行全面的整顿：（1）整顿各级领导班子，恢

---

① 曾刚、李英戈、樊杰：《京沪区域创新系统比较研究》，《城市规划》2006 年第 3 期。

② 陈勇、杨滔：《创新中心与政治经济中心分离原因探析——兼谈对规划编制的启示》，《城市规划》2014 年第 38 期。

复党委领导下的厂长分工负责制；（2）开展工业学大庆活动；（3）健全和加强工业企业管理；（4）开展“质量月”活动，提高产品质量；（5）开展以增产节约为中心的社会主义劳动竞赛；（6）恢复奖励制度，增加职工收入；（7）恢复奖励制度，增加职工收入。通过一系列的调整，上海工业得到了一定恢复性的发展。然而，长期以来的历史遗留问题使上海工业结构问题没有得到根本性解决。1979 年，为贯彻中央提出的“调整、改革、整顿、提高”的八字方针，上海制定了《上海国民经济三年调整方案》。方案中，上海提出了要解决好工业生产的发展与人民生活之间的矛盾；重点发展轻纺产品，加大出口力度；狠抓科学技术和领先工业部门，把国民经济逐步转移到现代化的先进技术基础上来。经过几年的调整，上海工业取得了一定的发展（参见图 1–2），轻重工业的比例由 1978 年的 49.3：50.7 变为 1983 年的 55.1：44.9。

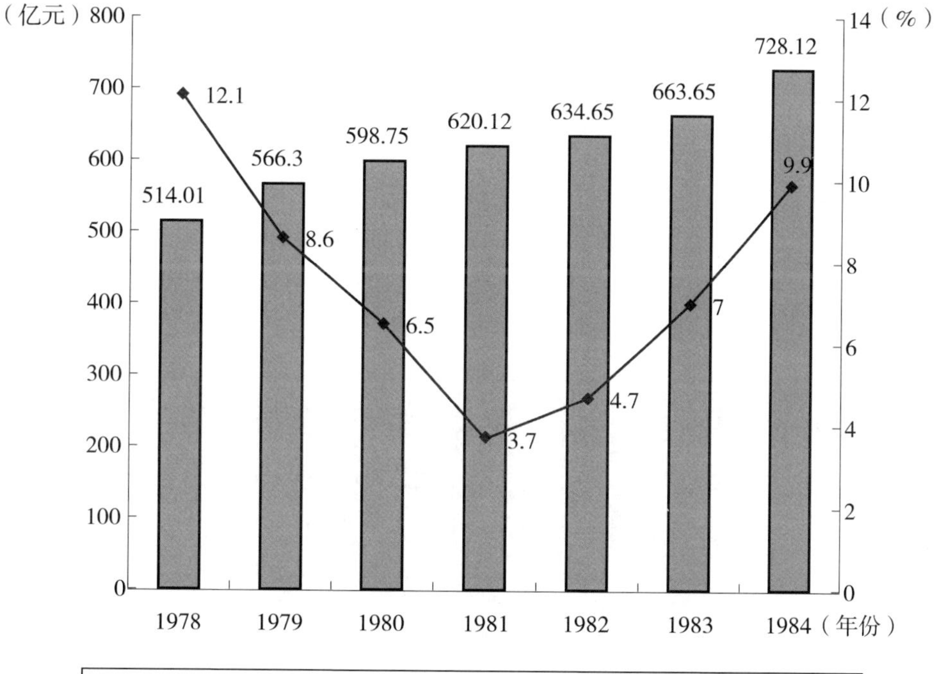

图 1–2 1978—1984 年上海工业发展状况

资料来源：根据历年的《上海统计年鉴》。

二、市场化取向阶段（20 世纪 80 年代中期至 90 年代初）

这一时期的产业结构调整主要呈现三个特点。

一是市场化取向全面启动。20 世纪 80 年代中期，在对内改革与对外开放基本国策之下，上海逐步启动国有企业改革，扩大外商直接投资的范围，增加非公有制经济比重，市场化取向阶段开始启动。通过改革开放与市场化有效措施，上海产业结构合理化的步伐开始迈进并得以加快。长期受压制的第三产业出现快速增长势头，增长速度明显高于同期上海市生产总值的增长速度。

第二产业增加值在市生产总值中的比重由 1978 年的 77.4%逐年下降，1990 年进一步降至 64.7%；第三产业增加值比重由 1978 年的 18.6%在逐年上升，1990 年进一步上升到 30.9%，如图 1–3 所示。相同情况出现于三次产业对经济增长的贡献率上，20 世纪 80 年代第二产业对经济增长贡献率虽然居于首位，但趋于下降；第三产业处于第二位，但趋于上升；第一产业保持相对稳定。

二是非均衡化工业发展战略实施。1984 年 12 月，国务院通过了《上海经济发展战略的汇报提纲》，这是 20 世纪 80 年代中后期上海产业政策的核心。这份提纲在工业结构调整上，确定了依靠主导产业带动整个工业起飞的非均衡化工业发展战略，提出了要“按照耗能少、用料少、运量少、三废少

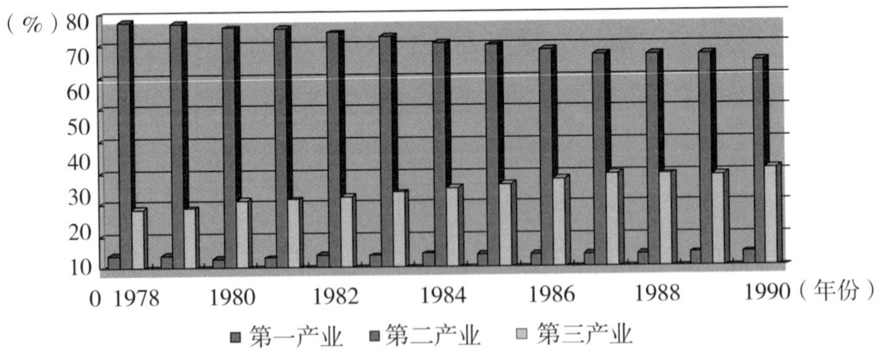

图 1–3　1978—1990 年上海市生产总值三次产业增加值结构

资料来源：《上海统计年鉴 2007》。

和技术密集度高、附加值高”的要求，使上海工业的增长方式从粗放型转向集约型。因此，上海进入了培育支柱产业和主导产品的结构调整阶段。

三是经济过热现象出现。1988 年，中国经济出现过热现象，上海工业增长速度也随之呈现经济过热现象，产生较大的波动（参见图 1–4）。但经历了 1989—1990 年的工业治理整顿后，到 1991 年整个社会的总供给和总需求矛盾得到了一定缓解。

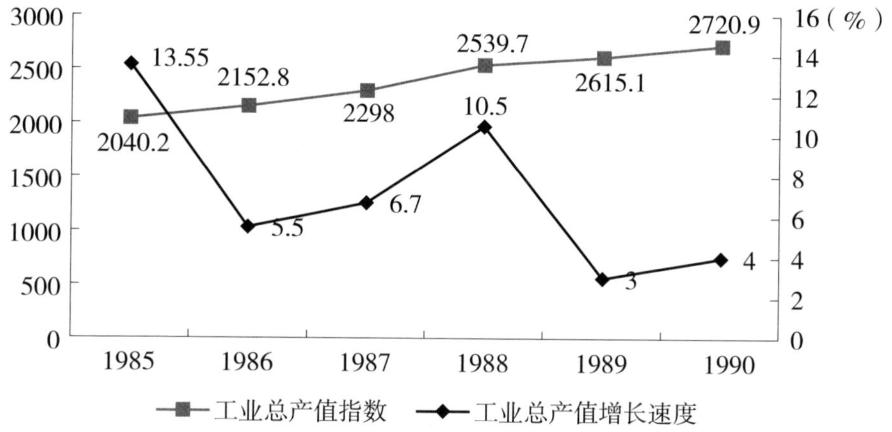

图 1–4　1985—1990 年上海工业发展状况

资料来源：杨公朴、夏大慰：《上海工业发展报告——五十年历程》，上海财经大学出版社 2001 年版，第 98 页。

三、战略调整阶段（20 世纪 90 年代初至 90 年代末）

（一）六大支柱产业确立

1995 年 12 月，上海市明确第二产业突出汽车、电子及通信设备、电站成套设备及大型机电设备、家用电器、石油化与精细化工和钢铁 6 大支柱工业，以及现代生物与新药、计算机和大规模集成电路、新材料 3 大高新技术产业。“八五”期间，6 大支柱产业项目投资占全市骨干项目总额 74%以上，“九五”期间，这一比例上升到 90%以上。①

① 上海经济委员会、中共上海市委党史研究室：《上海工业结构调整》，上海人民出版社 2002 年版，第 66 页。

在支柱工业不断发展的条件下，上海的工业化开始改变20世纪80年代以轻纺为主的格局，向加工组装和重化工业方向推进，重工业在工业总值的比重不断上升。1992年，重工业产值超过了轻工业，如图1–5所示。

（二）高新技术产业的发展

在1995年正式确立了6大支柱产业之后，上海提出了培育发展以电子信息、现代生物与医药和新材料为代表的高新技术产业。经过有选择地发展，高新技术产业占全市工业总产值比重由1990年的2%—3%，提高到2000年的21.7%，高新技术产业已初具规模。高新技术产业成为“九五”期间上海经济增长最为迅速的领域，如图1–6所示。

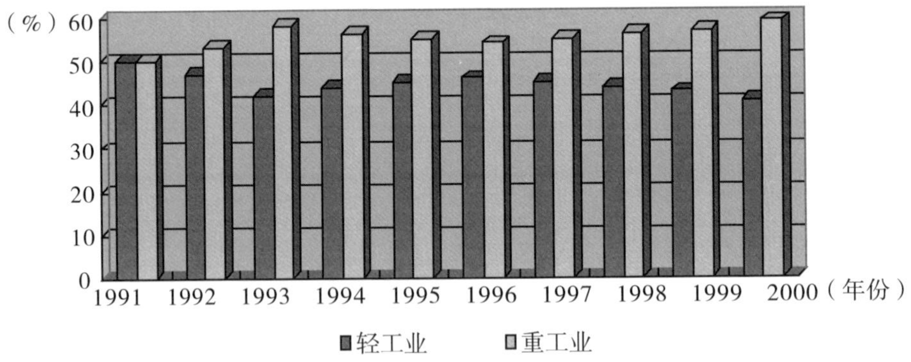

图1–5 1991—2000年上海轻重工业产值比较

资料来源：《上海统计年鉴2001》；杨公朴、夏大慰：《上海工业发展报告——工业产业结构调整、优化、升级》，上海财经大学出版社2003年版，第20—21页。

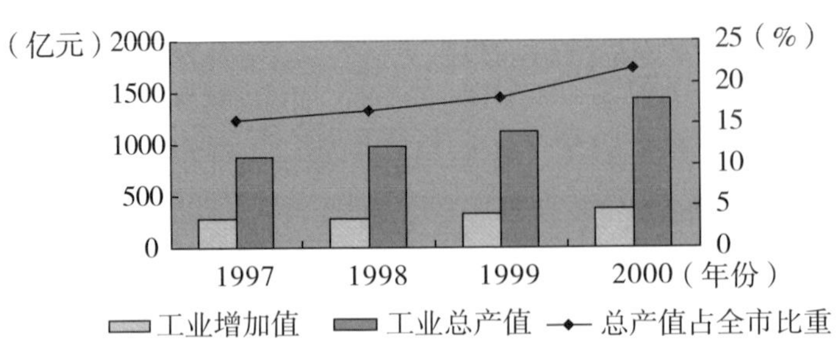

图1–6 上海高新技术产业总产值及增加值状况（1997—2000年）

资料来源：《上海统计年鉴2001》。

四、制造业结构优化阶段（21 世纪以来）

进入 21 世纪以来，上海经济发展形式正在加快完成三大转变：从劳动力与资源密集型的粗放型发展道路，转向资金与技术密集的集约型发展轨道；从主要利用国内资源与面向国内市场，转向国内外资源与市场；从以传统制造业为主，转向以支柱产业和高新技术产业为主。

（一）制造业产业升级加快

2000 年，上海市政府对“九五”时期支柱产业进行了调整，决定“十五”时期的支柱工业为电子信息设备制造业、汽车制造业、石油化工及精细化工制造业、精品钢材制造业、电站设备及大型成套设备制造业、现代生物医药业。可以看出，经过这次调整，更加突出新技术在支柱工业中的作用。工业结构优化的成果是显著的，2004 年，6 大重点工业完成总产值 8323.80 亿元，比上年增长 23.9%，占上海规模工业比重的 64.6%，拉动上海工业增长 14.8%。

在发展先进制造业方面，上海在“十五”期间，电子信息设备制造业、汽车制造业、石油化工及精细化工制造业、精品钢材制造业、电站设备及大型成套设备制造业、现代生物医药业成为新的 6 大支柱工业。制造业产值在突破万亿元大关后，持续保持高位运行（参见图 1–7）。不论是从绝对数还

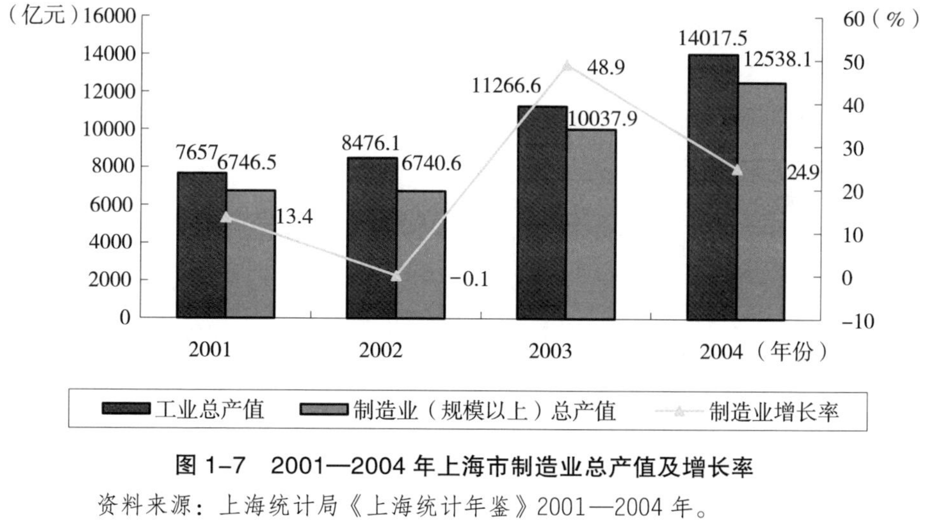

图 1–7　2001—2004 年上海市制造业总产值及增长率

资料来源：上海统计局《上海统计年鉴》2001—2004 年。

是从完全贡献来看，上海制造业的发展是拉动国民经济增长的主要力量。

（二）高科技产业日益成熟

上海以提升自主创新能力为核心，科技创新已成为支撑上海工业发展的重要力量。上海依托大产业、大项目和大基地建设，运用新技术、新装备、新工艺提升制造业水平，促进产业集群化发展，实现从发展中调整向在发展中提高的转变。“十五”期间，全社会科技研发投入将近翻一番，占全市 GDP 的比例从 1.69%提高到 2.34%，企业研发投入占全社会研发总投入的 62%，已建立 189 家国家级和市级企业技术中心。[①] 在投入不断加大的情况下，上海高技术产业不断发展。2000—2007 年，高技术产业增加值年增长率高出同期工业 11 个百分点以上。从 2000 年以来，上海高技术产业在工业生产总值比重始终保持在 20%—30%区间，如图 1-8 所示。[②]

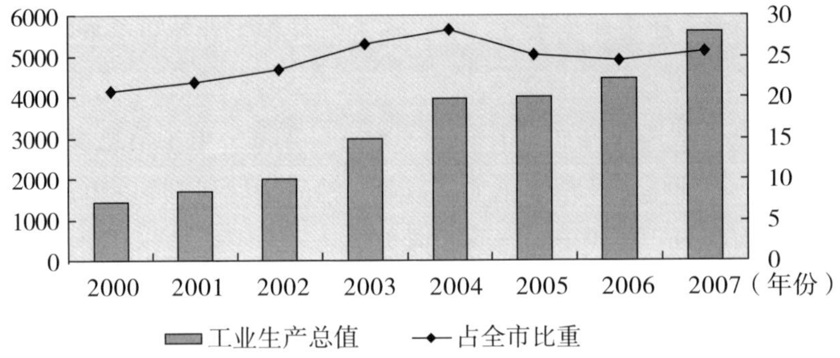

图 1-8　2000—2007 年上海高新技术产业工业生产总值及其占工业总产值比重

资料来源：《上海统计年鉴》2000—2007 年及《2007 年上海国民经济与社会发展公报》。

（三）都市型产业进一步发展

1998 年，上海确定以服装服饰业、食品加工制造业、室内装潢业、包装与印刷业、化妆品及清洁用品制造业、工艺美术旅游及文化用品制造业六个行业为重点，推进都市型工业发展，后来又增加了小型电子信息产品

① 上海统计局：《2007 年本市高技术产业科技活动简析》。

② 资料来源：《上海统计年鉴》2001—2007 年及《2007 年上海国民经济与社会发展公报》。

制造业为重点行业。2000年，上海市政府开始实质性地发展都市型工业，并以都市型工业园区（楼宇）为主要建设方向。从2000—2006年，上海都市型工业总产值增长近一倍，如表1-2所示。

表1-2　2000—2006年上海都市型工业从业人数与总产值

工业项目	2000年		2006年	
	从业人员（万人）	工业总产值（亿元）	从业人员（万人）	工业总产值（亿元）
服装服饰业	24.12	292.65	27.46	517.67
食品加工制造业	10.29	266.66	8.78	489.61
包装、印刷业	6.88	106.21	5.66	198.75
室内装饰用品制造业	7.30	121.12	10.95	369.17
化妆品及清洁洗涤业	2.37	104.96	2.25	165.55
工艺美术品、旅游用品	10.33	156.80	9.49	275.10
小型电子信息产品	3.62	82.51	6.61	255.61
合计	64.91	1130.91	71.2	2271.46

资料来源:《上海统计年鉴》2000—2007年。

（四）工业布局不断优化

2004年11月17日，上海市人民政府印发《关于切实推进“三个集中”加快上海郊区发展的规划纲要》的通知提出，“郊区产业发展要提升能级、优化布局。积极发展优势产业，稳定均势产业，淘汰劣势产业。按照优先发展现代服务业和先进制造业的要求，坚持二三产业共同推动经济增长。依托郊区新城和功能性、基础性设施项目建设，大力发展生产性服务业和生活性服务业。依托国家级、市级开发区和重大产业基地，大力发展先进制造业和高新技术产业。注重产业集聚，加快形成产业链和产业集群。积极发展现代化都市型农业”，“优化市域工业园区布局。推进郊区人口、城镇、产业协调发展，以六大产业基地为龙头，市级和市级以上工业区为支撑，区级重点工业区和配套产业街区为补充，调整归并区级工业区和区级以下零星工业点”[①]等措施，工业布局进一步优化。

第四节 上海建设创新型国际大都市的思路与重点方向

一、思路调整

（一）服务上海经济发展方式转变——依靠创新培育新的经济增长点

随着全球进入知识竞争时代，发达国家的工业经济模式在信息科技的推动下加速向科技经济模式转变，包括美国、德国、日本等在内的许多发达国家都将科技创新促进经济振兴发展作为未来中长期发展规划的最主要目标与最紧迫任务。例如日本的《科学技术创新综合战略2014——为了创造未来的创新之桥》就指出，科技创新是日本经济、社会通往未来的“生命线”。

要将上海建设成全球科技创新中心，本质上要求实现发展方式由要素驱动向创新驱动转变，着眼于服务上海经济发展方式转变，开拓生产力发展新空间，依靠科技培育新的经济增长点，开拓生产力发展新空间，使创新真正成为经济发展的驱动力，从而产生巨大效益。

（二）提升上海在区域及全球城市创新地位——创新的全球布局与全球深化

上海目前处在全球科技创新节点城市序列，未来应上升到全球科技创新枢纽城市进而进军全球科技创新中心，任务艰巨，道路漫长。因此，在相当长的一段发展时期，应始终将上海建设全球科技创新中心的工作纳入全社会科技工作、经济工作、社会发展（重点是文化、教育）的框架之中，着眼于创新的全球布局与全球深化，充分利用上海自贸试验区和上海张江国家自主创新示范区的发展机遇，建设国际化高水准创新功能平台，实施“走出去”战略，培育具有区际影响力和国际影响力的多载体科技创新品牌，

---

① 上海市人民政府关于印发《关于切实推进“三个集中”加快上海郊区发展的规划纲要》的通知，上海市政府门户网站。

增强科技创新辐射力，逐步跻身于区域性乃至全球性的创新中心。

（三）促进科技创新价值实现——使创新良性、可持续发展

实现科技价值是为了解决长期以来上海科技创新中存在的低效创新问题。非有效式创新使得科技并没有真正作为经济发展的驱动力，由于科技价值长期以来没有很好地实现，大量的研发投入并没有产生对产业、经济、民生的实用性成果，在科技创新经济价值没有得到更好体现的前提下，其可持续性也无法得到保证，更加加剧了科技创新的各种短期行为。这其中既包含产品开发短期行为，也包括教育的短期行为，这对于上海科技的持续性创新，进而顺利进阶各等级的科技创新中心十分不利。因此，加强科技应用，走出“高效创新”的道路是上海科技创新发展的根本任务。

二、重点建设方向

（一）形成颠覆性创新服务的响应机制

科技创新能改变行业甚至个人生活方式。上海建设具有全球影响力的科技创新中心，迫切需要创新创业企业者。但从目前来看，上海在科技创新行业的热门创业领域，如移动互联网、电子商务、大数据、云计算、互联网金融、智能硬件、清洁技术、生物制药等方面，很少有国内的领军创业企业。由于上海和大多数国内城市一样，处于全球创新城市的“第三梯队”，在基础创新相对薄弱的情况下，可以考虑以颠覆性创新为契机和着手点。

上海发展颠覆性创新，应从颠覆性创新的本身要义出发，坚持在体验创新和商业模式创新上有所突破。在基础创新的基础上，把贵的东西卖得便宜，把收费的东西做成免费的东西，使难以获得的东西容易获得，让难用的东西使用起来方便简单，从而达到颠覆性创新的主要目的。

从发达国家的发展经验来看，颠覆性创新的执行者往往是中小企业而非大企业。德国不仅在基础研究方面坐稳做实，在颠覆性创新方面也独树一帜。德国科技创新发展的70%借力于中小企业，但一些颠覆性创新成果并不直接来源中小企业的研发部门，因为这些中小企业大部分不具备独立的研发能力。德国政府的做法是：鼓励研发机构从中小企业剥离而非鼓励

中小企业加大研发投入，设立中小企业研发基金，统一对中小企业研发项目、设备以及人员进行资助，并实行优惠的税收政策，同时加强大学等科研机构与工业界的交流，使颠覆性的想法在平台和大企业里付诸实施。

因此，上海的科技创新不仅应注重进化型的基本理论创新，还应重视颠覆型的工程创新。关注经济社会发展中带有颠覆性的发展领域，对实现引领、赶超至关重要。具体而言：（1）提高大数据时代的数据管理能力是颠覆性创新的利器。（2）从根本上形成“万众创新、大众创业”的颠覆性科技创新发展环境。（3）充分利用上海融入全球创新网络的契机，鼓励上海与其他科技创新中心节点城市结对创新，如上海交大和美国加州理工学院合作仿生氢燃料研发。（4）充分利用工业 4.0 时代柔性化生产特征，对低端产品做到标准化、简单化、生命周期内免维修，对高端产品建立大流量时代的大质量体系架构，与德国、日本等其他国家科技创新中心联合建立大质量体系的能力中心，在完全控制各段质量的前提下寻找创新突破口。（5）鼓励中小企业的平台式创新而非各个击破的单体创新，鼓励中小企业的研发服务外包。（6）并非全新的技术才能带来颠覆性创新，更重要的在于技术的价值实现，即企业对于技术的运用，特别是在工程领域的应用。

（二）增强各创新载体的科技核心竞争力

企业、产业、人才、思想是科技创新的四大重要载体，增强上海科技竞争力，必须牢牢依附载体，避免创新成为无本之木。

一是增强企业核心竞争力：（1）建立以鼓励创新为导向的激励机制，鼓励企业内部实行多种分配形式，并明确把科技成果转化的数量与质量作为评价依据；（2）从立法层面加强对企业创新的支持，目前一些试点改革区域的国有企业高管、研发人员股权激励机制是由政府部门出台的，对此应确保立法保护；（3）允许科研人员用无形化的科研成果创办公司，实行研企分治，真正实现“大众创业、万众创新”。

二是增强产业核心竞争力：（1）产业讲究技术应用，应专注技术本身的升级，在产品中提升技术含量、技术能级，以增强市场竞争力；（2）专注培养技术的能力升级，即构建产业技术创新的体制架构，激发产业创新活力机制的培育，服务于应用技术领域的多层次产业人才队伍等；（3）将研发成果产业化应用纳入研发绩效考核，鼓励创新成果第一时间拿出去创业。

三是增强人才竞争力：（1）建设节点性人才蓄水池，将引进人才变为政府职能而非企业行为，让国内人才和海外人才“来得了、待得住、用得好、流得动”。（2）国际性创新城市外籍人口比例在5%—20%范围变动，目前上海国际人才比重离5%的标准还相差甚远。上海必须确定面向全球的开放策略，积极嵌入全球人才网络，用开放的气度发现、吸引优秀人才，开辟人才流入渠道，提高人才国际化水平。

四是增强思想竞争力：（1）确保大学在原创性知识领域作出应有贡献，确保大学在关键技术开发、重点领域科技应用、特色工艺指导、重要原创性思想方面始终发挥重要作用；（2）进一步加强对原始创新能力的培养，为新思想、新技术设置低门槛的“走秀”平台，允许各种创新登台亮相，为原创思想获得商业化开发应用提供更多的机会。

（三）利用第三方科技中介机构促进产学研协同

借鉴德国应用技术型大学、马普协会、弗劳恩霍夫协会、史太白基金会，以及韩国京畿道技术转移中心的发展经验：

一是围绕重点领域，推动建立一批应用型研究所，重点推动共性技术的研发和技术转移，使其成为重大原创技术及其衍生企业的策源地。

二是除应用型研究所外，大力发展第三方科技中介机构，目的是促进产学研协同创新。其作用在于不断发掘高校创造新的知识、各种奇思妙想甚至是“胡思乱想”，收集企业的愿景规划，结合市场判断作出第三方评估，促成企业与高校结对，帮助企业从高校的“奇思妙想”中筛选目标、配置资源、组织创新，最终将其转化为产品。

三是由于产业链和创新链有不同的规律，前者追求快速复制，以获得更大的市场价值；后者追求原创性，只争第一不做第二，对复制缺乏兴趣。因此，产学研合作的目的是结合产业链和创新链，以产业为牵引，使创新链有效地部署到产业链中，产生协同效应。可设立类似于“创新伙伴计划”的多层次创新合作计划，推动市场化而非传统科研项目，加快将创新成果转化为现实生产力，实现市场价值。

（四）完善创新评价和奖励机制体系

在科技创新的 4 个重要载体中，人是最重要和最活跃的因素，产业、企业、思想无不为人的智慧所左右。因此，完善创新评价和奖励机制体系，说到底，都是对人而言的评价和奖励。

一是放大评价和奖励体系中人的因素。例如改变当前科研经费用于“物”而不用于“人”的不合理情况，并保证将科研成果转让产生的效益大部分返还创新者，以充分调动科研人员的积极性，这对于非物质化创新（思想性原创）尤为重要。

二是加强科研人员应用类创新成果评价得分的比重，以改变当前应用类创新成果产业化获得的收益难抵一篇论文、一个职称的倒挂现象。

三是对于国家事业单位的科研成果，要充分认识其个人的所属性特征，明确个人所有权，避免将成果收为国家和集体所有。利用市场平台公平估值，对净利润进行分成，划分公私分红比例，在成果所有权方面给予个人部分权利，这样做将大大加快创新成果的产生速度、数量和产业化进程。目前我国还没有企事业单位这样做，上海可以先行先试。

（五）加强长三角和长江经济带联动科技创新

在上海建设具有全球影响力的科技创新中心过程中，上海和长三角都面临外资科技创新占主导、科技创新核心能力不足的问题，上海要利用科技创新资源优势，通过创新科技、创新科技生态体系、创新科技服务体系、创新科技协同体制机制等方式，主动融入长三角，推进长三角科技创新一体化发展。

一是主动在长三角区域布局优质科技创新资源，合作创新的角色从“参与”向“开放”转变，真正开放优质资源，在长三角主动布局产业、园区、高校、医疗、科研型医院、科研院所、高职等优质科技资源，形成以上海为主导的科技创新网络。

二是统筹规划，构建区域立体创新网络。牵头协调周边地区统筹规划次级城市群科技创新战略布局，形成创新目标明确、产业布局合理、资源要素空间布局优化的协同创新城市群体系；优化城市创新定位，发挥科技创新全面发展、科技在经济社会发展中渗透作用明显的综合性、集成性的龙头型创新模式优势。

三是加快推进有形科技要素输出向无形科技要素输出转变，发挥科技专业服务业优势，把无形资产注入有形资源中，形成整体输出科技创新要素的态势。同时，加快推进科技专业服务业的辐射，形成创新科技专业服务业向长三角、长江流域乃至全国服务扩散创新的新格局。

四是创新上海与长三角科技合作模式，包括深化园区合作、形成创新链合作、优化产业链合作、鼓励社会合作、鼓励小微企业之间的合作等。创新长三角科技合作机制，在科技资源管理体制创新、建立产学研协调机制、优化区域一体化合作、加大社会合作力度方面实现重点突破。

五是打造长三角科技创新公共服务平台，完善中小企业信息网络平台，完善创新金融服务平台。完善创新人才引进政策，重视对现有人才的开发和培养，推进对人才的股权激励政策。

第五节　上海建设创新型国际大都市的主要问题

一、上海首位度下降对创新能力整体提升带来不利影响

上海经济发展速度持续放缓，在国家和长三角区域的首位度持续下降。虽然社会各界对上海竞争力是否下降存在不同看法，但从世界城市化规律看，上海城市首位度的降低必然会降低上海在长三角乃至国家中的地位，对于引领长三角优化布局科技要素资源，服务长三角、服务长江流域、服务全国有较大的影响，对于发挥国家对外开放的门户作用，建设国际化大都市，引领长三角城市群走向世界级城市群也有较大的影响。另外，与纽约、东京、伦敦等国际大都市相比，上海城市功能还不完善，城市国际竞争力和国际化程度不够，落户上海的世界 500 强企业总部仅为纽约 10%，外国人口占常住人口比重仅 0.9%。上海都市圈的建设需进一步发掘区域资源，推进上海经济发展，提高首位度，才能进一步发挥创新要素的辐射能力，推进长三角城市群发展。

二、国有企业缺乏创新活力

国有企业是上海经济中的重要环节；国有企业缺乏活力一直是上海提升创新能力的主要瓶颈之一。虽然从 1998 年以来，上海基本建立起了以职工能进能出的就业机制、国有资产保值增值新机制、企业优胜劣汰的竞争机制等为标志的现代企业制度基本框架，国有企业在增资减债、减人增效等方面取得了明显成效，但在深化改革，建立适应国际大都市发展的现代企业制度方面还远远不够。因此，虽然总体上看，上海国有企业在国内有较强的技术水平和创新能力，但这种能力没有制度来保障，无法真正释放出来。

三、民营企业发展环境问题不容乐观

民营企业为上海经济社会发展作出了突出贡献，是创新的重要力量，是扩大就业的主体力量，是推动和体现上海经济活力的骨干力量。重国企、轻民企的传统经济思维没有破除，各种社会资源向国企和跨国企业倾斜。长期以来，上海的大国企与跨国企业占据了众多行业的龙头地位，对民营企业有一定的挤出效应，民营企业在政策资源、资金资源，甚至舆论资源等一系列社会资源方面都处于不利的地位。在 20 世纪 90 年代中期，即浦东开放开发后，上海中小企业发展环境一度非常宽松，但随着房地产行业兴起和外资进驻，政府扶持中小企业发展的动力开始弱化，以房地产和大型招商引资项目为主的急功近利思想，导致对中小企业发展土壤耕耘不足。

四、创新的区域开放性不足

长期以来，由于行政壁垒的存在，上海与长三角创新协同的角色实质上仍然停留在个别领域参与的层面，参与创新协同的要素也往往不是优质资源，上海布局创新资源的态度仍然是“被动”的。在产业、技术、资金的“取”与“舍”方面没有达到平衡，往往是以“取”为主，但只“取”全，没有重点，“大而全、小而全”的产业非常多，但都搞不好、做不强。这实际上在限制长三角科技创新的同时，也限制了上海科技创新的空间和时间。

第六节　上海建设创新型国际大都市的对策建议

一、构建创新生态系统

为促进创新生态系统有序、健康发展，需要制定相应的区域创新政策，以营造创新环境、促进创新活动的产生和发展、规范创新主体行为。与之相关的政策是各种直接或间接政策、措施的总和。从领域来看，涉及科技、经济、文化、社会、生态、治理各个子系统；随着时间的推移，侧重点逐渐由科技、经济向文化、社会，继而向生态和治理逐步推进。从地域分布来看，创新政策往往惠及城市的科技园区、商贸中心区、新城建设区以及文化创意社区等重点功能区；随着时间推移，着力点可能由重点功能区向更广领域推进，以满足城市全方位、多领域创新的需要。各功能子系统创新政策制定思路如表 1–3 所示。

表 1–3　创新生态系统各功能子系统政策支持重点

激励政策	功能子系统	政策支持重点	主要作用区域
直接激励政策为主	知识 / 技术子系统	保持（实现）科学技术的先进性：知识 / 技术贸易政策、技术引进 / 开发 / 追赶战略及其政策、技术使用 / 储备政策、知识储备（包括人才储备）/ 传播政策等； 保障创新主体的利益补偿与实现创新收益的持续保障：重点是知识产权政策，以及创新资金募集、风险分散承担、合作信用保障、市场需求拉动、收益分配补偿等相关的政策	中心城区、园区
	经济子系统	宏观经济政策：财政政策、货币政策、收入政策（更多作用于城市市域范围）； 微观经济政策：产业发展与布局政策、就业政策、反对干扰市场正常运行的立法以及环保政策等（更多作用于城市内部功能区）	中心城区、园区、新城

续表

激励政策	功能子系统	政策支持重点	主要作用区域
间接激励政策为主	文化子系统	保持文化政策的宽松（防止文化政策收紧对创新活力的影响）； 坚持文化开放（如对外来文艺和影视审批的严格度、对外文化输出策略等）； 消除文化隔离［消除物质隔离（完善、优化资源分配）与物理隔离（阻断居住空间分隔）是最有效的途径］； 文化元素的发掘与培育（寻找新的创新增长点，做好文化储备）	中心城区、园区、社区
	社会子系统	鼓励创新主体参与（如契合全方位创新的多主体社会参与）； 保持社会结构均衡性（对人口、教育、就业、留居政策的关注）； 增强社会福祉，提高社会资本存量（维持稳定社会关系的前提，此类政策与经济、文化政策高度相关）； 社区文化培育（保障其自组织性和由下至上传导机制的相关政策）； 社会网络建设［增强社会资源流动性、重要网络节点（主要是各类创新群落）的建设 / 某些类创新活动的社会化］	中心城区、社区
	生态子系统	特定类型创新基础设施补充（如科学装置与区域技术转移中心的建设、大学引进）； 增加创新技术设施密度（如加密科技园区内部路网）； 提高创新基础设施运行效率（如升级网络带宽、在园区楼宇间增加快速空中回廊）	园区、新城
	治理子系统	弥补创新制度的缺失（如知识产权保护制度的从无到有）； 做好创新制度的衔接（如针对跨国公司的国别差异的创新制度衔接）； 维持创新制度的动态更新（如创新规划与政策的修编）； 保持创新制度的连贯性与一致性（如市域内不同功能区创新制度的整合）	中心城区、社区

二、促进上海高端制造产业、核心技术研发与多元资本一体化发展

上海已经进入后工业化时代，并开始进入服务经济时代，现代服务业与融入先进制造业的阶段已全面到来，这表现在上海高端制造产业、核心技术研发与多元资本的一体化发展方面的需求不断增加上。上海要真正把产业、技术和专业服务相互融合，才能奠定辐射长三角的基础。

三、加强创新要素集聚

高端制造业的发展不是孤立的；传统制造业与资本运作的联系是不紧密的。当前高端制造业的发展必须要求将制造业的研发、生产环节与资本运作相互融合，否则是不可持续的。制造业与资本的融合首先要促进创新要素的集聚，要在三个方面加以推进：一是创新要素在空间上的集聚。要以张江、漕河泾等国家级园区为平台，统筹规划创新要素，重点从要素组合和要素创新的角度出发，围绕创新人才和专业化服务体系，建立创新要素高地。二是创新要素在龙头企业中的集聚。发挥企业的市场主体作用，重点发挥上海国有大型企业的科技创新能力，加快科技创新和科技成果的转化。三是优化升级产学研体系。以全球有影响力的科创中心建设为引领，发挥上海高校、科研院所的优势，以国家级重点实验室、重大项目等平台为抓手，引导多元化社会资本向重大科技研发项目的生产和产业化转移，推进产学研体系的升级。

四、优化科技创新的生态环境

要重点做好三个方面的工作：一是建立社会诚信体系。上海市场化程度日益提高，但社会诚信体系相对滞后，阻碍了科技创新能力的发挥。因此，要构建城市、区（区域）、行业、项目等相结合的网络化社会诚信体系，从社会角度监督企业，提高企业信用水平。二是建立政府服务体系。在充分发挥市场机制的决定性作用基础上，进一步发挥政府的引导和推进作用，构建有利于技术创新的平台服务、风险投资、人才引进和培养、公共

服务、社会保障等政策和法律法规体系。三是构建高端制造业发展的互联网金融体系。鼓励多元化投资主体充分利用互联网金融工具与大数据技术，直接参与制造业技术创新项目的管理和运营，在风险分担、降低税负、资金募集、股权交易等政策方面鼓励多元化资本参与小微制造业企业的创新创业。

五、拓展科技无形资本输出的渠道

上海要加强科技创新技术领域与技术服务领域、技术领域与专业服务领域对接。要以市场为导向，发挥行业协会的作用，积极建立科技创新技术领域、技术服务领域、专业服务领域三大合作联盟，在三大合作联盟内部开展各种交流活动。同时，由政府搭台，行业协会承接，建立联席会议制度，定期展开创新服务对接的论坛、研讨会、交易会、交流会等合作活动，争取形成以科技有形资源为先锋、以无形资源为支撑的科技输出体系。

六、加快培育社会组织

充分发挥行业协会、学会等各种社会组织作用，调动社会力量参与创新、科研成果转化等。在未来发展中，要加强政府引导，开展社会合作，并通过市场化来规治。要积极鼓励社会力量参与协商、研究、讨论科技创新发展事项。建立市场化导向的科研合作激励体系。充分利用市场手段，建立有效的市场激励体系，引导跨区域、跨行业、跨企业之间的科研合作。

第二章

上海国际大都市空间布局研究

第一节 上海现代化进程中的大都市空间发展：历史回顾

一、上海城市空间规划回顾

新中国成立后，上海有两次重要的城市空间规划对它的空间结构发展产生了深远的影响。它们分别是：1986 年的《上海市城市总体规划》和 1999 年的《上海市城市总体规划 1999—2020》。这些重要计划在不同阶段对上海有不同的影响，充分体现了上海市在不同时期的城市空间发展转型的探索道路，也深刻影响了未来上海城市空间结构的形成与发展。

（一）20 世纪 50 年代到 20 世纪 80 年代的沿轴线放射性单核心圈层城市空间结构时期

上海解放后，人民政权参考借鉴了上海市政府于 1945 年编制的《大上海都市计划》中提出的“有机疏散、组团结构”规划理念，并确立卫星城的建设思路。受这个建设思路的影响，解放后，上海城市基础设施建设的原则是中心城市和卫星城市。上海卫星城的建设主要从 1958 年开始。1956 年 9 月，上海市规划建设局编制了《1956—1967 年上海市近期规划草案》，建议开辟卫星城作为新的工业区，以适应新的或迁移的工业和重污染工业。[①]1959，提出了上海市总体城市规划的初步意见。在这项规划中，上海提出了“逐步改造旧城区，严格控制郊区工业区的发展规模，有计划地建设卫星城市”的城市建设和发展政策，要求立足农村城镇化，迈向联合城市。1958 年 3 月，上海市选择闵行区作为卫星城开始建设，截至 1959 年底，吴泾、安亭、松江和嘉定已加入卫星城。20 世纪 70 年代，金山卫和吴淞宝山两个卫星城市已经规划和建设。[②]

新中国成立初期，上海市经济发展主要沿着黄浦江形成主要发展轴，另有苏州河、沪宁线、沪杭线形成辅助发展轴，如图 2–1 所示，重要的卫星城几乎都沿着这四条发展轴而分布。在这个阶段，上海市沿轴线放射性的城市空间结构特征较为明显。

---

① 黄啸：《上海第一批卫星城建设》，《上海党史与党建》2010 年第 2 期。

② 陈伟新：《上海卫星城规划建设之借鉴》，《中外房地产导报》2002 年第 11 期。

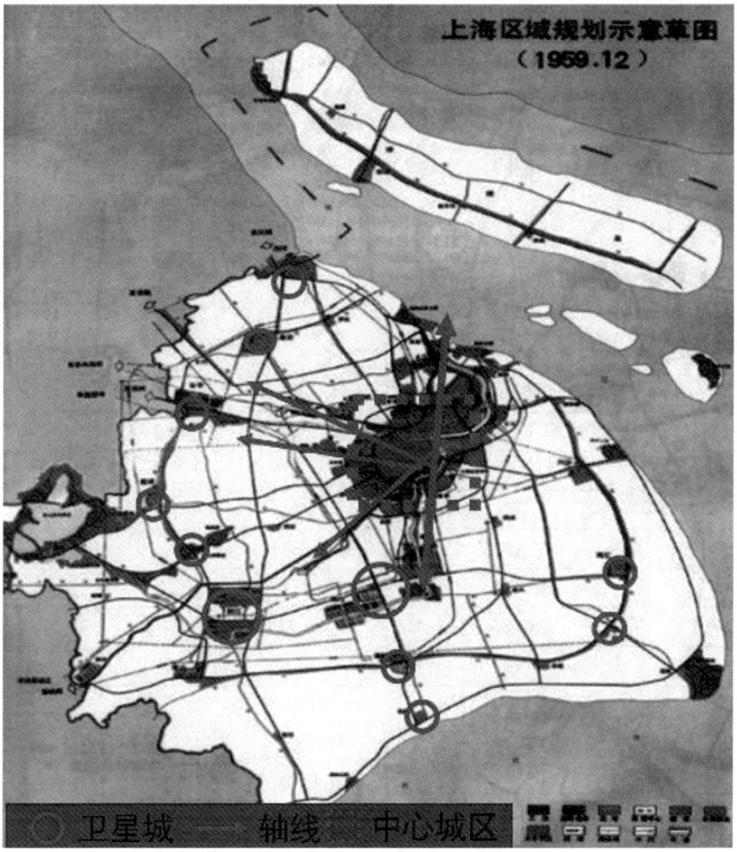

图 2–1　上海市沿轴线放射性城市空间结构

资料来源：上海市城市规划局。

同时，当时上海的发展仍然表现出中心城区的“一城独大”的局面。1986 年，国务院批准了《上海市城市总体规划》，明确提出了“丰富和发展卫星城市”的概念。然而，由于住房和生活服务设施建设不足，产业类别单一，受从属关系的影响，上海市的卫星城建设一直处于自发状态，人口规模和能级发展水平较低。实际情况未达到规划目标，总体发展不理想。[①] 根据 1985 年的数据来看（如表 2–1 所示），上海中心城区人口为 668 万人，人口密度达到 2.56 万人 / 平方公里，其中静安区和卢湾区人口密度

① 陈群民、吴也白、刘学华：《上海新城建设回顾、分析与展望》，《城市规划学刊》2010 年第 5 期。

超过了 6 万人 / 平方公里。而郊区的总人口虽然达到了 518 万人，但是人口密度只有 896 人 / 平方公里。在新城建设中，除了吴淞区和闵行区人口密度超过了 0.3 万人 / 平方公里，其余新城发展状况令人担忧。由此可见，虽然上海在 20 世纪 50 年代开始建造卫星城镇，但是单中心圈层分布的空间结构特点仍然十分突出，所以这段时期上海市是以市区为中心、卫星城沿着发展轴线多点建设的空间结构模式。

表 2–1　1985 年上海市各区县人口及密度

地区	土地面积（平方公里）	人口（万人）	人口密度（人 / 平方公里）
黄浦区	18.7	68.37	36562
南市区	22.58	75.74	33542
卢湾区	7.51	48.04	63973
徐汇区	43.57	65.81	15104
长宁区	28.56	49.2	17227
静安区	7.57	49.65	65.591
普陀区	29.35	65.85	22437
闸北区	27.75	66.55	23980
虹口区	22.81	81.89	35901
杨浦区	53.03	97.46	18378
中心城区合计	261.43	668.56	25573
闵行区	36.87	11.75	3186
吴淞区	52.8	17.99	3407
市区合计	351.1	698.3	19889
上海县	366.25	39.97	1091
嘉定县	480.17	49.58	1033
宝山县	369.75	31.35	848
川沙县	448.39	60.6	1351
南汇县	670.7	67.26	1003
奉贤县	625.23	51.3	821
松江县	596.4	48.27	809
金山县	600.17	51.53	859
青浦县	677.78	44.03	650
崇明县	952.68	74.5	782
郊县合计	5787.52	518.39	896

资料来源：《上海市统计年鉴》1986 年。

（二）20世纪80年代到20世纪末的向多核心多轴线空间结构转型时期

改革开放初期，上海市延续了“国家最重要的工业基地”“最大的港口”城市功能定位。1986年，国务院批复《上海市城市总体规划方案》中提道：“要把上海建设成为太平洋西岸的经济、贸易、金融中心之一。”依照《上海市城市总体规划方案》，建设“城市中心区—卫星城镇—郊区小县城—农村集镇”四层次的城镇体系结构。20世纪80年代中期，上海形成了四层工业圈，即市中心的工业圈和老城区的工业圈、卫星城的工业圈、边缘地区的工业圈以及郊县城镇的工业点。[①]1986年，上海提出城市总体布局应以中心城市为中心，将7个卫星城镇与周边各大省区的主要城市、高速公路、高等级公路和快速轨道交通联系在一起，呈“指掌形”发展的模式，力求改变原先的单中心空间发展模式和无序杂乱的城市蔓延模式。在这种情况下，中心城市、卫星城市、小城镇和农村集镇被认为是一个整体，在生产、生活、居住等各种功能上保持有机联系。[②]

上海总体规划明确界定了上海城市空间结构的发展方向。根据“规划结构与道路结构相协调”的原则，以浦东地区的发展、卫星城市的丰富和发展、长江口南岸和杭州湾北岸的逐步发展为重点，进行城郊小城镇规划建设，将上海打造成社会主义现代化城市。规划期望上海形成以中心为主体，拥有相对独立的郊区城镇，中心城市和郊区城镇形成有机联系、群体合作的关系。此外，根据黄浦江沿岸城市的轴向发展模式，规划南北高速公路，采用“切向”交通方式连接城市与国家高速公路，主要节点区由主干道连接，形成新的发展轴。1986年的《上海市城市总体规划方案》反映出上海市开始向多核心多轴线的城市空间结构探索转型，对未来的上海市城市空间结构的形成与发展有着里程碑式的重要意义。

（三）面向21世纪的城市多极空间结构重构时期

20世纪80年代以后，上海迎来了新的空间发展机遇。1990年4月18

---

① 王竞梅：《上海城市空间结构演化的研究》，《吉林大学》2015年第8期。

② 王红霞：《多中心化空间演变进程中的城镇体系建设——以上海为例的研究》，《上海经济研究》2009年第1期。

日，中共中央、国务院作出重大战略决策，开发开放浦东，成为上海、浦东实现跨越式发展的重要机遇和新的历史起点。[①]1992 年 10 月，中国共产党第十四次全国代表大会的政治报告提出“以上海浦东开发开放为先导，进一步开放沿江城市，把上海建设成为国际经济、金融、贸易中心之一”，尽快实现长江三角洲乃至整个长江流域经济新的跨越。[②]改革开放以来，奉行“发展浦东、振兴上海、服务全国、面向世界”的方针，上海城市多极空间结构开始形成。

1999 年，《上海市城市总体规划（1999—2020）》提出，上海城市空间结构应按照城乡一体化和协调发展的原则，形成“多轴、多层次、多核心”的城市空间布局结构。“多轴”由沪宁发展轴、沪杭发展轴和长江三角洲沿岸发展轴构成。“多层次”指由中心城市、新镇、中心镇和一般镇组成的城市体系和中心村的 5 个层次。“多核心”主要由中心城市和 11 个新城组成。其中，（1）中心城市是上海的政治、经济、文化中心，外环线以内地区作为中心城范围。新城是区（县）政府所在城镇或依托主要工业发展起来的中型城市。新城依托重大产业和重要的城市基础设施发展，人口 20 万—30 万；中心城镇分布在城市地区。（2）人口规模一般为 5 万—10 万人的中心城镇分布在城市地区。（3）人口 5 万—10 万人的小城镇一般是在工业基础上发展起来的小城镇。（4）人口 1 万—3 万人的小城镇一般是根据区位、交通、资源条件合并现有的集镇而形成的。（5）人口规模为 2000 人的中心村由自然村合并后形成。中心村是具有地方特色、环境优美、布局合理、基础设施和服务设施完善的新型现代化农村社区。

20 世纪 90 年代以来，上海市提出了一系列规划措施来推进上海市新城建设。《总体规划》提出，要打造 11 座新城，以促进郊区城镇化和中心城区的疏解。这 11 个新城镇分别是宝山、嘉定、松江、金山、闵行、青浦、南桥、惠南、城桥、机场新城和海港新城。每个新城市的总人口计划

---

① 上海市浦东新区经济社会发展调查中国特色发展之路课题赴上海市浦东新区调研组：《坚持以开放促发展高起点、高标准打造新城区》，《人民日报》2008 年 10 月 31 日。

② 慎海雄、季明：《在改革开放的伟大旗帜下前进——党中央关怀浦东开发开放纪实》，《人民日报海外版》2010 年 4 月 15 日。

为30万—200万。在“十五”期间，松江新城作为试点项目提出并得到支持。2003年，上海在《关于进一步加强城市规划管理，实施〈上海市城市总体规划（1999—2020年）〉的纲要》和《上海市城市总体规划（1999—2020年）·近期建设行动计划》中提出，着力“建设新城区，形成功能完善、产业结构合理的新城”，2010年人口规模达到30万以上，“充分发挥集聚和规模效应”。在上海新城建设“十一五”期间，作为近期发展目标，闵行新镇、宝山新镇、青浦新镇、金山新镇、南桥新镇和成桥新镇等9座新城被确定为长期发展战略。“十一五”规划还提出了建设“1966”城市体系的构想，即一个中心城市、9个新城镇、60个新城镇和600个中心村。“十二五”期间，拟重点建设嘉定新镇、松江新镇、青浦新镇、南汇新镇、南桥新镇、金山新镇、崇明新镇7个新城镇。各个新城镇根据自身区位条件、发展现状和优势禀赋的不同，差异化发展。嘉定和松江新城作为长三角地区综合节点城市推进建设，发展综合功能；青浦新城要增强工业和住宅功能；南汇新城位于浦东，促进其现代滨海城市的建设和发展；南桥新城位于风险之中，提高综合配套水平，加强功能开发；金山新城则要推动产业结构的调整；崇明新城继续维持其在上海生态建设中的重要地位，走可持续发展的道路。随着新城的不断建设与发展，上海多核心的空间结构特点越来越明显，总体城市空间不断向多极化的城市空间结构发展。

二、新中国成立后上海城市空间发展特点

（一）20世纪90年代上海城市空间转型的特点

1.动力特征：国家地方战略和政府制度影响了计划经济时代的上海城市空间结构

国家战略是20世纪90年代之前城市空间形成的重要推动力。20世纪50—60年代，与苏联关系的恶化以及对国际形势认识偏差，国家战略展现了深刻的时代烙印。此时期，大量国家资源被分配到一些“三线”地区，防止战争的到来，造成了空间资源的错配。1966年开始的“文化大革命”造成了上海市城市工商业发展受到一定冲击，此后，国家颁布的大城市限

制政策也影响了上海市的城市空间结构发展。[①]

地方战略也推动了上海市的城市空间转变。1949后，上海市从“消费型”城市向“生产型”城市转变，这使上海迅速成为全国轻工业的重镇，吸引了一轮投资潮，推动了城市空间的转变。

政府规划的驱动是另一个因素。20世纪90年代前，带有强烈计划经济色彩的上海政府规划形成了上海市基本的空间结构和形态。50年代起上海市开始发展近郊区，近郊工业区逐步开辟了6个，分别是吴淞、五角场、杨浦、曹赫静、长桥和高桥。1958年，上海已对闵行、吴泾、安亭、嘉定和松江5个卫星城镇进行了具体规划。1959年，上海新增了12个卫星城镇，如青浦和南汇。80年代后，上海市新建单位公房和经济适用房基本上分布在内环之外。[②] 这些规划措施奠定了浦东开放之前的上海市城市空间结构。

农村经济体制改革是推动上海郊区城镇化的一项重要因素。农村经济体制改革是我国经济及体制改革的第一项重要任务，农村经济体制改革直接推动了郊区的发展，加快了郊区城镇化的进程，推动了郊区与中心城区协调发展的空间结构。

2.人口分布特征：中心城区集中了上海市的主要人口

上海市人口主要集中在中心城区。到1980年，上海的城市人口达到601万，城市面积是353.46平方公里。因此，市区人口密度已达到每平方公里3.8万人，人口高度集中，人口密度惊人。到1990年，上海内环路的人口密度仍高达每平方公里3.9万人。而对比纽约的曼哈顿地区仅为2.0万人/平方公里（曼哈顿地区功能与上海市中心城区相近）。如此密集的人口如何妥善安置和消化就成了政府所要面临的首要难题。[③] 从流动人口的情况来看，也主要在中心城区集中。20世纪80年代以来，上海市的建成区和

---

① 邓智团、唐秀敏、但涛波：《城市空间扩展战略研究——以上海市为例》，《城市开发》2004年第5期。

② 陈建华、谢媛：《服务业发展与国际化城市空间极化——以上海市为例》，《上海经济研究》2007年第10期。

③ 邓智团、唐秀敏、但涛波：《城市空间扩展战略研究——以上海市为例》，《城市开发》2004年第5期。

市中心区集中了一大批外来人口，形成了流动人口集聚状况。[①]

3. 产业分布特征：工业集中在中心城区和交通航运便利的地方

上海解放后，随着国家发展战略方针的改变，上海市改变发展思路，建设成了一个工业城市。1950—1960 年，上海市形成了工业区 8 个，工业街坊有 70 多个。从地理分布来看，港口和交通路线等交通便利地区集聚了大量的工业区和工业街坊。大量的工厂在选址的时候都会考虑到上海是航运发达地区，这直接强化了上海城市的航运港口功能。另外，沪宁线和京沪线建立之后，上海市产业轴向分布的特征也非常明显。[②] 郊区有 10 个新的工业区，即北新泾、漕河泾长桥和高桥等。这些工业区很快就与旧城结合起来。

上海市中心城区呈现出工业用地占主导的情况，城市空间结构呈现明显的工业城市的特征，并在以后的很长时间内保持着。从数据上来看。1978 年上海市工业总产值 207.47 亿元，总产值 272.81 亿元，占比 76%。而到了 1989 年，上海市工业总产值为 432.92 亿元，总产值为 696.54 亿元，占比为 62%。这说明虽然改革开放之后上海市的总产值一直上升，工业总产值占 GDP 比重在一直下降，但是到了 20 世纪 80 年代末，上海城市空间结构的工业城市特征仍然十分明显。

表 2-2　上海市 1978—1989 年生产总值变化表

年份	上海市生产总值（亿元）	其中					工业占 GDP 比重
		第一产业	第二产业	其中		第三产业	
				工业	建筑业		
1978	272.81	11.00	211.05	207.47	3.58	50.76	76%
1979	86.43	11.39	221.21	216.62	4.59	53.83	76%
1980	311.89	10.10	236.10	230.87	5.23	65.69	74%
1981	324.76	10.58	244.34	237.12	7.22	69.84	73%

① 陈建华、谢媛：《服务业发展与国际化城市空间极化——以上海市为例》，《上海经济研究》2007 年第 10 期。

② 邓智团、唐秀敏、但涛波：《城市空间扩展战略研究——以上海市为例》，《城市开发》2004 年第 5 期。

续表

年份	上海市生产总值（亿元）	其中					工业占GDP比重
		第一产业	第二产业	其中		第三产业	
				工业	建筑业		
1982	337.07	13.31	249.32	240.75	8.57	74.44	71%
1983	351.81	13.52	255.32	246.26	9.06	82.97	70%
1984	390.85	17.26	275.37	263.19	12.18	98.22	67%
1985	466.75	19.53	325.63	311.12	14.51	121.59	67%
1986	490.83	19.69	336.02	318.89	17.13	135.12	65%
1987	545.46	21.60	364.38	336.54	27.84	159.48	62%
1988	648.30	27.36	433.05	399.53	33.52	187.89	62%
1989	696.54	29.63	466.18	432.92	33.26	200.73	62%

（二）20 世纪 90 年代上海城市空间转型的特点

随着浦东的开发和发展，上海的城市空间结构转型出现了新的机遇。1990 年，城市总体规划把中心城区限制在外环线以内，人口控制在 800 万人。随着浦东的发展和开放，浦西的工业和人口得到了转化和替代。① 另外，总规划还力图调整产业空间分布，引导城市职能空间的优化，东西共同发展，取得了不俗的成绩。

1. 动力特征：用地政策、改革开放和轨交建设是主要驱动因素

上海的土地制度转型，尤其是土地市场化政策的实施，促进了土地空间的转型，进一步推动城市空间转型。改革开放之前，上海一直采用无偿用地的模式，采用行政划拨和协议的方式来确定土地的使用。但是这种行政化的土地使用方式导致了土地资源的错配，扼杀了土地应有的价值空间，降低了土地的使用效率。这种做法导致上海城市中心充斥着大量的工业用地，不仅污染环境，而且土地本身的价值也未能得到体现。20 世纪 80 年代末以来，上海市政府采用了存量调整和增量合理布局相结合的手段，以弱化上海市的工业城市特征、改造上海市中心城区的功能职能为目标，对老城区进行了一些空间调整。上海市对部分污染企业采取了“封闭、停业、兼并、转移”的政策，保留了城市工业企业，对剩余的工业企业进行了改造。还在新

① 熊世伟：《创新上海城市空间发展模式的新思考》，《现代经济探讨》2006 年第 4 期。

增工业企业的用地规划中尽量引导企业向中心城区外围地带集聚。在这一政策下，上海市的中心城区的职能开始转型，从最初的制造功能向服务功能转变。根据年鉴数据，城镇工业企业比重从 1994 年的 44.8% 下降到 1998 年的 39.2%。[①] 从传统制造业的搬迁开始，中心城市开始进驻管理、商业类型的企业。中心城区的职能出现转型，高附加值企业的入驻提高了土地利用效率，为城市空间转型注入了活力。数据显示，从 1996—2005 年，建成区的 GDP 产出率从 1.7 亿元 / 平方公里上升到了 3.8 亿元 / 平方公里。[②]

改革开放为浦东的发展创造了机遇，上海城市空间的东西格局发生了变化，产业空间分布，人口空间分布顺势出现了以东带西的发展现象。20 世纪 90 年代后，随着浦东的开发开放，浦东与浦西之间的交通连接开始加强，重大的项目开始不断在浦东集聚，上海市的空间结构发生了巨大的变化，进入空间转型的全新时期。跨江大桥和越江隧道修建打通了浦西和浦东的空间联系，解决了浦东发展的交通瓶颈，促使浦东的陆家嘴地区的浦东大道沿线成为上海新经济地标。同时，浦东重点发展基础设施、金融、贸易和高科技，直接跨过了劳动密集、“三来一补”型产业直接发展以金融为核心的现代服务业和以技术资金为核心的高端制造业，发挥了示范作用和辐射作用，提高了上海市总体经济发展水平。

轨道交通建设推动了上海市郊区的发展，城市空间结构出现转型。90 年代后，随着交通建设的不断发展，轨道交通开始向郊区延伸，为郊区经济发展带来了新的机遇，特别是地铁 1 号线在上海西南方向的影响最为明显。郊区经济的持续发展和郊区居住环境的改善，促进了人口和工业向郊区的迁移。在不断发展中，上海形成了城市空间向郊区发展的趋势。20 世纪 80 年代之前，上海市的郊区城市化现象主要是由行政力量干预，到 90 年代则是人们主动选择了郊区城市化。可以说上海市的郊区城市化运动经

---

① 邓智团、唐秀敏、但涛波：《城市空间扩展战略研究——以上海市为例》，《城市开发》2004 年第 5 期。

② 李仙德、白光润：《转型期上海城市空间重构的动力机制探讨》，《现代城市研究》2008 年第 9 期。

历了政府引导的郊区城市化到自发选择的郊区城市化的一个过程。[①]

2. 城人口分布特征：中心城区人口密度下降，近郊区人口密度显著提高

由于上海市中心较高的住房压力和拥挤的交通环境，人口开始向近郊区转移。从“五普”和“六普”的数据来看，中心城区人口在不断减少而郊区人口在不断增加，尤其是近郊区人口增速更为明显，人口空间分布向郊区扩散的趋势明显。根据对上海中心城区 93 个街道的调查，1990—1997 年人口绝对减少的有 52 个街道，共减少 74.58 万人[②]。上海市 1982 年第三次人口普查资料显示：中心城区[③]的人口为 602 万人，面积为 149 平方公里，人口密度为 4.04 万人 / 平方公里。而在 2001 年第五次人口普查中，中心城区人口为 693 万人，面积 289.4 平方公里，人口密度每 2.39 万 / 平方公里。上海中心城区面积在增长的同时人口在下降并且人口密度每平方公里减少了 16500 人。[④]在中心城区人口下降过程中，近郊区和远郊区两个空间层次上的人口变化，以近郊区的增长最为显著。[⑤]虽然上海市中心城区人口密度、人口数量仍然是最高的，但是鉴于上海市中心城区人口拥挤、交通环境的压力仍然存在，上海中心城区住房压力又在不断提高，郊区的基础设施不断改善，经济不断发展，产业结构不断优化，人口郊区化的趋势将保持继续。

随着计划经济向市场经济的转变，户籍制度得到了放松。上海市涌入了大量的外来人口。这些外来人口大多居住在郊区是因为郊区居住成本低，或者在郊区村庄从事浦东服务业。此外，他们从事小商小贩、公共服务和建筑业等活动，在郊区和附近村庄形成人口集群。流动人口的郊区居住空

---

① 陈蔚镇、郑炜：《城市空间形态演化中的一种效应分析——以上海为例》，《规划研究》2005 年第 3 期。

② 张水清、杜德斌：《上海中心城区职能转移与城市空间结构优化》，《上海城市规划》2001 年第 5 期。

③ 第三次人口普查与第五次人口普查中心城区空间范围均指黄浦（含南市）、卢湾、徐汇、长宁、静安、普陀、闸北、虹口、杨浦 9 个中心城区的空间范围，由于行政区划的调整，面积有所变化。

④ 陈蔚镇、郑炜：《城市空间形态演化中的一种效应分析——以上海为例》，《城市规划》2005 年第 3 期。

⑤ 汤志平、王林：《上海市人口布局导向战略研究》，《城市规划》2003 年第 5 期。

间格局增加了城市人口郊区化的趋势。[①]2000 年，上海中心城区集中了 130 万的流动人口，其余郊县集中了 257 万的流动人口。外来流动人口主要集中在浦东新区、闵行区、宝山区、嘉定区、松江区的郊区，离市中心较近。然而，南汇区、奉贤区、金山区、青浦区和崇明县郊区则相对较少。[②]

3. 产业分布特征：工业郊区化

工业郊区化是上海空间转型的又一特征。从 1999 年的情况来看，中心城区（不包括浦东新区）、郊区和郊县工业企业单位数分别占 23%、59% 和 18%，工业总产值分别占 25%、67% 和 8%。20 世纪 90 年代，工业开始从中心城区向周边郊区疏散，中心城区的污染问题和土地使用效率低的问题得到了一定的缓解。中心城区的工业企业减少，除了黄浦区、徐汇区、普陀区和杨浦区 4 个区外，其他中心区域保留了很少的工业企业，相应的工业企业产值也非常低。工业企业和工业企业产值主要集中在郊区。

表 2–3　1999 年各区、县工业企业单位数及总产值

地区	单位数（个）	占比（%）	工业总产值（亿元）	占比（%）
总　计	20290		5665.65	
黄浦区	137	1	212.69	4
南市区	234	1	24.04	0
卢湾区	268	1	102.98	2
徐汇区	701	3	255.38	5
长宁区	441	2	92.62	2
静安区	225	1	56.72	1
普陀区	799	4	130.61	2
闸北区	599	3	134.45	2
虹口区	509	3	83.64	1
杨浦区	712	4	302.99	5

① 杨上广、吴柏均：《城市空间郊区化演变趋势及问题——以上海市为例》，《城市问题》2009 年第 1 期。

② 陈建华、谢媛：《服务业发展与国际化城市空间极化——以上海市为例》，《上海经济研究》2007 年第 10 期。

续表

地区	单位数（个）	占比（%）	工业总产值（亿元）	占比（%）
（中心城区合计）	4625	23	1396.12	25
浦东新区	3273	16	1444.56	25
闵行区	1958	10	664.93	12
宝山区	1395	7	327.48	6
嘉定区	1977	10	667.7	12
金山区	789	4	239.54	4
松江区	1325	7	265.93	5
青浦区	1205	6	213.03	4
（郊区合计）	11922	59	3823.17	67
南汇县	1426	7	178.48	3
奉贤县	1447	7	190.41	3
崇明县	861	4	65.82	1
（郊县合计）	3734	18	434.71	8

（三）进入21世纪以来上海城市空间转型的特点

1. 动力特征：城市建设向郊区转移的发展战略

郊区城市化在城市空间转型中起着重要作用。从城市政府发展战略的角度看，“十五”期间上海建设的重点是实施以新城镇和中心城镇建设为重点的郊区城市化战略。上海市委、市政府明确提出“九五”规划着眼市区，“十五”规划着眼郊区，“中心城区体现着繁荣昌盛，郊区体现着实力水平”的建设方针，提出了城市建设重点向郊区的战略转移，推进并实施城市化和郊区一体化战略。实施“三个集中”，引导农民进镇、改善基础设施、制定城市规划、产业集中到园区等一系列配套政策措施。半个多世纪以来，发展缓慢的卫星城和新城已经开始大规模的城市设计、改造和建设。[①]

投资，是21世纪上海城市空间转型的又一重要因素。随着改革开放的持续深化，上海市与全球城市联系越来越紧密。自加入WTO以来，上海市

① 陈蔚镇、郑炜：《城市空间形态演化中的一种效应分析——以上海为例》，《规划研究》2005年第3期。

凭借其得天独厚的区位优势和政策优惠吸引了大量资本涌入。资本投资拉动了地区经济的发展。“十五”期间，松江新城作为首个试点新城进行推进建设，松江大学城等一系列重大项目落地。此外，上海保税区、洋山港保税区、浦东机场综合保税区等重要投资区的建立，极大地促进了郊区城市化进程。

密集的网络加强了中心城区和新城的联系，从而使城市空间开始转变为多中心。上海的交通技术已经从低速发展到高速，甚至超高速（磁悬浮）。城市交通技术的重组已经开始带来汽车的普及和大众交通方式的发展。随着城市化进程的不断推进，交通技术的不断发展，临海、滨江其周边地区开始显示出重要的资源潜力。城市轨道交通建设是城市中心区向周边地区流动的重要推动力。轨道交通的兴建和发展不仅有利于中心城区的功能疏解和人口疏散，还为新城发展提供了强有力的保证。通往松江的9号线、通往嘉定的11号线相继开通，通往崇明的上海长江隧道通车，昭示了上海市空间结构向多中心转型的决心。随着生产力的不断提高，人民生活水平不断提高，新式交通工具的使用大大促进了郊区城镇化的进程。

表 2-4 21 世纪以来主要年份城市道路设施水平

指 标	2000 年	2008 年	2009 年	2010 年	2011 年
拥有道路长度（公里 / 万人）	5.84	11.39	11.47	11.82	11.83
人均拥有道路面积（平方米）	7.17	16.64	17.54	18.13	18.44
每万人拥有公共车辆（辆）	14.30	10.62	10.37	12.46	11.79
每万人拥有出租汽车（辆）	32.49	25.45	25.56	21.72	21.49

资料来源：上海统计年鉴。

上海市房地产市场的发展推动人们往郊区迁移。2000 年以来，随着上海市住房市场价格持续上涨，人们的住房压力上升，开始向郊区转移。一些学者认为，房地产商限制了住房市场的供给。房地产商建设高档公寓、别墅以及经济适用房，由于房地产商更愿意建设高档公寓和别墅，导致经济适用房的市场供给下降。一方面，住房价格的上升迫使普通群众向郊区转移；另一方面，一些别墅建设在郊区，吸引了一批富人向郊区转移。从统计数据来看，1998—2003 年，经济适用房的投资一直高于高档公寓和别墅的投资，表明经济适用房是这一时期的主要供给房源，但是到了 2003 年之后，情况发生了变化。高档公寓和别墅的投资完成额出现了大幅度增长，直接超过了经济适用房的投资完成额。相应地，经济适用房投资基本稳定，甚至在两年内有下降趋势。①

2. 人口分布特征：核心区负增长，城区环间人口密度显著上升

2000 年以来，上海市中心区人口向郊区转移的现象十分明显。中心城区呈现人口密度下降的趋势，而近郊区人口导入量上升，人口密度呈现上升趋势，郊区人口整体出现增长的趋势。从 2000 年到 2010 年，远郊区人口开始大幅度增长。根据 1990 年、2000 年和 2010 年的三次人口普查数据来看，从 1990 到 2000 年，远郊区人口数量缓慢增加，从 349.6 万人增加到 387.66 万人，占全市人口比重下降了 4%。而从 2000 年开始到了 2010 年，上海市远郊区人口开始大幅增长，2010 年全市远郊区人口达到 641.12 万人，占全市人口比重出现了回升的态势。

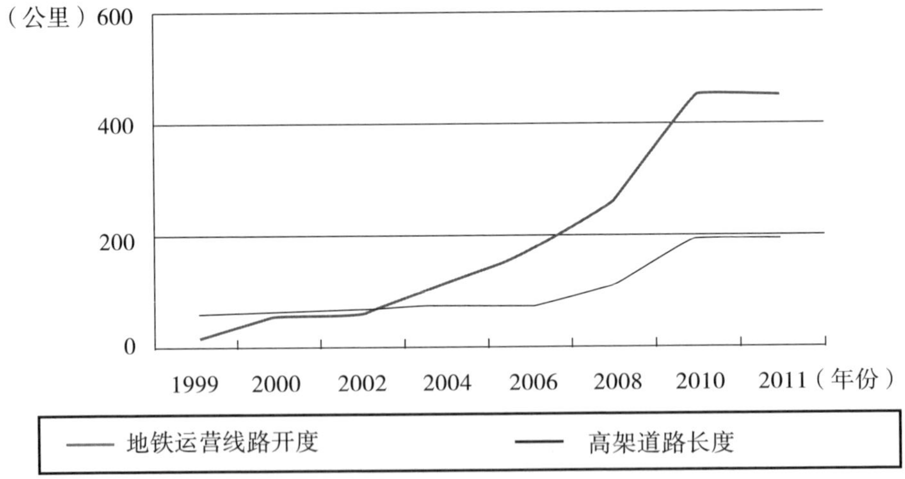

图 2-2　21 世纪以来上海市地铁及高架道路变化

① 兰德华:《转型期中国城市空间结构演化因素分析》,《现代商贸工业》2009 年第 5 期。

上海市的户籍人口和外来人口都呈现向郊区转移的趋势。从户籍人口的空间分布来看，中心城区的户籍人口密度显著减少，内环到外环间的近郊区人口呈现增加趋势，中环地区的人口密度最高，呈现“脊”的空间分布形态。从流动人口的空间分布来看，根据2003年人口抽样调查数据，流动人口主要分布在城市的郊区交界处，呈现脊环结构。①

表 2-5　2011 年上海郊区地区生产总值及占上海市的比重

区　县	地区生产总值（亿元）	占比（%）	工业增加值（亿元）	占比（%）
上海市	19195.7	100	7230.6	100
郊区县	11449.8	60	5130.5	71
浦东新区	5484.4	29	2154.3	30
闵行区	1483.1	8	893.9	12
宝山区	745.7	4	266.7	4
嘉定区	914.8	5	550.6	8
松江区	934.2	5	575.4	8
金山区	425.7	2	242.6	3
青浦区	665.2	3		0
奉贤区	572.6	3	345.4	5
崇明县	224.1	1	101.6	1

资料来源：《上海统计年鉴 2012》。

3. 产业分布特征：第三产业和第二产业分别相对集中于中心城区和郊区

上海工业的空间分布，总部、金融、信息、广告、咨询和保险等大型企业仍然集中在中心城市。随着城市中心区集聚成本的增加，部分商业和商业功能逐渐扩展。郊区一些新兴城镇获得了更好的发展机会。尤其是郊区的工业得到了长足发展。至2011年，郊区县工业增加值占全市的比重超

① 杨上广、吴柏均：《城市空间郊区化演变趋势及问题——以上海市为例》，《城市问题》2009年第1期。

过 70%，新增郊区工业主要分布在浦东新区、闵行区、嘉定区和松江区。

随着上海新城的发展，上海的行政区划形成了不同的功能板块。各功能块具有相应的产业结构和城镇组群形态匹配。嘉定新城以汽车产业为特色，松江新城以大学城集聚为发展动力，临港新城以航运产业为先导。不同功能区的特色产业发展形成了差异化的竞争优势，创造了新的就业机会，吸引了人口的流入，促进了新城的繁荣，上海的城镇体系布局也由单中心逐渐向多中心转变。

第二节 上海现代化进程中的大都市空间发展：现状与问题

一、上海空间发展现状特征

（一）上海城市空间转型的动力特征

1.交通网络建设推动了“大分散、小集中”的网络式发展态势

1993 年，上海市建成第一条轨道交通线路，此后，上海市就开始大力发展轨道交通，截至 2018 年 3 月，上海市已经建成轨道交通线路 16 条（轨道交通 1 号至 13 号线 13 条线路，轨道交通 16 号到 17 号 2 条线路，2018 年又新增浦江线一条线路，共计 16 条线路），磁悬浮线路 1 条。从 2002 年到 2018 年，运营里程从 63 公里增长到了 673 公里，增幅接近 10 倍。而且，上海市尚有在建轨道交通线路 6 条，其中轨道交通 5 号线、轨道交通 10 号线和轨道交通 13 号线属于延伸线路，轨道交通 14 号线、轨道交通 15 号线和轨道交通 18 号线属于新线。自 20 世纪 90 年代开始，上海市推广制造业沿交通干线轴向外迁的模式，推动轨道交通和高速公路延伸地段的发展，从而形成了城市空间发展过程中轨道交通 1 号线、轨道交通 2 号线、沪嘉高速公路、沪青平高速公路等五条基本轴线。

轨道交通等交通干线的建设是城市空间演进的基础保障。它将城市的各个空间单元联通在一起，加强了空间内部结构之间的联系，在此基础之上，才能形成一个有机的空间综合体。轨道交通降低了人们的出行时间和出行成本，减少了空间结构之间的时间距离和经济体之间的距离，形成了

很大的社会综合效益。轨道交通的发展成为经济发展过程中的一个重要发展轴，会在沿线站点形成一个高密度高强度的开发模式，形成了“珠串式”的空间形态，土地利用开发的新模式（TOD）促进了产业结构的升级和空间布局的优化，促进了城市经济更好、更快地发展，为城市空间转型奠定了良好的物质基础的空间基础。

目前，上海的8条轨道交通、数条高速公路和快速信息网络已成为物质、能源、信息、人员接触和流动的关键通道。同时，这些廊道也引导着城市的发展方向，如图3所示。主城区沿黄浦江、轨道交通1号线、轨道交通3号线和轨道交通5号线南北延伸发展，形成了黄浦江产业轴线；轨道交通2号线和轨道交通4号线引导着城市向黄浦区、普陀真如、长宁经济开发区不断扩大，形成了上海最大的服务产业集群；轨道交通9号线、沪宁高速公路、沪杭高速公路、长江走廊、滨海高速公路加快了市中心的发展，引导中心城区发挥其辐射作用。目前，已发展成为沪杭工业区（嘉定新城为核心）、沪宁工业区（松江新城为核心）、江江工业区（宝山新城为核心）和杭州湾工业区（金山新城为核心）。“大分散、小集中”的网络式发展趋势逐渐显现。①

2. 产业集聚区形成了强吸引力，推动了城市由“单中心”向“多中心”转型发展

产业集聚区无疑将成为实现这一战略的有效载体。上海发展产业集群区域以来，城市主体空间结构调整明显，成效显著。上海大体上形成了中心城区以现代服务业集聚发展为主，郊区制造业沿轴线块状集聚发展的格局。具体而言，CBD以3平方公里为核心，包括黄浦区、卢湾区和静安区的交界处，分布着上海主要的金融贸易、高水平商贸集聚区。多中心有四个分中心，分别是江湾－五角体育场、花木、徐家汇和真如，还有9个新城、中山公园、虹口足球场和郊区。这些中心共享城市的剩余服务功能，主要分布商业服务业和城市商业集聚区。制造业集聚区已逐渐成为郊区发展的核心力量，主要沿着主要的交通和信息通道，形成上海制造业发展轴，

① 马吴斌、褚劲风:《上海产业集聚区与城市空间结构优化》,《中国城市经济》2009年第1期。

包括上海－南京发展轴、上海－杭州发展。通过轨道交通、高速公路、信息高速公路的连接，上海的空间结构已经向多中心、网络化、多轴方向发展。城市功能更加完善合理，国际综合竞争力增强。[①] 目前，上海仍处于信息化和交通快速发展时期，在城市的某些地区形成了一些信息、交通关键节点地区，这些地区有着得天独厚的发展优势，吸引产业集聚区和人口向这些地区集中。从空间的角度看，“反磁力”中心加速了工业和住宅郊区化的发展。代表上海制造业“主力军”的六大工业基地和市级工业园区主要分布在外环线外，主要集中在交通和信息节点的位置，即规划的副中心和新城。同时，政府也有意识地规划建设了一批现代服务业集聚区，如西郊生产性服务业集聚区、徐行生产性服务业功能区、南桥中小企业总部商业区、南桥中小企业总部商务区、国际汽车城现代服务业集聚区和赵巷商业商务区等。这些地区制造业集聚区和服务集聚区的复合发展，将加快居住功能郊区化，形成真正的以产业支撑和以住宅支持的反磁力中心，实现生产、服务和居住的最优分配。城市功能，提升城市产业结构，增强城市功能。城市空间结构的网络化发展是信息时代城市的特征。其优势在于可以彻底打破单核心城市空间发展模式，降低中心压力，增强郊区动力。

3. 投资与城市职能的转变是上海城市空间转型的内在驱动力

资本是城市化发展和城市空间结构的驱动力。在城市经济结构调整的过程中，部门或区域之间的每一次资本流动都会带来新一轮的区域分工，这是区域生产条件与资本生产需求相互作用的结果，从而形成了特定的区域分工。这是区域社会关系与城市空间结构演变的一个重要机制。[②] 企业作为一个整体，需要在政府制度设计的框架内最大限度地利用其控制下的资源，以影响城市空间结构的演变。在空间生产市场化进程中，企业作为资本的主人，在城市空间结构的演进中也发挥着重要作用。[③]

改革开放以来，大量外资进入上海，促进了上海的工业发展，加快了

① 马吴斌、褚劲风：《上海产业集聚区与城市空间结构优化》，《中国城市经济》2009 年第 1 期。

② 中国社会科学院研究生院：《城市经济学》，经济科学出版社 2002 年版，第 81—87 页。

③ 周敏、林凯旋、黄亚平：《城市空间结构演变的动力机制——基于新制度经济学视角》，《现代城市研究》2014 年第 2 期。

城市化进程，扩大了上海的城市建设面积。外资在上海的活动，构筑了浦东新区城市空间结构的基本框架，促进了中心城区多层次商业中心体系的形成，促进了城市工业和人口的郊区化，推动了城市多中心系统的形成。

4.政府推动是上海城市空间转型的重要动力

政府城市规划政策对城市空间的影响主要体现在工业布局、危旧房改造、中低收入居民安置、绿化、住房容积比、城市功能区划等方面。公共基础设施投资行为对城市形态产生实质性的影响。具体如土地有偿使用制度的实施、中心城区的“退二进三”的产业结构调整政策、推动“三个集中”、轨道交通等快速交通网络的规划和建设，工业园区的建设对上海城市空间结构的形成起着重要的作用。此外，上海的城市规划和工业规划政策，如上海市中心城区高质量商业区和高质量住宅区的规划、2010 年中心城区 850 万人口的规划、中低收入商品房基地的郊区化拆迁和工业园区的郊区化等，无疑极大地促进了上海的郊区城市化速度。①

（二）上海城市空间转型的人口现状分布特征

改革开放以来，伴随着浦东新区的开发与户籍制度的放松，大量外来人口涌入上海从事经济活动，使上海居民人数继续上升。上海的常住人口从 1982 年的 1196 万上升到 2010 年的 2302 万，净增常住人口 1116 万，增幅近 100%。上海经历了人口高度密集于中心城区、逐渐向近郊区转移、向远郊区加快转移的过程，总体来看，上海目前的人口空间分布具有如下特征。

1.上海人口空间分布的重心明显向郊区转移

由于上海市中心城区过于拥挤，根据第五次人口普查和第六次人口普查资料，从 2000 年到 2010 年，上海市中心城区常住人口从 693.04 万人增长到 698.63 万人，净增 5.60 万人，增幅为 0.81%。郊区总常住人口数从 947.74 万人增长到 1603.16 万人，净增 655.53 万人，增幅为 69.17%。其中，近郊区总常住人口 553.41 万人上升到了 959.88 万人，净增 655.53 万人，增幅为 73.45%；远郊区总常住人口从 394.33 万人上升到了 643.28 万

① 杨上广、吴柏均：《城市空间郊区化演变趋势及问题——以上海市为例》，《城市问题》2009 年第 1 期。

人，净增 249.06 万人，增幅为 63.16%。从人口增长速度的角度看，上海郊区的人口增长速度明显快于中心城区。而在郊区内部，近郊区的人口增速又高于远郊区。

2. 上海市中心城区人口仍然最为密集

上海人口的郊区化趋势仍在继续，但值得注意的是，目前重点发展的郊区新城的人口密度虽然远高于远郊区的平均密度，但相较于中心城区的外围区域，人口密度仍然较小。

同时，从各区县的人口密度情况来看，中心城区人口密度仍远高于其他区县，发展较快的闵行区和宝山区的人口密度与中心城区相比也相差甚远。从人口空间分布上看，根据年鉴数据，2011 年上海全市人口密度为 0.37 万人 / 平方公里。中心城区（不含浦东新区）8 个区的人口密度为 2.42 万人 / 平方公里。其中，人口密度最高的是虹口区，为 3.6 万人 / 平方公里。在南汇区并入浦东新区后，浦东的人口密度有所下降。作为城市化先行区的闵行区和宝山区，人口密度在郊区中较高，第二是嘉定区和松江区，第三是青浦区和奉贤区，人口密度最低的是崇明县，人口密度只有 612 人 / 平方公里。由于上海市各区功能定位的不同，每个地区的人口密度差异也较大。

表 2-6 上海各区、县土地面积、常住人口及人口密度（2011 年）

地区	土地面积（平方公里）	年末常住人口（万人）	其中外来人口	人口密度（人 / 平方公里）
全市	6340.50	2347.46	935.36	3702
黄浦区	20.46	68.04	18.41	33255
徐汇区	54.76	109.50	28.52	19996
长宁区	38.30	69.00	17.15	18016
静安区	7.62	24.36	5.28	31969
普陀区	54.83	129.72	36.24	23659
闸北区	29.26	83.80	20.23	28640
虹口区	23.48	85.16	19.13	36269
杨浦区	60.73	132.43	28.07	21806
中心城 8 区合计	289.44	702.01	173.03	24254

续表

地区	土地面积（平方公里）	年末常住人口（万人）	其中外来人口	人口密度（人/平方公里）
浦东新区	1210.41	517.50	214.64	4275
闵行区	370.75	248.40	124.08	6700
宝山区	270.99	193.50	77.93	7140
嘉定区	464.20	150.62	85.96	3245
金山区	586.05	75.87	22.93	1295
松江区	605.64	165.00	100.28	2724
青浦区	670.14	111.76	64.22	1668
奉贤区	687.39	110.30	54.58	1605
崇明县	1185.49	72.50	17.72	612

资料来源：《上海统计年鉴2012》。

（三）上海城市空间转型的产业现状分布特征

城市空间结构优化主要通过产业结构升级和产业集聚转型实现城市形态重构、城市结构重构和城市布局优化。与纽约、巴黎、伦敦和东京一样，上海正经历产业集聚、服务业集聚与多元化、制造业郊区化的发展过程。企业正在朝着“小型化”和“分散化”趋势发展。管理部门向中心城区集聚，生产部门则在郊区集聚。城市功能区变得更加灵活。

目前，上海已逐步形成了环形分布的城市产业空间布局：内环形成了创新创意产业集聚环，内环与中环交界处形成了现代服务业集聚环，中环与外环交界处分布着混合生产服务业和先进制造业集聚环，外环形成了先进制造业集聚环。上海逐渐形成了4个城市副中心和几个郊区新城，形成了城市网络发展的格局。①

1. 产业集聚区是目前上海产业分布的主要特征

产业集聚区的调整是城市空间结构优化的一项重要措施。产业集聚区空间分布的优化，进一步优化了城市空间密度和空间形态，对城市空间结构产生影响。企业发展开始呈现小型化和分散化的趋势，一些占地空间不大，但是对商务需求很高的管理部门和服务部门向城市中心城区集聚，而

① 吴元波：《上海郊区化过程中城市空间结构的优化》，《同济大学学报》（社会科学版）2010年。

占地空间较大，对劳动力需求更高的生产部门则向郊区集聚。目前，上海已形成 8 个国家级工业区、14 个市工业区、49 个区级工业开发区和 6 个以重点工业基地为主导的大型工业基地。以工业园区为重要依托的制造业空间分布体系。2006 年，全国、市级工业园区工业总产值达到 9300 亿元，占全市工业总产值的 48%。近年来，上海市中心城区和郊区形成了一系列的服务集聚区，包括 22 个生产性服务集聚区、10 个城市级商业中心和 24 个区级商业中心。生产性服务业是先进制造业与现代服务业融合的产物，产业组织形式体现在产业集群中。外部经济、信息、技术、人才的可用性、创新效应等是形成生产性服务业集群的主要原因。商业集聚只是一种地理集中现象，没有产业关联。商业集聚区产生的主要原因在于追求市场接近与共享、品牌效应和一定程度的范围经济。

2. 上海制造业空间分布的郊区化特征明显

20 世纪 50 年代后期到 60 年代，上海就提出建设卫星新城的构想了。到了 90 年代初，上海迎来了最大规模的工业用地扩张期，近郊区的乡镇工业园区出现蓬勃发展的趋势。1997 年，上海市郊区乡镇工业园区 174 个，呈现“一镇（乡）一点”的格局。从 1999 年发展至今，上海郊区的工业发展经历了先上升后下降的倒 U 曲线形式的过程，于 2006 年达到顶点，第二产业占比为 63.7%，但是到了 2009 年，第二产业占比下降至 61.2%。[①] 尽管在 2006 年之后，郊区的工业发展呈现颓势，但是在很长一段时期内，郊区将仍会是上海制造业空间分布的重要空间载体。

2001 年以后，上海制造业空间分布的郊区化更加明显，甚至提出郊区应承担不同的制造业水平。2001 年，国务院批准了《上海市城市总体规划（1999—2020）》，进一步明确了郊区制造业空间载体的作用。总体规划将上海产业结构空间分布划分为三个层次。在这三个层次中，第二层（城市内外环之间的区域）是近郊区，第三层（城市外环之外的区域）是远郊区。近郊区应重点发展高新技术、高附加值、无污染的产业，调整、整顿和完善现有的工业区；远郊区应该提高经济规模和集约水平，集中力量建设城

---

① 施丹锋：《上海郊区产业发展研究》，《华东师范大学学报》2011 年。

市工业区。至此，近郊工业区的空间发展已朝此圈层结构发展了。

3. 上海市形成了服务业集聚在中心城区的现状

从空间发展上来看，上海生产性服务业集聚区主要分布在 CBD、4 个子中心、工业开发区和郊区新城，呈现“多中心、多层次”的空间格局。主要原因是生产性服务业对区位因素的利益变化很大。根据服务对象的不同，生产者服务集聚区可分为商业服务集聚区和生产服务集聚区。前者主要占据城市 CBD、城市副中心（如杨浦五角场、普陀真如、徐家汇和浦东花木等）和主要的轨道交通节点（如中山公园、虹口足球场等）。在政府规划的带动下，商业服务也出现在郊区，如青浦赵巷商业区和商业区。后者主要为制造业提供技术和物流服务，分布在主要工业开发区和物流园区，在空间上集中于中心城区外围、郊区工业开发区和物流园区等。漕河泾新兴技术开发区、松江工业开发区、国际汽车城零部件工业园等生产服务集聚区。①

从具体数据来看，上海市区（浦东新区除外）的第三产业比重已超过 80%。若没有烟草产业，杨浦区第三产业的附加值占 2011 年 GDP 的 77.1%。静安、黄浦、长宁 3 个地区第三产业的比例已超过 90%。到了 2017 年，根据各个区的统计公报数据，徐汇区第三产业的比重达到了 90%，静安区的比重达到了 94%，黄浦区达到了 97%，长宁区达到了 93%，普陀区也达到了 89%，如果不含烟草业，杨浦区的第三产业比重也达到了 84%。

表 2-7　2011 年上海部分区县产业结构比较（%）

地区	第一产业	第二产业	第三产业
徐汇区	0.0	18.0	82.0
静安区	0.0	3.1	96.9
黄浦区	0.0	5.5	94.5
长宁区	0.0	7.0	93.0
普陀区	0.0	18.9	81.1

① 马吴斌、褚劲风:《上海产业集聚区与城市空间结构优化》,《中国城市经济》2009 年第 1 期。

续表

产业结构 2011	第一产业	第二产业	第三产业
杨浦区	0.4	61.4	38.2**
闵行区	0.1	63.4	36.5
宝山区	0.4	43.9	55.7
嘉定区	0.5	63.7	35.8
浦东新区	1.1	40.0	58.8
金山区	2.8	61.2	36.0
松江区	0.9	65.3	33.8
青浦区	1.5	59.5	39.0
奉贤区	3.1	64.9	32.0
崇明县	9.2	56.5	34.3

资料来源：根据各区县 2011 年统计公报计算。

注：** 表示如果不含烟草业，杨浦区 2011 年第三产业增加值占全区生产总值的比重为 77.1%。

二、上海空间发展问题分析

（一）空间结构矛盾和空间功能缺失

国际大都市需要空间布局和空间保障，以实现城市资源的有效配置。然而，无论是从人口分布、企业布局、交通规划方面，还是城市用地、住宅建设等城市空间要素的利用等方面看，特大城市都没有改变城市空间结构的单一中心和空间发展模式。从上海目前的情况来看，上海的城市中心仍然集中在黄浦区、静安区，但逐步向虹口区、杨浦区、徐汇区、长宁区、普陀区等城区和浦东等近郊区及金山等远郊区扩散。大城市蔓延式扩张模式不仅带来中心城区城市空间要素配置失衡、城市拥挤和生态空间缺失的问题，更加令人担忧的是，中心城、郊区和新城之间缺乏缓冲区域，没有科学的城市空间布局层级体系，这一方面加剧了居民、企业和政府的支出，另一方面也直接制约了郊区新城发展和周边区域发展对中心城区发展压力的疏解。[①]

① 左学金：《世界城市空间转型与产业转型比较研究》，社会科学文献出版社 2011 年版，第 3—66 页。

（二）空间结构内部联系不紧密

与中心城市的联系状况好，单一的交通便利是吸引中心城市人口的重要因素之一。郊区的交通与城市中心相联系越方便，对人们就业和生活的吸引力就越大。新镇与中心城区的交通联系存在较大差异。嘉定新城和松江新城分别有轨道交通 11 号线和 9 号线，它们与中心城市紧密相连。其他三个新城镇没有轨道交通线路，只有通过转移到其他交通方式才能从中心城市到达这些新城市。另外，在综合交通枢纽布局上，嘉定新城和松江新城通过轨道交通相连，因此它们都依托轨道交通站，结合公共交通线路，建立了综合交通枢纽。南桥新城和金山新城的综合交通枢纽主要是一个中距离的公交客运站，主要通过单一的公交网络组织内外交通。总的来说，嘉定新城和松江新城与中心城市的交通联系更加便捷，新城内部的交通设施更加完善，也增强了两个新城对人口的吸引力；南桥新城、金山新城、青浦新城与中心城区交通设施亟待改善。此外，除松江新城外，其他新城普遍缺乏铁路客运、轨道交通和公交客运相结合的大型综合交通枢纽，大大削弱了新城与长三角地区的交通联系。以上种种因素使得这些新城很难成为长江三角洲的结点城市。①

（三）基础设施与空间要素不匹配

1.优质医疗、教育资源不足

新城的医疗、教育设施不仅是当地劳动力再生产的重要保障性服务设施，也是吸引中心城区人口迁入的重要条件。随着经济社会发展水平的提高，人们更关注新城优质教育、医疗资源的供应。以市医院的分布为例，大部分三级医院集中在中心城区，其中既有综合性医院，也有专科医院；郊区则只有一级和二级医院。为了促进郊区的发展，上海积极推动《关于加强新城医疗卫生资源规划配置的方案》，提出各新城都应设立一所三甲医院。郊区三甲医院与中心城三甲医院相比，门诊数量上有较大差距。中心城区比郊区区县同优质教育资源。除去上海中学、华东师范大学第二附属中学、复旦大学附属中学和上海交通大学附属中学（这几所学校的分校较多，生源区属较多），截至 2020 年，中心城区共有实验性示范性高中 39

① 张凡、宁越敏：《上海新城建设研究》，《上海城市规划》2012 年第 5 期。

所，其中静安区、徐汇区、普陀区和黄浦区 4 区共有 28 所实验性示范性高中。郊区共有 33 所实验性示范性高中（其中浦东新区有 9 所）。在示范性幼儿园分布方面，截至 2020 年，中心城包括浦东新区在内的示范性幼儿园数量有 74 所，而郊区 9 个区只有 58 所（其中浦东新区 32 所）。

2. 商业服务设施齐全，零售及商业服务品质较低

商业设施和业态的完善，对于新城的提升具有极其重要的意义，同时可提升新城现代服务业的就业水平。从综合性商场的分布来看，各新城综合性商场数量平均在两个左右。商场普遍功能较为齐全，包括各类餐饮、休闲品牌，集购饮、娱乐为一体，具有综合性消费的功能，但是服务的层次不高，国际化的品牌数量较低。新城的大型超市数量较多，可以满足日常购物需求，但是以大超市为主要依托的消费空间很难提供差异化的服务需求，也从另一方面反映出新城的服务品质不高。商业街的分布方面，除嘉定新城外，其他三座新城均设置有商业街或商业广场等商业设施，但这些商业街普遍规模较小，入驻店铺也以中低端的餐饮、娱乐品牌为主，零售业品牌数量较少，同时缺乏中高端品牌，对消费者的吸引力有限。

3. 商务办公设施缺乏

现代服务业发展水平低。商务办公设施，特别是高等级的商务办公设施是发展现代服务业不可缺少的基础条件，而完善的商务办公设施也能够吸引高素质的服务经济业相关人才前来就业，对于招商引资具有重要促进作用。从实地调研情况来看，各新城缺乏高等级的商务办公设施，仅有南桥新城拥有少量的高等级商务写字楼，有现代服务业企业入驻，但入驻企业缺乏世界一流企业，这与相关配套设施的不完备有密切关系。可见即便是拥有高等级的商务办公设施，配套设施的相对缺乏也会导致无法吸引知名企业前来入驻。商务办公设施的不完善严重制约了新城现代服务业的发展，不利于产业的升级转型以及对高素质人才的吸引，硬件环境的缺乏对新城发展现代服务业提出了严峻的挑战。

4. 基本文化设施相对完善，服务能力有待进一步提升

文化设施反映了城市的文化底蕴，是城市吸引人口的重要力量。就目前的情况来看，郊区新城虽然具备了基本的生活服务设施，存在一些图书

馆、文化保护单位等，但优质生活服务设施资源明显不足，交通通达性较差，总体上与国际化大都市郊区新城的定位有较大差距。[①]

（四）城市土地建设、用地制度与空间结构发展不相适应

1. 以协议为主导的土地流转市场导致城市边缘区大量的土地闲置

协议、招标和拍卖是城市边缘区土地流转初级市场的三种主要形式。其中，协议模式有利于国家对土地开发模式的控制，但市场化程度最差，地价最低，也最容易形成寻租现象。毫无疑问，招标和拍卖比合同转让更加市场化，但是这两种转让方式的比例至今仍然相对较低。据《上海搜房报告》统计，从1995年到2002年11月，上海市共售出土地14466万平方米，大部分土地是协议售出的，没有真正反映城市土地的价值。一些土地开发商和投机者通过协议获得了城市边缘区的土地使用权后，便在没有建造任何建筑物的情况下圈定土地，土地空置以获得增值效益。土地流转市场的不规范以及开发商对土地的占用和闲置导致了城市边缘区大量的土地闲置，损害了城市土地的经济效益。

2. 农地征收标准偏低

农地征收标准偏低导致城市大量占用耕地，城市用地蔓延式扩张，形成了低效率的发展模式。法律规定，只有国有土地才能进入市场，集体土地只有成为国有土地才能进入市场。在土地征收过程中，对农民和集体组织的补偿不考虑市场条件，只根据农用地的年产值。例如，1998年《中华人民共和国土地管理法》规定的土地补偿费“为征地前三年平均产值的6至10倍”，各项补偿费的总和不得超过三年平均产值的30倍。在征用土地之前。2004年，被征用原土地最高补偿标准提高到被征用农用地年产值的30倍。有偿征用后，地方政府通过协议、招标、转让等方式将土地出租给土地使用者。对于地方政府来说，征地补偿很低，但土地租金收入很高。这使得地方政府倾向于多进行土地批租，直接导致郊区农村土地持续退化，耕地面积不断减少。《上海市土地利用规划》（1997—2010年）提出，到2010年，全市耕地保护总量达到472262万亩，保护耕地总量平衡。但

① 张凡、宁越敏：《上海新城建设研究》，《上海城市规划》2012年第5期。

实际情况是，到2005年底，上海市耕地面积仅为356万亩，难以实现规划目标。由于土地市场双轨制导致的征地补偿与土地租赁的高收入，导致上海市郊区大量征用农用地，城市土地扩展效率低下。

3. 利益相关者的博弈加剧

在计划经济时期，不同利益相关者之间的博弈加剧了单个利益相关者的博弈，国家利益被划分为多个区域利益相关者。作为国有土地流转的实际执行者，地方政府从土地流转中获得了很多好处。1989年，国家规定中央政府享有城市土地出让收益的40%，地方政府享有60%；1998年，新修订的《中华人民共和国土地管理法》将城市土地出让收益修改为中央财政的30%，其中70%为财政收入。1993年5月12日，上海市建设委员会通过了《关于继续精简政府、分散权力、完善二级土地出让和租金管理的请求》，规定浦东新区和六郊区土地出让的租金标准。政府配套设施和基础设施建设及区县内土地开发，以及市中心10个区和市郊3个区的土地租赁补贴比例分别为：区85%、市15%。在城市土地开发过程中，地方政府获得的巨额红利直接引发了地方政府土地开发的热潮。另外，我国现行的绩效评价体系基本上是GDP的评价，各地方政府为了实现绩效，往往通过优惠的土地供应来吸引资金入驻，必然导致区、县政府在土地开发中的竞争。这种竞争关系加剧了行政定价制度与市场定价制度的差距，导致土地交易中的政府寻租现象。不仅如此，这种竞争关系还恶化了区县之间的土地恶性竞争，导致了城市空间蔓延扩张。①

（五）规划体制不完善，空间要素功能不协调

在上海目前的城市发展中，城市交通规划、土地利用规划和城市发展规划往往是独立进行的，这导致城市规划标准不一致，规划目的不一致，规划主体不一致。不同部门之间的规划很难相互协调，形成不同规划之间相互制约甚至相互冲突的矛盾局面。城市发展中存在规划“三张皮”问题。由于城市空间要素的相互作用是不可分割的，这种显性的规划问题直接加剧了上海市空间土地、交通、产业和居住等空间要素的资源浪费，导致了

① 潘鑫:《上海市城市空间结构演化的用地制度分析》,《现代城市研究》2008年第1期。

空间要素资源的错配，不利于上海市城市空间的转型，不利于空间经济关系有序向外延伸。①

第三节　上海现代化进程中大都市空间布局演变机制：影响因素分析

一、上海城市空间转型的影响因素

上海正从“单中心”城市空间结构向“多中心”城市空间结构转变。在转型过程中，存在着驱动因素和一些约束条件。驱动因素主要有：政府经济政策与产业空间规划、郊区城市化、技术发展、长三角区域一体化与全球化的进程。约束条件主要有资源环境承载力、城市交通瓶颈限制、劳动供给。

（一）上海城市空间转型的驱动力探讨

1. 政府的经济政策和产业空间规划是上海空间转型的一项重要驱动力

从 1990 年开始，国家开始重视开放浦东特区，从那时开始，上海市的经济空间政策开始发生转变，浦东新区开始持续发展，成为上海空间结构调整的重要力量。此外，上海市还积极开发产业园区，加快产业集中度。2004 年《上海市促进“三个集中”加快郊区发展的规划纲要》提出，要促进郊区人口、城镇和工业的协调发展，以六大工业基地为龙头，以市级以上工业区为支撑，以区级重点工业区和配套工业区为补充，调整区级合并工业区。区、区以下零星的工业用地：到 2010 年，郊区工业园区土地利用总量控制在 950 平方公里左右；到 2020 年，郊区工业园区土地利用总量控制在 1000 平方公里以内。目前，上海拥有外高桥保税区、张江高科技园区、金桥出口加工区、闵行经济技术开发区、漕河泾新兴技术开发区、虹桥经济技术开发区、上海紫竹高新技术产业区。开发区、上海化工经济开

① 左学金、权衡、王红霞：《上海城市空间要素均衡配置的理论与实证》，《社会科学》2006 年第1期。

发区等国家级开发区。产业集聚园区化和郊区化的趋势开始显现，不断催化着城市空间结构的转型。

在上海新一轮现代服务业和先进制造业空间布局中，新产业集聚空间有世博园区、前海滩区、徐汇滨江区、虹桥商务区、国际旅游度假区、临港工业功能区六个。这些新空间也是上海提升国际竞争力和转型发展的重要战略空间。从地点上看，黄浦江滨江地区属于中心城内核二次开发增长区域，虹桥商务区和迪士尼国际度假区则是中心城两翼的主要带动引擎。未来，上海将形成以产业集群为导向的六大板块布局。根据不同地区的发展需要，开发出具有不同核心竞争力的功能板。各功能板块将形成相应的产业结构，形成一套完整的新城镇群，形成既有差异又有融合的“功能产业镇”。城市形态的形成。特别是今后各个大型产业基地将进一步推进产城融合发展，会对优化上海人口的空间分布带来积极的影响。

2.郊区城市化进程影响着城市人口空间分布

郊区城镇化进程不仅有利于改善入市区打工的农村人口的居住环境，而且有利于多中心的空间结构的实现，以推进实现新型城镇化，构建社会主义和谐社会。这不仅是全面建设小康社会和社会主义现代化国家的需要，也是为中国经济的中长期增长提供重要动力的需要。

上海“十三五”规划提出，城市应在优化空间、聚集人口、促进发展方面发挥重要作用。按照控制规模、把握节奏、提高质量的原则，分门别类推进新城建设。把松江新城、嘉定新城、青浦新城、南桥新城和南汇新城建设成为长三角城市群的综合节点城市，增强枢纽和交通支撑能力，改善公共服务，加快人口和产业集聚。加强与周边地区的联动，建设相对独立、一体化、集约化、紧凑化、功能齐全、生态良好的城市。

随着规划目标的不断实现，上海市周边新城的产业集聚将进一步提升，城市功能服务将进一步完善，新城的发展，将使新城成为人口流入的重要地区，人口的空间分布将更为合理，中心城区将不再拥挤，多中心城市空间结构将实现。此外，2009 年开始规划建设的大型居住社区，已经规划了 31 个，其中 6 个在新城镇的范围内。其余的位于新市镇附近。这些居住空间的规划为人口流动奠定了基础，郊区城镇化提供了居住保障。按规划，郊区的各个大型居住社区今后将集中300万居住人口。

上海市积极拓展郊区城市化进程，统筹城乡发展，促进空间布局优化。2004年，上海第八届人民代表大会提出要加快上海郊区城市化进程。这次会议进一步明确了郊区实现“城乡一体化、农村城市化、农业现代化和农民市民化”的总体目标，有效地促进了“城镇人口集中、园区产业集中、土地集中”规模经营定额。“2017—2035年上海总体规划”提出构建“主城新城新乡”“一主两轴、四翼、多廊、多核、多圈”的城乡体系与城市空间结构，即：主城区以中心城为主体，沿黄浦江、延安路—世纪大道两条发展轴引导核心功能集聚，并强化虹桥、川沙、宝山、闵行4个主城片区的支撑，提升主城区功能能级，打造全球城市核心区。“多廊、多核、多圈”，即强化沿江、沿湾、沪宁、沪杭、沪湖等重点发展廊道，完善嘉定、松江、青浦、奉贤、南汇5个新城综合性节点城市服务功能，培育功能集聚的重点新市镇，构建公共服务设施共享的城镇圈，实施乡村振兴战略，实现区域协同、城乡统筹和空间优化。结合城乡体系和市域空间布局，完善由城市主中心（中央活动区）、城市副中心、地区中心和社区中心4个层次组成的公共活动中心体系。中央活动区包括小陆家嘴、外滩、人民广场、徐家汇等区域。城市副中心共16个，包括9个主城副中心、5个新城中心和金山滨海地区、崇明城桥地区的核心镇中心。

3. 技术驱动力是产业空间分布的一个诱因

（1）交通技术

交通是城市空间结构的骨架，是城市物质和人口流动的重要渠道，引导着城市发展的方向。交通技术的发展缩短了城市之间的时间距离，增强了城市空间结构的凝聚力，拉近了城市空间之间的关系。交通技术也缓解了交通压力，为郊区化提供了前提条件。上海市政府加大了对城市交通的投资，改善了道路网络，多样化交通形式，优化了上海的城市空间结构。

（2）信息技术

信息产业是上海第一支柱产业，目前已成为上海经济发展的重要动力。信息技术的发展促进了上海城市功能的发挥。信息技术在城市空间中起着扩散和聚集的作用，不断优化城市的空间结构。从扩散的角度看，信息技术缩短了城市空间距离，增加了企业和个人选址的自由度，降低了对上海中心城市的依赖，为人口郊区化、工业郊区化提供了有利条件。上海的郊区城市化和后台化，避免人口和工业过度集中于中心城市。从集聚层面看，信息技术提高了中心城市的远程控制能力，增强了中心城市前厅的吸引力，促进了这些高端商业企业集聚在中心城市，提高了土地使用效率。①

4. 长三角一体化和全球化进程的环境动力

最新的《长三角城市群规划》提出：一是要促进网络空间格局的形成。充分发挥上海的主导作用和区域中心城市的辐射作用，依托交通网络培育多层次、多类型的发展轴线，促进南京都市圈、杭州都市圈、合肥都市圈、苏锡都市圈和宁波都市圈的同城化发展，强化沿海发展带、沿江发展带、沪宁合杭甬发展带、沪杭金发展带的聚合发展，构建“一核、五圈、四带”的网络空间格局。二是要增强上海全球城市的功能。根据建设世界级城市群核心城市的要求，加快提升上海的核心竞争力和综合服务功能，加快建设具有全球影响力的科技创新中心。充分发挥浦东新区的主导作用，促进非核心职能的放松，促进与苏州、无锡、南通、宁波、嘉兴、舟山等周边城市的联合。引领长三角城市群一体化，增强服务长江经济带和“一带一路”的能力。长江三角洲一体化的深化，将为上海城市空间结构的转型提供良好的外部环境。长三角的一体化建设的不断深化将为上海城市空间结构转型提供良好的外部环境，促使上海城市空间结构的优化。

2017 年 5 月 8 日，时任上海市委书记韩正在中共上海市第十一次代表会议上提出：上海要努力实现经济更高质量、更有效率、更加公平、更可持续的发展。确保到 2020 年基本建成“四个中心”，全面提升配置全球市场资源和要素的能力。实现中心城黄浦江两岸全面贯通开放，打造高品质滨水公共活动空间。加快虹桥商务区、国际旅游度假区、徐汇滨江、世界世博园和临港地区的功能建设。建成世博文化园。举全市之力，高水平、高质量推进崇明世界级生态岛建设。全面提升水环境质量。以制度创新为

① 李仙德、白光润：《转型期上海城市空间重构的动力机制探讨》，《现代城市研究》2008 年第 9 期。

核心，进一步深化改革开放，扩大对外开放。随着全球化进程的不断推进，上海将以“四个中心”建设为基本目标，面向全球。全面优化城市空间要素配置，持续深化改革，推动城市空间结构的转型。上海将以“四个中心”建设为基本目标，面向全球化，全面优化城市空间要素配置，持续深化改革，推动城市空间结构的转型。

（二）上海城市空间转型的约束条件探讨

1.资源和环境承载力约束越来越明显

土地资源紧张是上海市转型过程中面临的首要问题。上海市的城市建设用地已经很紧张，在发展过程中，城市一度出现了蔓延式扩张和“摊大饼”式发展的现象，土地布局不合理，土地利用低效率是上海市迫切需要解决的问题。根据国家公布的上海市建设用地规划指标，2010 年为 2590 平方公里，2020 年为 2981 平方公里。但到 2008 年，全市建设用地总量已达 2860 平方公里，超过了国家发布的 2010 年规划指标，接近 2020 年的规划指标。2008 年，上海建设用地比例占全市总面积的 42.1%。如果扣除三岛，已高达 49.7%。世界上大都市建设用地的比例一般在 20%—30%，东京占 29.4%，香港占 23.4%。这也意味着，上海的土地资源已难以承载传统的占地扩张型发展模式。[①] 此外，由于可持续发展的理念越来越被人们重视，上海市将以更为严格的标准对企业进行监管，对新建项目的标准也更高，这导致一些有利项目难以入沪，城市空间转型受限制。

2.城市交通瓶颈的制约依然存在

从总体情况来看，近些年上海的交通条件不断完善，客运规模不断扩大，运输设施的供应能力显著提高。例如，截至 2011 年，上海共有 12 条轨道交通路线，全长 452 公里。城市公交的发展为人们上下班通勤条件作出了积极贡献。尽管上海市交通条件已有较大的改善，但是与世界级城市相差仍然甚远。特别是老的交通沿线和老的产业集聚区吸引了大量的人口，又由于私家车的普及，导致一些城市道路变得拥挤（如张江、陆家嘴、莘

① 王振、蔡恽晖、戴晓波、王红霞、邓智团、徐炳胜：《新形势下上海优化土地利用的对策思路研究》，上海市人民政府发展研究中心，2014 年 2 月 26 日。

庄、曹河泾 1 号线、2 号线、延安路高架、南北高架、中环线等）。这些问题短期内难以改善，而恰恰是这个难以改善的问题可能会阻碍资本的流动，投资受阻，导致新城难以建设。

上海市的交通网络分布不均。上海市中心道路较窄，存在着拥堵现象。上海市与周边城市的高速公路连接存在着“倒挂”的现象，即市区道路比市区外窄，限制了人流、车流和物流的速度。上海市远郊区交通发展滞后，很多远离市中心的产业集聚区和大型产业区的轨道交通尚未建成，完善的交通体系尚未形成。结合中心城区和远郊区的交通发展现状来看，上海市不科学的交通体系必将限制多中心城市空间的建设。

3. 劳动力成本上升制约了经济的发展

劳动力成本的上升对企业的发展形成了倒逼之势，这使得一些企业在转型升级过程中出现发展滞后，转型能力不足的情况，这势必导致一系列企业迁出或者被淘汰。在这种大环境下，对城市空间转型尤为重要的产业集聚将会受到影响。同时，第二代农民工的逐渐发展壮大，也增加了企业的成本。这部分农民工更加关注自身切实社会福利，这不仅增加了企业对劳动社会保障和保险等支出，还要求企业在发展过程中重视服务化的建设，推动产城融合体系。一些学者认为，劳动力成本的上升将淘汰一些落后的企业，留下来的转型成功的企业将形成新的产业集聚，带动整体产业转型升级。然而，在短期内，劳动力成本的上升恶化了企业生存空间，上海市整体经济发展受到影响，在产业转型过程中，原先合理的空间分布转变为资源错配的问题使得上海市面临着一些转型中的障碍。

二、上海城市空间转型趋势研判

上海在沿承空间结构发展历史的同时，也在不断改善在发展过程中，自身遇到的诸多瓶颈和问题。从趋势上看，首先，上海城市空间结构正在由“单中心”向“多中心”转型；其次，上海市也在不断改善内部交通网络体系，建设多条发展轴，各个发展中心联系更为紧密；最后，随着长三角一体化的不断深化和全球化进程的不断推进，上海城市空间结构外向拓展趋势明显。

（一）城市空间结构由“单中心”向“多中心”转变

在上海空间发展过程中，出现了空间结构矛盾和空间功能缺失的现象。归根结底，还是因为上海市的城市空间结构“单中心”现象过于明显，中心城区“一城独大”、城市功能过于集中的局面导致了中心城区过于拥挤，城市空间结构向“多中心”转变、城市空能疏解迫在眉睫。

为了克服单中心城市模式存在的问题，近几十年来，许多国家和地区的政府和城市规划专家都提出了多核心区域发展模式，以指导大都市区向多中心城市的演进，形成与中心核心区互补、竞争的现代多中心城市郊区网络结构。随着郊区城市化进程的推进，大城市的发展将逐步以郊区为中心，在撤离中心城市中，一些卫星城镇将围绕着都市圈建成人口和工业的后方基地。同时，采取多种策略和措施，通过地价、税收、福利等经济杠杆，鼓励人口和工业迁出郊区，大大加快了郊区城市化的步伐。因此，大城市不仅拥有面积广阔、经济发达、城市化水平高的现代化郊区，而且提升了郊区和城市的吸引力。英国在1964—1978年建成了33个卫星城市。20世纪70年代以后，法国在巴黎、马赛港、里昂和列昂周围建立了7个卫星城镇。1986—1995年，日本东京在10年的城市发展过程中，规划建设了文静、丰岛、新宿、涩谷四个分中心，并在东北郊区、东京湾沿岸、多摩等地的中心建设和发展中发挥了一定的作用，分担了部分职能，中心结构向多中心结构的转变。[①]

（二）改变“同心圆”的蔓延式增长，构建“多轴”“多核”的精明增长模式

在发展过程中，“同心圆”模式是很多城市空间结构的发展模式，在长期发展过程中已经显示了各种弊端。在未来的发展中，上海改变“同心圆”蔓延式，构建多核心的区域交通网络和基础设施轴的“点—轴”式拓展。

美国林奇（K. Lynch）提出，对一个城市可以通过五种要素识别。这五种要素分别是道路、边沿、标志、结点和区域，它们共同决定了城市空间形态的特征。纽约城市空间演变的经验表明：在美国曼哈顿的空间形态

---

① 石忆邵：《从单中心城市到多中心城市——中国特大城市发展的空间组织模式》《城市规划学刊》1999年第3期。

演变中，相关产业沿华尔街和第五人道轴向分布的形态明显，自老汇和中央公园的消费空间和休闲娱乐空间相适应发展，在其空间形态的形成过程中起到了核心作用。随着城市形态从封闭走向开放，交通基础设施在城市形态的演进中发挥了主导性的作用。

（三）随着全球化进程和长三角一体化的推进，上海市城市空间结构外向拓展的趋势将更加明显

城市的空间结构与城市增长机制息息相关。随着经济全球化进程的不断推进和长三角区域一体化持续深化，上海市与其他城市之间的联系更为紧密，资本、产业、人才和资金流的布局也将受到影响。城市与城市之间的竞争与合作关系不断被转变或者强化，因此，城市与城市之间将会不断形成新的发展轴，吸引要素在空间上再分布，进一步形成新的区域竞争优势。关于曼哈顿空间结构的研究表明：曼哈顿的空间结构是本地整合和全球整合同步进行中形成的。希利尔 Hillier 1966 年的研究指出：不同的用地方式影响着城市的空间形态。

上海作为未来的世界级城市，它的发展已经不再局限于上海本身，而是更多与周边地区的联动发展。随着上海市与其他周边城市乃至世界级城市的生产方式、生产规模、产业结构、发展模式等方面的联系不断强化，上海市用地方式、产业结构、居住空间、基础设施布局等都将出现对应的转变。这些空间要素的转变必将催化上海市空间结构外向拓展。

第四节　建设协调发展的国际大都市：上海大都市空间发展趋势与对策研究

现在，上海市已进入空间转型的关键阶段，空间结构亟须加快重构，空间形态亟须加快重塑，空间布局亟须加快优化。空间结构、空间布局、空间形态与城市的经济发展息息相关，决定了城市要素配置是否合理，经济运行是否有效率。为了促进上海城市空间结构的优化调控，为上海更充分地把握内外部环境机遇，更好地应对内外部压力挑战，促进上海经济社

会和环境可持续发展，实现2030年空间转型的任务目标，提出以下政策建议。

一、上海空间结构优化的政策建议

（一）快速响应时代变化，适时推动城市空间转型

由于时代在变化，矛盾也在变化，现行的上海市规划［《上海市城市总体规划（2000—2020）》］有些部分已经不能满足上海市城市空间发展的需求。伦敦转型的经验告诉我们，必须要快速顺应时代的变化，在适当的时间，高瞻远瞩，确定城市未来发展的风向标，以推动城市空间转型与发展。因此，上海市要顺应时代发展，在转型的关键时期进一步推动城市空间转型，就需要科学编制上海市城市总体规划，对当前所存在的问题做细致的调研和总结，对未来发展的趋势和可能的风险做科学的预判和评估，以完善空间转型发展。

通过覆盖全市的点、线、面发展规划，优化全市城镇空间体系结构。确保下位规划严格遵守上位规划，科学有序推进城镇规划、土地利用规划、产业规划、生态建设规划的衔接，科学配置资源。城镇体系决定了城市空间结构是否能够良好有序的发展，科学编制新城总体规划、小城镇规划、城镇区控制性详细规划，推动人口发展与土地、产业、生态空间环境相适应，以良好可持续的城镇空间体系确保城市空间转型。

（二）科学控制中心城区蔓延，实施“空间换地”战略

守住红线，防止中心城区蔓延式扩张，力争将中心城区的建设边界控制在外环线附近。中心城区的发展如果不人为控制会出现蔓延式扩张的情况，这种扩张模式是低效率的，不仅带来了中心城区拥挤，生活环境恶化，而且导致资源配置错位，城市经济、空间的转型和发展受限制。同时，为了改善生活环境，通过外环线外围开敞空间和内部绿地建设，缓解中心城区因建筑和人口高度集聚造成的热岛效应及环境品质恶化，改善中心城区的生态环境质量和生态景观品质。

深化以集约促转型的理念，紧紧围绕集约土地利用，提高以土地利用效率为基础，建立长效的土地集约转型机制，以空间差别化和精细化的管

理代替粗放式的土地空间利用体系，充分发掘土地发展的潜力，促进土地空间向集约化和高效化发展，为全面建设上海“四个中心”奠定牢固的空间发展基础。一是要优化土地空间布局，合理调整土地利用空间结构，促进产业集聚和土地集约的发展，保护耕地和生态用地，协调城乡发展，实现产业空间、居住空间和生态空间的协调发展。二是要转变土地的利用方式，盘活土地存量空间，深入开发地上和地下空间，以空间纵向发展代替平面横向发展，提升土地的内涵式发展。三是要提升土地利用效率，充分发挥市场调节作用，积极发挥政府的引导作用，促进产业和经济的转型与升级，提高单位土地的产出效率。

（三）顺应“四个中心”建设，完善城市空间体系

“十三五”规划要求上海当好经济发展的排头兵，强调上海在创新方面的引领作用。上海市要全面打造，国际经济中心、国际金融中心、国际航运中心、国际贸易中心“四个中心”。建设国际金融中心是上海的重要战略，立足亚太，完善人民币国际化市场，以陆家嘴金融中心为金融改革发展的支点，以浦东自贸区为金融改革创新的突破口，大力发展金融产业。建设航运中心则要求以上海为中心形成长三角城市群乃至长江经济带的联动发展，基本形成以上海为中心、浙江为两翼、长江流域为腹地的国际航运枢纽港。在国际贸易中心建设上，上海要在全球贸易投资网络中扮演着一个起枢纽作用节点城市的角色，同时，形成与国际投资标准相适用、国际投资制度相衔接的全球化格局，这需要产业结构升级与国际相适应，经济发展与国际相接轨，进一步需要城市空间转型与产业结构和经济发展相协调。在国际经济中心建设上，实现综合竞争力和产业竞争力持续提升，经济中心城市国际地位不断提高，金融航运贸易功能有机结合。创新经济成为经济增长主要驱动力。

二、上海人口空间转型的政策建议

（一）促进产业升级，以产业集聚吸引人口的集中

以人口空间合理再分布为导向，紧紧围绕上海市多中心建设的基本方针，遵循市场调节的基本原则，大力发展中心城区到周边新城、郊区的交

通建设，优化新城及郊区的基础设施和配套服务及政策，拓展周边地区的发展空间，促进产业转型升级，以产业集聚带动人口的集中。促进中心城区的高端服务业发展，通过产业置换，引导工业制造业向周边的郊区和新城扩散，为周边地区提供良好的发展机遇，吸引高端人才引进。周边地区要实现对产业的吸引以及相关配套设施的建设，以产业集聚带动对就业的需求，进一步吸引人口流入，实现人口空间在流动。同时，鼓励新城与小城镇根据自身条件发展特色产业，打造特色新城和特色小镇，引导郊区的差异化发展，加强开发管理的协调，促进产业的合理聚集，探索创新性途径，是推动郊区产业、人口、土地有效聚集的根本条件。

（二）完善生活配套和服务空间布局，引导人口空间再流动

通过完善的生活配套设施和服务吸引人口。在新城、郊区建立交通、教育、医疗、商贸、文化娱乐等生活配套，增强新城和郊区对人口的吸引力，形成新城和郊区的地方优势，以缓解中心城区人口过度拥挤所带来的负面效应。根据不同规模的城镇体系，按照人口规模和需求规模配套相应的生活基础设施和服务，聚焦居民的生活问题，完善公建配套的布局、规模和功能设置。此外，新城通过引入集商业购物、餐饮、文化、娱乐等功能为一体的大型旗舰项目，提升生活配套水平，满足中高端的消费需求。

（三）优化城市交通体系，加快郊区城镇化的步伐

根据城郊城镇规划，优先发展连接中心城区和郊区的快速交通网络，加快城郊城镇基础设施建设。改善交通基础设施，充分发挥良好交通条件在人口和工业向郊区扩散中的重要导向作用，是提高城市人口和郊区产业集聚吸引力、引导、引导的重要条件；促进商业办公功能和人口向郊区迁移，依托郊区快速交通网络和工业园区的布局，形成综合体系。为了避免郊区城镇发展成为具有单一居住功能的卫星城市，缓解中心城区的发展压力，必须对郊区商业办公功能进行适当引导，从根本上改变郊区商业办公布局的不合理性。

此外，还需要优化完善公共交通体系，使公共交通与轨道交通站点及其他高速路网合理衔接，以满足中心城区、新城和郊区人们的生活生产需要为导向，形成合理化的中心城区—新城—郊区—乡镇的公共交通网络体

系，减少居民的出行时间，降低因迁出中心城区所提高的生活成本，提高出行的便捷性和安全性。

（四）优化人口调控政策，引导人口分流

科学制定农业转移人口居住政策，探索建立人户分离型人口的属地化管理政策机制。优化相关配套设施和配套政策的调控，鼓励新城发展，扶持周边发展。不仅在基础设施上支持新城发展，而且要解决人口迁移过程中的社会保障、医疗水平以及子女教育水平的问题，完善城市功能分配，解决人们关心的切实福利问题。

加大对人才引进、人口分流的激励政策。通过住房补贴，教育补贴等补贴手段吸引人口向新城迁移。以人才公寓的形式解决人才向郊区移动，开发郊区发展潜力，以人才推动郊区发展。

（五）保留历史文化特色，打造宜居环境

在城市发展过程中防止对文化特色的忽视，急于求成，导致传统特色建筑丢失。重视历史文化，在城市建设中凸显城市的背景与历史，防止出现千城一面的情况，保持城市的差异性和独特性，形成城市差异化的竞争优势，在新城发展过程中发挥吸引人口和产业进入的特别加分项。

在城市发展过程中，坚持优化环境，开发生态空间，保留绿地的面积，防止因过度经济开发导致生活环境恶化。新城建设发展过程中必须坚持以打造宜居环境为重要方针，以舒适宜居的生活环境吸引人口的流入，保证经济的可持续发展。

三、上海产业空间转型的政策建议

（一）围绕“四个中心”建设，形成地区之间的竞争优势

以上海“四个中心”为重要发展战略，顺势引导地区间的平衡发展，构建多中心的发展体系，形成地区间产业差异化竞争，改善地区间发展环境，减少地区间不良竞争与恶性竞争，形成不同功能区的差异化优势和竞争优势，吸引相对应产业的集聚。例如，以陆家嘴和自贸区为代表的金融改革创新区域持续吸引金融企业集聚，促进金融市场的改革开放。以临港为代表的航运中心发展航运产业，形成航运产业优势，在实现“四个中心”

的同时，形成上海市产业空间分布的转型。

这就要求重大产业项目要向郊区新城倾斜。重大产业项目不仅要有良好的产业带动效应，而且要有助于吸引高素质人才。同时，要完善郊区新城的基础设施，加快郊区新城功能开发，为各类产业人才提供良好的生活环境，吸引人才流入。另外，完善的交通体系是城市发展的必要保证，需要加快中心城区、新城、郊区以及市外重要城市的交通路线建设。

（二）打造地区间产业优势，合理布局产业空间

首先，要顺应上海市未来发展战略，发展相关的产业，完善对应产业的空间布局，形成全产业链的特色产业体系，打造地区间的发展优势，形成地区间的良性互动。其次，要推动创新，全面落实提高创新能力，自觉实践科学发展观，要坚持自主创新、重点跨越、支撑发展、引领未来的方针，以全球的视野实现上海市产业发展和空间转型。再次，要鼓励信息产业与制造业融合发展，在第三次产业革命中获得先发优势，实现产业的可持续发展。最后，要保证城市建设的品质。产业的外迁可能导致上海市“空心化”发展，导致中心城区的经济发展萧条。因此，需要形成高品质的园区建设，吸引高端服务业向中心城区集聚，防止中心城区出现萧条化。

（三）产业发展本土化，自主创新国际化

上海需要在继续营造产业环境、承接跨国公司产业转移的同时，积极培育本土产业。同时，提高产业的自主创新能力，面向国际，培育上海市优势产业。随着这轮以第三产业为主的国际产业转移的结束，上海的产业升级和发展已经不能再依赖国际产业转移，必须形成相对独立、植根于自身、有竞争力的产业格局。过去过于依赖跨国公司产业转移，客观上已经形成某些产业对国外技术的依赖，企业自主创新能力受到限制。①

首先要形成国际化的产业发展环境，吸引国际化人才入沪，以上海市本土特色产业为发展支点，以国际新兴产业为突破口，实现产业本土化，减少对国外产业转移依赖。其次要形成国际化的创新环境，加强对知识产权的保

① 周振华、陈维主编:《城市转型》，社会科学文献出版社 2006 年版，第 174 页。

护，面向世界，以创新带动产业发展。最后是为更具活力和创新意识的中小企业提供适宜的发展环境，出台对应的中小型创新企业的优惠政策，促进科技金融的发展，切实形成支持中小企业发展的融资体制，为中小企业营造良好的生存和发展环境，形成吸引现代服务企业集聚发展的制度环境。

四、上海交通空间转型的政策建议

（一）完善交通法治环境，科学规划交通体系

交通体系是城市空间转型的重要保障，是城市空间发展的重要载体。优化上海市交通，是上海城市空间转型、人口空间流动有序、产业空间分布合理、城市经济发展可持续的重要保证。完善的交通体系是城市空间转型的基础。要形成完善的交通体系，就必须要对交通体系进行科学规划，并营造一个健全的交通法治环境。首先要科学地制定交通法规，做到有法可依，其次要加强管理，健全各项制度，完善监督制约机制，保证违法必究，最后要建立健全执法监督、制约机制，保证执法必严。同步健全完善上海综合交通执法的软环境，以实现中长期发展战略为目标，紧紧围绕交通空间布局的优化调整，以健全完善相关制度机制，加大执法力度和执行公信力，通过明确严格的法规体系，提供科学、权威、规范化的依据与指导。

（二）优化城市交通管理系统，提升交通服务水平

提升交通科技应用水平。建设智能交通管理系统，提升道路的交通监测、指挥、综合调控能力。建设交通规划决策支持系统，提高综合交通规划建设科学决策水平。建设交通信息共享平台、公众出行信息服务系统，实现各类交通信息资源互联互通，为市民提供出行信息服务。结合上海智慧城市建设，提高信息技术等现代科技手段、现代化智能管理设施设备在上海交通运行管理中的运用，建成适时智能化监控、适时信息发布、多个管理部门信息联动、公民充分共享、远程与现场指挥调度有效结合的现代化监管服务体系，提升上海交通管理效率和公众服务水平。

整合交通资源，优化交通行政管理系统，加强对交通的监管，引进交通管理人才，提高交通运营水平。探索交通新方式和交通新设备，重视技术创新与管理创新，提升交通服务的现代化水平，满足社会发展交通出行

与物流运输的需要。

（三）以交通加强空间联系，引导城市空间结构合理化发展

"长三角交通一体化"和"城市交通一体化"是未来城市的发展方向。根据上海创新带动、转型带动和国际大都市建设的要求，可以通过"双快线"（高速公路，快速交通）复合走廊，形成多枢纽、多渠道、多模式、多层次、多功能的综合交通发展模式。首先，要建立多渠道的综合运输通道。在已有沪杭、沪宁走廊的基础上，建设沪沪、沪宁长江沿岸交通走廊，完善区域交通走廊，支持国际金融中心和航运中心建设。其次，市级应采取差别化运输战略。从城市空间结构发展趋势看，上海将由中心城市、中心城市扩展区、嘉庆松江区、大浦东区、杭州湾北岸、长江口三岛区等区域构成。在未来，根据不同区域的不同功能定位和发展方向，结合不同区域的不同交通特征，在具体策略上给予差异化考虑，从而指导空间布局的优化。最后，要提高新市镇交通的地位和水平。目前，新城交通的供给模式相对简单，交通设施的配置与需求不相适应。因此，从长三角网络中二级城市节点和独立城市的角度出发，新城对外交通要加强新城与中心城市、新城与新城、新城与城外城市的联系。内部交通应建立一个综合交通系统，以支持新城市的能级规模。①

五、上海生态空间转型的政策建议

（一）完善生态空间规划，走可持续化发展道路

坚持以人为本，走可持续发展的道路。生态空间规划需要各项工作同步规划、同步部署、同步推进，保护生态用地和耕地，环保部门和规划部门等相关政府部门需要设立统一的红线标准，在守住红线的基础上，充分发掘生态空间发展潜力，盘活土地空间存量，以提高人们生活环境，保护子孙后代的利益为宗旨，以空间资源的合理保护和有效利用为核心，确定城市开发边界，防止城市空间蔓延式发展，完善空间要素统筹，实现生活、生产和生态空间的协调有序发展，推动城市内部空间结构和外部空间形态

① 高岳、郎益顺、马士江：《上海市城市空间布局优化与综合交通发展方式转型研究》，《上海城市规划》2012年第2期。

的优化。

以改革促发展，以发展促优化，坚持走集约化发展、可持续发展的道路，推动保护生态空间的立法程序，制定上海市垂直绿化实施条例，分类提出和采取具体明确的强制性要求和引导激励措施。减少对生态空间的侵占，加大对非法占用、破坏林地的惩治力度，包括经济和刑事处罚；扩大林地养护激励手段，进一步细化实施细则，增强可操作性，全面提高林地保护和养护的力度与成效。大幅提高重大基础设施或市政工程建设占用林地的条件和平衡置换标准。

（二）增加财政支出，保护生态用地

上海市在发展过程中出现了蔓延式扩张，城市无序发展，生产空间和居住空间侵占生态空间的现象，导致上海市生态空间发展薄弱。政府应该加大财政支出，设立生态环境保护基金，专门用于对生态环境的保护、开发和利用。生态空间的恶化会导致生活环境的恶化，这不利于人口和资本的流动，抑制了供给和需求的规模，造成经济生产不足、需求不足的现象，不仅不利于经济的发展，还加速了城市的衰老，使得空间转型不可持续。以财政手段配合立法手段，保护城市生态空间的发展，维持城市空间转型的可持续，为城市空间转型注入持久的活力和创新的动力，为城市空间转型走可持续发展道路提供了生态保障。

（三）充分利用空间资源，促进生态空间的发展

中心城区很难进行大面积的生态空间开发，可以发展纵向生态空间，结合“空间换地”的思路，发展地上地下生态空间，要求地上大楼和地下空间都配备一定的绿化覆盖，发展垂直绿化，在技术可行的范围内，对办公楼、居民住房楼顶开发绿化空间，对可安装悬挂式绿化的楼面墙体开发悬挂式绿化；对于城市周边地区，应保留城镇开敞式空间，扩大绿化面积；对于郊区，要保证基本的生态布局框架，开发郊外生态空间，力争适度扩大生态用地的规模。促进生态功能区的均衡分布，在保障生态系统可持续发展的前提下，充分利用各个空间资源，挖掘生态空间潜力，建设永久性的生态功能生态区，建立上海市生态空间长期有效的良性发展机制。

第三章

建设和谐发展与共享发展的国际大都市

第一节 建设空间和谐发展的国际大城市

一、国际大都市生产、生活与生态空间的和谐：主体功能区规划的制定与实施

（一）上海主体功能区规划目标与规划要点

1. 全国主体功能区规划目标与要点

国务院于2010年底印发了《全国主体功能区规划》（以下简称《规划》）。这是中国第一个国土空间开发的战略性、基础性和约束性规划。编制实施这个《规划》，是深入贯彻落实科学发展观的重大战略举措，对于推进形成人口、经济和资源环境相协调的国土空间开发格局，加快转变经济发展方式等目标，具有重要战略意义。规划要求各省、自治区、直辖市人民政府要按照《规划》的原则和要求，尽快组织完成省级主体功能区规划编制工作，并认真实施。

《规划》将我国国土空间按开发方式，分为优化开发区域、重点开发区域、限制开发区域和禁止开发区域四类主体功能区；按开发内容，分为城市化地区、农产品主产区和重点生态功能区；按层级，分为国家和省级两个层面。

《规划》把上海所在的长江三角洲，与环渤海、珠江三角洲地区一道确定为优化开发区域，要求这些人口密集、开发强度高、资源环境负荷过重的区域，率先转变经济发展方式，促进产业转移，为中西部地区腾出更多发展空间。

《规划》要求推进形成主体功能区，要以邓小平理论和“三个代表”重要思想为指导，深入贯彻落实科学发展观，树立新的开发理念，调整开发内容，创新开发方式，规范开发秩序，提高开发效率，构建高效、协调、可持续的国土空间开发格局，建设中华民族美好家园。

《规划》提出了许多新的开发理念，包括根据自然条件适宜性开发的理念，区分主体功能的理念，根据资源环境承载能力开发的理念，控制开发强度的理念，调整空间结构的理念，以及提供生态产品的理念。

《规划》明确根据党的十七大关于到2020年基本形成主体功能区布局的总体要求。推进形成主体功能区的主要目标是：空间开发格局清晰；空间结构得到优化；空间利用效率提高，单位面积城市空间创造的生产总值大幅度提高，城市建成区人口密度明显提高；区域发展协调性增强；可持续发展能力提升。

2. 上海市主体功能区规划概要

《上海市主体功能区规划》（以下简称《上海市规划》）是按照《全国主体功能区规划》的原则和要求，编制本市规划并认真实施的重要措施。上海市规划与全国规划相比，具有一些不同的特点。首先，《全国主体功能区规划》将上海市和长江三角洲等地区确定为优化开发区域，该类区域具有人口密集、开发强度高、资源环境负荷重等特点，需要通过率先转变经济发展方式，促进产业转移来实现可持续发展。其次，上海市占全国国土面积不足1%，上海市市域范围内各个区县之间地理气候等自然条件的差异较小，所以上海编制主体功能区规划的主要依据，不是市域范围内各区县的生态承载力差异，而是各区县在城市体系中的区位差异。

编制并实施上海市规划的主要目标旨在通过功能布局和空间结构的优化，以及用地效率的提高，来实现生态环境不断改善的大目标。具体地说，编制并实施上海市规划的主要目标是：第一，功能布局更加清晰；第二，人口与经济布局更加均衡；第三，空间结构逐步优化；第四，用地效率明显提高；第五，区域差距逐步缩小；第六，生态环境不断改善。

（1）功能分区及功能定位

《上海市规划》根据《全国主体功能区规划》的要求，结合上海实际，将市域国土空间划分为都市功能优化区、新型城市化地区、都市发展新区和综合生态发展区四类功能区域，以及呈片状或点状形式分布于全市的限制开发区域和禁止开发区域。四类功能区域划分的基础，是国家规划已将上海整体定位为国家级优先开发区域，并充分考虑各区县资源禀赋、区位条件、发展水平、发展潜力和发展导向。四类功能区的具体划分如下：

一是都市功能优化区，主要覆盖中心城区及邻近地区，包括黄浦区、徐汇区、长宁区、静安区、普陀区、闸北区、虹口区、杨浦区等中心城区，以及宝山区和闵行区。都市功能优化区功能定位是传承历史文脉、彰显城市魅力的标志性地区，展现创新活力、发展服务经济的主要载体，集聚高端要素、提升综合服务功能的现代化、国际化城区。

二是都市发展新区，即浦东新区。都市发展新区功能定位是四个中心的核心功能区、战略性新兴产业的主导区、国家改革示范区。

三是新型城市化地区（包括嘉定区、金山区、松江区、青浦区和奉贤区）的功能定位是具有全球竞争力的先进制造业基地和重要的战略性新兴产业基地，统筹城乡、区域协调发展的主要载体，支撑创新驱动、转型发展的战略空间和新增长极。

四是综合生态发展区，即崇明县。综合生态发展区功能定位是国家可持续发展试验区，现代化综合生态岛，上海可持续发展的重要战略空间。

此外，《上海市规划》还在全市域范围内规定了呈片状或点状形式分布的限制开发区域和禁止开发区域。限制开发区是指具有较强生态保育价值和农业生产价值的区域，需要限制大规模、高强度的工业化、城镇化开发。禁止开发区是指依法设立的各级各类自然资源保护区域及其他需要特殊保护的区域，这些区域对维护城市生态安全至关重要，禁止工业化、城镇化开发。《上海市规划》对四大功能区发展方向及主要任务都作了明确规定。为了节省篇幅，在这里不再重复。

（2）上海主体功能区规划配套政策

上海市主体功能区规划提出了财政政策、投资政策、产业政策、土地政策、农业政策、人口与人才政策、环境政策和应对气候变化政策八个方面的政策来支持主体功能区规划的实施。

一是财政政策。主体功能区财政政策的作用主要包括：支持特定地区改善发展所需要的基础设施；支持特定地区增强提供公共产品的能力，或向特定地区的居民提供特定的公共产品；在特定地区进行生态环境基础设施建设；鼓励资本和劳动要素进入或移出特定地区；鼓励或限制某些产业的发展；引导市场参与者节约资源、保护环境。

财政政策的安排侧重点是：第一，完善财税管理体制；第二，完善财政转移支付机制；第三，探索建立特定公益项目补偿机制；第四，加强区县对乡镇政策的统筹保障。

二是投资政策。主体功能区配套投资政策的作用主要包括：在特定地区进行交通、通信、生态环境保护等基础设施建设；鼓励或抑制特定地区固定资产投资的增长；在特定地区创造增长极；引导社会投资的方向。

投资政策的安排侧重点是：第一，明确政府投资重点；第二，加大政府对重点地区投资力度；第三，引导社会资本参与投资建设；第四，加强对限制开发区投资建设管理。

三是产业政策。主体功能区产业政策的作用主要包括：引导资源和要素在空间上的配置，产业的空间布局合理化；鼓励和限制特定产业的发展，优化特定地区的产业结构；鼓励或限制特定地区的开发活动，促进资源开发与生态环境保护的协调。

配套产业政策侧重点为：第一，推动产业发展；第二，优化产业布局；第三，完善产业目录；第四，严格产业项目准入制度；第五，完善产业退出机制。

四是土地政策。主体功能区土地政策作用主要包括：鼓励或限制特定地区的发展；鼓励或抑制特定产业的发展；鼓励或限制特定的开发活动（如城市广场和道路的建设）。

配套土地政策侧重：第一，合理控制土地开发强度；第二，深化土地审批制度；第三，加大存量用地盘活力度；第四，实行最严格的耕地保护制度。

五是农业政策。农业政策的要点包括：第一，支持农业地区加快发展；第二，提高农业现代化水平；第三，推进循环农业发展；第四，促进农业与二、三产业融合发展。

六是人口与人才政策。主体功能区人口和人才政策作用包括：调节特定地区的人口生育率和人口增长率；鼓励或限制城乡居民迁入或迁出特定地区；增强劳动者在区外寻求生存和发展机会的能力；合理化劳动要素在空间上的配置；优化优秀人才工作和生活环境。

配套政策包括：第一，加强人口总量调控；第二，完善人口综合服务；第三，优化人才发展环境。

七是环境政策。主体功能区环境政策作用包括：在特定地区进行生态环境保护工程的建设；鼓励和限制特定产业在特定地区的发展；调节特定地区的生产和消费活动，促进人与自然和谐相处。

配套环境政策侧重点是：第一，有效控制污染物排放总量；第二，强化污染防治；第三，加强水资源和水环境保护；第四，深化环境资源价格改革。

八是应对气候变化政策。应对气候变化政策要点包括：第一，实行能源消费总量控制制度；第二，提高资源能源利用效率；第三，鼓励高效清洁能源发展；第四，提高适应气候变化能力。

积极推进林业建设，加强滩涂湿地保护，提高碳汇能力，优化调整城市供电、供气、供水、通信等生命线工程运行标准，提高城市抵御气象灾害能力。加强海岸带保护，强化应对海平面升高的适应性对策。

虽然上海取得了巨大经济成果，但是在发展过程中亦逐渐暴露了产业结构转型、资源环境利用、国土空间开发等方面的一系列问题，并成为上海进一步发展和建设国际金融、贸易、航运和经济中心的主要障碍。

（3）上海主体功能区主要政策导向与实施机制

第一，控制城市开发强度，创新开发方式，提高开发效率。

《上海市规划》指出上海市国土空间开发的主要问题：一是开发强度较高，中心城呈现蔓延扩张态势。土地开发强度已超过国际大都市一般水平。二是生态空间偏少，稳定地产农产品供应压力较大。三是土地利用方式不够集约，提高利用效率仍有空间，单位建设用地产出水平与国际水平相比仍有较大差距，工业区总量较多、布局较散，闲置土地、违法用地现象仍较突出，农村集体建设用地集约节约利用的潜力较大。四是城乡和区域发展不平衡，基本公共服务存在一定差距。中心城区人口、经济等要素高度集聚，郊区相对分散，人口和经济布局不均衡，特别是在居民收入、基本公共服务等方面仍存在一定差距。

2009 年，上海城乡建设用地已达 2830 平方公里，到 2020 年全市建设用地总规模达到 3226 平方公里。将建设用地占国土空间的比例定义为开发强度，2020 年上海建设用地占全市陆地国土空间 8359 平方公里的近 39%，占全市陆域面积 6787 平方公里的近 48%，开发强度已经偏高。伦敦、巴黎、东京等国际大都市建设用地的开发强度一般都保持在 20%—30% 的水平。我国香港有 710 万人口，土地面积 1100 平方公里，人口密度是上海的两倍，但开发强度也仅为 24%。值得注意的是，目前上海的人均 GDP 离上述国际大都市的人均 GDP 还有数倍的差距。

上海作为一个空间相对有限，人口和经济活动相对密集的特大城市化地区，未来发展的一项重要任务是控制开发强度，为我们和我们的后代保留一个美丽的家园，保留一个高度繁荣同时具有足够的生态空间和农业空间、具有良好的生态环境的国际大都市。《上海市规划》明确规定，未来全市的土地开发强度将控制在 39% 以内。因此，上海国土空间开发的一个重要导向是主要通过土地的内含式发展或通过提高土地的利用效率来满足经济社会发展对土地投入的需要，而不是主要通过土地的外延式扩张或增加用地面积来满足经济社会发展的需要。

目前上海中心城区人口和经济活动的集聚程度已经较高。2010 年，上海市黄浦、卢湾、静安、虹口等中心城区的人口密度达每平方公里 3 万人以上，普陀、闸北、杨浦等区的人口密度也达 2 万人以上。2010 年，上海市都市功能优化区的人口密度平均为 12157 人 / 平方公里。相比之下，上海市郊区人口和经济活动的集聚程度要低得多。2010 年，上海市新型城市化地区的人口密度平均为 1988 人 / 平方公里，其中嘉定（3169 人 / 平方公里）和松江（2700 人 / 平方公里）略高一些，其余青浦（1613 人 / 平方公里）、奉贤（1576 人 / 平方公里）和金山（1250 人 / 平方公里）均较低，还有一定的发展空间。

2009 年，上海中心城区建设用地均 GDP 为 21.9 亿元 / 平方公里，而非中心城区的地均 GDP 仅为 4.5 亿元 / 平方公里，二者相差近 5 倍；地均产出随所在区位离城市中心的距离，或随人口和经济活动的密度而递减。显然，上海贯彻落实规划、控制开发强度和提高开发效率的重点在郊区。

从经济学的角度来看，提高土地利用效率的一个重要措施是提高征地的补偿标准（参见国务院征地条例），使征地价格能更好地反映土地的稀缺性，鼓励地方政府重视提高土地的产出率，减少地方政府出于创收需要征地的冲动和对宝贵的土地资源的过度使用甚至滥用。据报道2012年11月28日国务院常务会议通过了新的《中华人民共和国土地管理法修正案（草案）》，此次修改内容主要是大幅度提高征地补偿标准。有分析认为征地补偿标准至少会提高到现行标准的10倍。补偿标准的大幅提高将对中国的城市化、经济发展和产业结构产生很大影响。今后上海要结合《上海市主体功能区规划》，认真实施土地管理法修正案，提高对征地农民的补偿标准。

从城市空间规划的角度来看，控制上海开发强度、开发方式和提高郊区土地利用效率还需要改进城市规划思路和改革建设用地的管理办法。首先，要适当放宽对郊区新城和产业园区开发容积率的限制，根据我国和上海地少人多的实际情况，更加有效地利用建设用地，提高建设用地的地均产出率。其次，要规划和建设紧凑型城市，实行混合功能开发，鼓励工业园区向工业/服务业混合园区或服务业园区转型。下面我们将对以上两条举措进行进一步的详细分析和讨论。

第二，规划和建设紧凑型城市。

为了有效控制城市的开发强度，即建设用地占城市陆域面积的比例，必须提高建设用地的开发效率，提高开发密度或建筑容积率。

城市发展从建筑和人口密度来看，可以分为紧凑型发展模式和低密度发展模式。我国过去建成的老城区，一般属于紧凑型发展模式，但是在“先生产、后生活”的发展理念指导下，生活配套设施严重不足，基础设施和住房过于拥挤。改革开放以来，尤其是1992年邓小平同志南巡讲话以后，我国城市建设得到快速发展。但是在这个阶段，我国新建城区普遍采取了“低密度”的发展模式，这是对过去城市过于拥挤、城市基础设施不能满足经济建设和人民生活需要的反思，是对过去的发展模式的矫正。问题在于，这种发展模式的矫正出现了“矫枉过正”，我国允许地方政府以低价向农民征收土地的现行土地管理制度更加助推了这种低密度发展模式。结果我国城市的大马路、大广场、大绿地和大公共建筑等形象工程比比皆是，背离了我国人口众多、土地资源稀缺的具体国情。

从城市空间模式的视角来看，改革开放以来我国城市的发展模式较多地采纳或模仿了美国战后城市的发展模式。美国战后城市普遍采取了低密度的发展模式，这一模式的特点是商业和服务业等经济活动在中心城区高度集聚，在郊区建设低密度的住宅，通过大量高速公路和公路将中心城区与郊区的住宅联结起来，造成低密度的城市蔓延，大大增加了上下班通勤对私人汽车的依赖。这一模式首次在 1939 年纽约世博会上展示，战后在美国得到普遍推广。显然这一模式是大量消耗土地和能源的发展模式，是不可持续的，完全不适合包括中国在内的发展中国家的具体情况。

1990 年，欧洲社区委员会（CEC）于布鲁塞尔首次公开提出回归“紧凑城市”的城市发展形态，其最基本的事实依据就是许多欧洲历史城镇保持了紧凑而高密度的形态，并被普遍认为是居住和工作的理想环境。世界银行的许多研究报告都发现，紧凑型的城市更有效率。

上海“十五”规划强调一城九镇建设，“十一五”规划提出“1966”城镇体系建设，即规划和建设 1 个中心城区、9 个郊区新城、60 个新市镇和 600 个中心村（中心村不属于城市化地区）。“十二五”规划强调要推进嘉定新城、松江新城、青浦新城、浦东南汇新城、奉贤南桥新城、金山新城和崇明城桥新城七个新城的建设。这些规划提出的城镇体系框架和原则无疑是正确的。

问题是在实际实施规划的过程中，上海郊区新城集聚人口和经济活动的功能还不强，有研究发现，上海郊区人口的增长，主要不是发生在新城内，而是发生在新城以外的地区。这在很大程度上与新城过去低密度的发展模式有关。为了更好地贯彻落实《上海主体功能区规划》，应该采取有效政策措施来改变上海郊区新城的空间发展模式，用更加紧凑的发展模式来取代原来的低密度发展模式。在这方面，我国香港和日本东京等城市的经验都值得我们认真借鉴。

建设紧凑型城市的要点包括：一是严格控制开发强度，限制农村地区的大量开发，保留足够的农业空间和生态空间；二是实行更高的城市密度和开发容积率，重视公共空间和地下空间的开发，做到“密而不挤”；三是实行混合功能用地布局，增强不同功能之间的相互支持和配合，减少不必要的交通需求；四是实行公交导向开发战略（TOD），优先发展公共交通，并将城市规划建设与公交线路的规划建设结合起来，在地铁站等重要公交节点处实行高密度开发，以提高公共交通服务的可及性，减少上下班通勤对私人小汽车的依赖。

实际上，增加人口密度是形成“紧凑城市”的首要条件。只有提高人口密度才能在较小的地域范围内，达到临界服务人群和消费能力，从而支持诸如服务业、公共设施和城市公交等的发展。这些要点需要通过相关的政策及举措来加以鼓励和推动。

2010 年上海世博会期间在上海召开的“畅想未来城市”的论坛上，日本“六本木”和上海环球金融中心的开发商森稔先生主张，亚洲由于人口密集，土地资源相对稀缺，城市发展模式应该不同于欧美城市。他对未来亚洲巨型城市（megacity）的设想是垂直城市（vertical cities），城市的总容积率应该达到 1500%，其中地下容积率 500%，地面容积率 1000%。他的想法可供上海未来发展借鉴。

所以，上海郊区新城要提高集聚人口和经济活动的功能，就要提高新城的建筑和人口密度，推动生产者服务业和生活配套服务业的发展。这样不但符合上海主体功能区规划的方向，也符合上海创新驱动和转型发展的方向，还可以在郊区创造更多的就业机会。

第三，各类工业园区和产业园区的再规划和再建设。

目前上海土地利用结构不够合理。除开发强度已经较高，农业空间和生态空间相对不足外，工业用地在建设用地中的比重过大。在 1998—2007 年的 10 年间，上海工业用地占建设用地比重从 25.43% 增加到 29.98%，增加了 4.55 个百分点。相比之下，国外综合性工业城市工业用地在建设用地中所占比例一般在 15%—17%，发达国家城市比例则在 5%—10%，东京、纽约不到 2%，伦敦不足 3%，中国香港和新加坡不足 5%。本市工业用地在建设用地中所占比例明显偏高。

目前，上海共有 104 个工业区块，总面积 790 平方公里，全部分布在郊区和浦东新区。其中，六大产业基地等重点产业地区 213 平方公里，其他 41 个开发区共 455 平方公里，区域和城镇工业地块 122 平方公里。郊区工业用地的密度和容积率普遍较低，单位土地的产出率低，未来通过园区的再规划和再建设提高土地利用效率和产出率的空间较大。

目前国家出让使用权的主要是居住、工业和商业三类用地。三类用地的价格（出让金）有很大差别。住宅用地和商业用地的价格要比工业用地的价格高得多，而且价格上涨的速度也快得多。国土资源部《2012 年全年及第四季度重点城市地价监测成果》显示，2012 年末全国 105 个主要监测城市总体地价水平为 3129 元 / 平方米，商业、住宅、工业地价分别为 5843 元 / 平方米、4620 元 / 平方米和 670 元 / 平方米，前两者分别是后者的近 9 倍和近 7 倍。北京、上海、广州等特大城市商业、住宅用地与工业用地的价格相差就更加悬殊了。

所以，为了更好地贯彻实行国家和上海市的主体功能区规划，也为了更好地适应经济转型和产业结构调整，需要把更多的工业用地转型为服务业用地。

在贯彻实施《上海市规划》的过程中，上海应该深化对土地用途管理制度的改革和创新，推动将园区的工业用地变性为工业 / 服务业 / 居住“综合用地”或服务业用地。为此，可在现有园区用地企业适当补缴土地出让金后，将工业园区的工业用地变为综合用地，允许按相关规定对土地实行混合功能开发，并适当提高容积率。

相关的政策设计和具体操作中可借鉴我国台湾新竹园区的做法。新竹园区对用地企业收取地租，采取一倍容积率收一倍租金，两倍或以上容积率收两倍租金的办法。由于两倍以上容积率租金相同，可以鼓励用地企业提高容积率，从而提高土地的产出率和纳税水平。借鉴这个思路，上海可允许各工业园区的现有用地企业在补缴一倍工业用地的出让金（加上以前收取的一倍工业用地出让金，相当于收取两倍工业用地出让金）后，将工业用地变性为综合用地，并将容积率提高到两倍或以上（占地面积保持不变）。

综合用地要强调混合功能开发。这方面我们可以借鉴新加坡园区的经验，允许园区用地企业按工业、商贸、物流、办公和居住等不同功能的规定比例开发园区土地。例如，对于上海工业园区的用地，政府可以规定工业用地占 50%，商贸、仓储、物流、研发设计和办公用地占 30%，餐饮、休闲和员工住宅等生活配套功能用地占 20%。

当然，在工业园区转型的过程中，要加强对园区整体布局的再规划，包括工业园区的产业布局和混合功能用地，以及对园区内部和周边地区城市基础设施包括公交设施的再规划。在规划中要重视园区的紧凑型发展和混合功能发展，真正将“产城融合”的理念落到实处。

上海应如同争取“营改增”那样向中央要求在土地使用制度方面先行先试。由于上述建议的改革符合中央关于节约用地和减少征收耕地，以及有利于经济转型的大方向，所以应该能较顺利地得到中央的肯定与支持。

第四，推动经济发展方式转变和产业结构升级，限制和淘汰严重污染的产能。

全国和上海市主体功能区规划，为上海调整产业结构布局和限制淘汰严重污染产能提供了指导原则。上海市规划就推动产业发展，优化产业布局，完善产业目录，严格产业项目准入制度，完善产业退出机制分别提出了操作思路。

“十二五”期间，“创新驱动，转型发展”是上海发展的主线。按此主线，需要进一步提升上海产业的研发设计能力和创新能力，以及名牌管理和营销能力，实现研发设计和营销“两头在内”，将附加值较低的价值链中间段向外转移。为此，上海需要进一步转变政府职能，减少政府对微观经济活动的干预，尤其要减少行政审批，努力创造一个更加有利于创新型企业发展和各类人才集聚的商务环境和空间环境，有利于先进制造业和现代服务业发展的商务环境和空间环境，进一步推动“四个中心”建设。实际上，推动经济发展方式的转变和产业结构升级，与上海实施主体功能区规划的目标是完全一致的。

目前，上海已经形成了中心城区（包括都市功能优化区和都市发展新区的一部分）以服务经济为主，上海除崇明以外的郊区（新型城市化地区）以制造业为主的产业格局。今后创转型发展的一个重要方面，是进一步提升中心城区的服务能级，在提升郊区制造业的同时为各类服务业尤其是现代服务业的发展提供更大的空间。

经济转型的一个重要方面是发展各类创新型产业，包括工业研发和设计，产品品牌和市场营销，电子商务和相关物流，传统金融以外如第三方支付等新金融业务，各类高端服务业如研发外包、数据库管理外包等。由于目前上海中心城区的房价高企，这些创新型产业至少在实创阶段对成本比较敏感，所以其中相当部分的企业难以在中心城区立足。上海郊区房价相对较便宜，但是城市基础设施和各类配套服务对这类产业的支撑不足。所以在郊区更好地规划和建设新城，以及30万人口的三级中心，可以为创新型产业在上海的发展提供更大更好的空间，对于上海创新驱动和转型发展有重要的促进作用。

如上所述，上海未来需要严格控制开发强度，所以上海城市建设用地的稀缺性将进一步增大。如果上海能够发挥市场在资源配置中的基础性作用，土地资源的稀缺性增大客观上有利于上海产业结构的调整和优化。另外，由于各类产业污染环境的社会成本还没有完全纳入企业的个别成本，从经济学的角度来看，还有较大的负“外部性”。

为了减少和消除这种负“外部性”，需要政府通过产业政策对各类产业的环境影响进行更加严格的评估，进一步明确不同功能区域鼓励、限制和禁止的产业，形成市和区县两级联动的产业筛选和扶持机制。上海需要根据国家《产业结构调整指导目录（2011）》，以及实施上海市主体功能区规划的需要，对《上海产业发展重点支持目录（2008）》《上海工业产业导向和布局指南（2007）》和《上海市外商投资重点产业目录（2005）》进行修订。

在未来新的产业结构调整指导目录和产业发展重点支持目录中，应该将产业发展的环境影响放在更加突出的位置。应该主要依据各类产业的资源环境影响对产业进行分类。凡是对环境产生高污染的产业，不管它带来的GDP或税收多高，都应该加强准入限制，或通过产业结构调整逐步淘汰。因此，上海市要舍得放弃一些GDP。要看到，今天的放弃可换取明天更多的获得。例如，宝钢计划在广东湛江发展1000万吨产能，这一计划从长期来看，无论对企业经营，还是对上海的产业结构调整和生态环境保护，都有非常积极的意义，值得充分肯定。

一个重要的问题是，在21世纪初，上海郊区的一些工业园区，尤其是较低级别（如乡镇管理）的园区，引进了一些污染较大的落后产能，由于土地出让的时间一般为40—50年，所以对这些园区的环境治理和产业结构调整需要与这些园区的土地用途调整结合起来。这个问题需要通过进一步研究提出可行的、各利益相关方可以接受的解决方案。

第五，对生态农业区进行适当经济补偿，拓展产业链，增加农民就业机会。

上海市主体功能区规划明确提出要控制开发强度，要保留足够的生态空间和农业空间，将崇明县定位为综合生态发展区。为了落实全国和上海市的主体功能区规划，需要采取有效措施来保障规划的上述内容得到有效贯彻。其中的一个重要措施是通过财政转移支付和其他相关政策，使上海市内的综合生态发展区、新型城市化地区和都市发展新区内的生态空间和农业空间，以及分布于市域范围的限制开发区和禁止开发区内的居民能够得到均等化的公共服务和发展机会。

目前，上海城乡居民家庭人均收入的差距仍然高达两倍以上。这种情况与目前郊区农村的发展模式有较大关系。上海农村的发展，主要通过向农民征地—建立工业园区—农民转变为园区工人模式，园区工人主要从事低技能和低收入的工作。征地式开发使农民脱离了集体所有的土地，虽然得到一定程度的征地补偿，但是这种补偿只是土地增值收入的一小部分，而且是一次性的，不能长期持续。这样的发展模式，将注定使农民长期处于不利的经济地位。要改变这种情况，一方面要继续推进农村人口向城镇转移，另一方面要改变农村的发展模式，让农民更好地延伸农业产业链，从种植养殖向农产品加工、品牌经营和销售延伸。这些产业可能对GDP的贡献有限，对于提高农村居民家庭收入却是直接和有效的。

上海郊区农业的组织程度很差，一家一户的小农生产没有足够的资金和信用来将农业生产的产业链向农产品加工和销售延伸。过去的实践表明，通过种植业的规模经营，使一部分农民从耕作中脱离出来，但是并没有帮助农民将农业的产业链延长到加工销售，而且脱离农业的农民虽然可以在本地找到就业机会，但是由于缺少特别技能，往往只能从事低技能和低收入的岗位，如保洁、绿化养护和保安等，难以较快地提高他们的家庭收入。实践也表明，“公司加农户”的合作模式，使一家一户的农户与从事农产品加工销售的公司相比，往往处于不利的谈判地位，所以合作的天秤常常是向不利于农户的方向倾斜。因此，要实现农业产业链从种养向农产品加工销售的延伸，就需要通过农户专业合作社等形式，提高郊区农业的组织化程度，提升规模经济效益，以及政府为农业产业链的延伸提供必要的市场空间和政策扶持。

在通过农村的专业互助组织来延伸农业产业链方面，可以借鉴美国“新奇士桔农协会（Sunkist Grower）”和我国台湾“茶农合作社”的经验。如美国的“新奇士橙（Sunkist）”是由美国的桔农合作社所拥有的品牌，合作社为橙农提供技术、融资、保险、市场推广和销售等服务，农民按照合作社和市场的要求进行生产，通过合作社销售，由于合作社是全体社员拥有的，所以农民能够获得销售收入的绝大部分。

随着我国城镇居民收入的提高，对休闲旅游业的需求将较快增长。政府应该在控制对环境影响的基础上，鼓励上海郊区的农民发展“农家乐”等休闲旅游服务。我国台湾地区的“民宿法”鼓励农村发展类似于农家乐的“民宿”，一家农户如果提供民宿服务的房舍在 7 间以下，可以享受免税待遇。这类做法值得我们借鉴。

今后，上海还会有少量向农民征收农业用地的情况。可以探索让农民（农村集体）保留部分城镇用地土地使用权的办法，使农民能够从工业化和城市化进程中获得更多的土地收益。

目前，上海在区与区之间，尤其是中心城区与远郊区之间，公共服务均等化水平还有较大差距。例如，在中心城区与崇明等远郊区之间，上海市中小学教育的生均经费差距可高达数倍。这种情况使居住在综合生态发展区和其他农业空间、生态空间的农村居民处于不利地位。由于目前义务教育在区县范围内统筹，所以要从根本上改变这种情况，需要由市级财政加强对这些地区的财政转移支付。另一种可行的办法是进一步调整上海的行政区域，在上海浦东新区与南汇合并、上海市黄浦区与卢湾区合并的基础上，考虑将各财政收入水平较高、国土空间比较局促的中心城区与财政收入水平较低但国土空间比较广阔的郊区合并。这样一方面有利于上海产业空间布局的调整，另一方面也有利于推动上海义务教育和基本医疗卫生服务等公共服务的均等化。

第六，通过空间转型——产业转型的路径来实现人口规模调控和人口质量提升。

2010 年全国第六次人口普查发现，上海的常住人口已达到 2302.66 万人，比 2000 年第五次人口普查时的 1608.60 万人增长了 694.06 万人。2012 年上海市常住人口进一步增长到 2380.43 万人，虽然继续增长，但是增长量和增长速度与普查 10 年间相比均有所下降。

上海人口规模不断增长带来了城市的一些烦恼和担忧，从而引发了关于上海最佳人口规模的讨论。虽然我们可以用各类不同的模型来推算上海的最佳人口规模，但是这些模型计算的结果在很大程度上是基于研究者为模型设定的各类假设，这些关于未来的假设带有较大主观性，可能与实际情况相比有较大误差。正如有的外国人口学家所指出的，各种关于人口承载力的研究尚处于“前科学”状态。实际上我们对于上海的最佳人口规模已经有过多次预测，而这些预测的结果很快被人口变动的现实所打破。

一个国家或地区的人口承载力是由多种因素决定的，其中包括人口总量（Population）、富裕程度或人均消费（Afluence），以及生产与消费技术（Technology）。人口只是三个重要因素中的一个因素，不是全部因素。所以，我们除了要关注上海人口总量的变化外，还要对于能源资源的人均消费水平，以及我们的生产与消费模式给予更多的关注。制定和实施国家和上海的主体功能区规划就体现了这种关注。

对于城市地方政府来说，另一个实际问题是缺少调控人口规模的有效手段。目前北京、上海等特大城市主要靠限制对外来人口的公共服务等手段来不鼓励他们的流入。但是这样做的一个可能结果是，限制对外来人口的公共服务待遇可能造成其中对“待遇敏感”人才的流失，而对于待遇不敏感的非技术工人却不能发挥控制作用。

所以，从实施上海市主体功能区规划的角度来看，更加有效的做法是通过上海市空间结构的调整来引领和推动上海市产业结构的调整，进而引领和推动上海市人才结构的调整。在前面的讨论中，我们论述了将郊区工业园区转型为工业 / 服务业 / 居住混合园区的相关政策。园区的转型将推动上海产业结构的升级，这种升级会通过市场配置资源的过程将更多的高端人才引入上海，而减少非技术工人，尤其是制造业非技术工人的需求。值得指出的是，劳动力市场有其自身的结构，上海经济社会发展还会继续产生相当数量的低技能就业岗位，如保洁、快递、家政、餐饮业和零售业服务员、医院和护理院的护工等。

上海在历史上是一座移民城市，在发展过程中形成了兼容并蓄的海派文化。今后上海要按照中共十六届三中全会通过的关于完善社会主义市场经济体制的若干决定，根据“权利与义务对等”的原则，实现上海人口的充分开放和合理流动。外来人口，只要在上海有稳定的就业和收入，缴纳税（包括所在单位缴纳的法人税）费（主要是各类社会保险费），就应该享受相应的公共服务和社会保险权益。对于上海如低保那样的社会福利，可以通过外来人口在上海就业和缴纳税费的“时间门槛”（如 15 年以上）来加以控制。上海调控常住人口规模，可以主要通过调节和引导各类就业机会的变化来实现。

从普查数据来看，在 2000—2010 年上海两次普查期间，上海市中心城区的常住人口出现了较明显的下降，而上海郊区的人口增长较快。数据表明上海常住人口有从中心城区向郊区疏散的趋势。相信这一趋势还会长期继续下去。显然，上海郊区新城（典型的如南汇新城）的人口集聚不足，今后还要通过进一步改善新城的城市基础设施和种类服务来加强集聚。

但是，只是关注上海常住人口的变动还不够。在重视常住人口的空间分布的同时，还要重视就业人口的空间分布。由于中心城区的房价、地价越来越贵，中心城区的旧区改造通常是将居民区改造成商业和商务楼。这样做的结果是中心城区常住人口减少，就业人口却在不断增加；这些就业人口通常住在中心边缘区或郊区，上下班要长距离通勤。

对上海 2008 年第二次经济普查数据和当年人口统计数据进行分析，比较上海市各区就业人口与常住人口的比率，我们发现，上海就业人口和常住人口的比率全市平均大约是 55%。大大高于 55% 的是两块，一块是中心城区，像现在的黄浦、静安、徐汇和长宁，就业人口占常住人口比大大高于全市平均水平。这些区的服务业比较发达，从事服务业的很多人口都在中心城区上班，而住在中心城区以外。另外一块是远郊区，大量工业劳动力在远郊工作，尤其是郊区工业园区大量雇佣年龄结构较年青、就业率较高的外来劳动力，也相应拉高了就业人口占常住人口的比重。城郊区结合部低于全市平均，说明这些地方的人口就业在中心城区，晚上住在这里。

未来上海要减少交通拥堵，一个重要的方面是从人口的空间布局的视角来考虑，减少各圈层昼夜人口差和缩短上下班通勤距离。为此，今后郊区要更注重发展服务业，比如研发、设计创意产业等服务业，吸引更多的人在郊区工作。中心城区则要适当增加一些居住功能，有一部分白领可以住在中心城区，房间可以小一点，容积率可以适当地高一些。

（4）主体功能区规划建设的发展机遇

第一，发展和完善上海城镇体系的相关开发建设。

改革开放以来，尤其是1992年以来，上海中心城区经历了大规模的动迁和改造，位于中心城区的工厂与棚户旧里被拆迁，让位于商业楼宇和高层住宅。同时，上海郊区建设了大量住宅、工业园区及新的制造业产能，以及相应的城市基础设施，这些重要的空间转型和变迁为上海的经济起飞创造了基础条件。

改革开放以前的上海老城区与全国大多数城市一样，在“先生产、后生活”的发展理念指导下，生活配套设施严重不足，交通、通信等基础设施和住房严重短缺。改革开放以后的城市建设模式在很大程度上是对过去发展模式的反思和矫正，但是也产生了一些新的问题，如不少商务区、科技园区和工业园区等区块的功能较单一，缺少混合功能的支撑，人为地加大了各类功能的空间距离，尤其是加大了人员上下班的通勤距离。郊区新城普遍采取了“低密度”发展模式，但是“低密度”布局造成教育、医疗、公交和生活配套服务投资效益过低和配套不足、郊区新城和园区集聚人口和经济活动的能力不强，土地产出率较低等问题。

上海正在经历一个新的经济转型。这种转型的本质是从过去主要依靠劳动力、资本和土地等传统要素推动经济增长转向主要依靠技术进步和创新来推动经济增长，实现制造业价值链的提升和服务业尤其是现代服务业更快增长。上海的经济转型显然需要城市空间转型来加以支撑和配合。

如上所述，上海从“十一五”规划以来明确提出了规划和建设“1966”城镇体系的目标，但是这个城镇体系中的二级城市中心，即郊区新城的建设还需要进一步完善；在上海城镇体系中，已经出现了一些人口规模在30万左右的三级中心，但是这些三级中心没有纳入原有的“1966”城镇体系，需要对原有的城镇体系规划进行相应调整。所以，我们认为，未来上海城市建设的一个重点是上海城镇体系中的二级城市中心（郊区新城）和三级城市中心（上海市域范围内的小城市）建设和改造，在这些地方按照“以人为本”和可持续发展的理念，规划和建设紧凑型城市，在控制开发强度的同时提高开发容积率，充分利用地上和地下空间，实行混合功能开发和公交导向开发，为上海现代服务业的发展创造更大空间。上海郊区服务业发展也将是上海未来经济转型和经济增长的重点。

此外，上海中心城区尚有一些旧区需要改造。为了避免上海中心城区昼夜人口差过大和人为地增加交通需求，在今后的改造中应该适当地保留或新建一些居住功能，用于满足在中心城市商务楼宇中工作的白领阶层的需要。

中共十八大和和全国主体功能区规划都强调了城市群规划和建设的重要性。长三角城市群是我国规模最大和经济最发达的城市群之一，今后在城市群规划和建设方面还有大量工作要做。这里我们要强调在长三角城市群内上海都市圈的规划和建设问题。上海都市圈的范围可跨越上海市的行政边界，涉及上海周边100多公里距离的其他城市，如苏州、无锡、南通、嘉兴等。在上海都市圈内，在基础设施规划和建设、产业调整和空间重新布局等方面，存在巨大商机。

第二，工业园区的再规划和再建设。

未来上海城市建设的另一个重点是郊区工业园区的再规划和再建设。通过园区的再规划和再建设，提高现有园区土地的利用效率，推动工业园区向工业/服务业/居住和生活配套混合园区转型。园区的再规划和再建设将涉及大量投资项目，对上海保持适当的投资增长、加快现代服务业和先进制造业发展具有重大意义，应能成为上海未来城市建设和投资的一个重要领域。同时，上海工业园区的再规划和再建设需要相关政策创新的支持。

第三，绿色经济和蓝色经济建设。

我国和上海实施主体功能区规划的背景，是我们已进入互联网等信息技术和新能源技术、生物技术等领域的技术革命为代表的第三次工业革命时代。在这一背景下，上海制定和实施主体功能区规划，必将对上海在城市建筑、城市交通和城市工业等领域进一步加强信息化、智能化和节能技术改造，加快可再生新能源的研发利用产生积极的推动作用，因此在这些领域也将蕴藏巨大商机。

随着上海人口和经济规模的不断扩大，各类生活和生产废弃物的处理也变得越来越棘手。原来这些废弃物的处理往往需要大量缺少经济回报的公益性投资项目。冈特·鲍利（Gunter Pauli）创立的“蓝色经济”理念将生态系统原理应用于经济体系，使得人类系统和其他生物系统能够稳定地、安全地沿着进化和再生之路持续前进。蓝色经济模式既保护了地球的环境及资源，又能同时提高相关企业的效益，获得更高的投资回报。这将是一个新的重要的投资领域。

第二节 建设城乡和谐发展的国际大都市

一、国际大都市郊区农村的城镇化和工业化的主要特征

国际大都市郊区城市化，一定程度上就是郊区农村城镇化和工业化发展过程。这一过程实质也是郊区农村向城市的转型过程。这个过程包括四个方面的转变：一是人口的转变：包括人口职业转变和人口地域改变；二是经济结构的转变：主要是产业结构和就业结构的转变；三是空间地域结构的转变，即由农村地域发展成城市地域，由农业生产地域为主导型转变为非农业生产地域为主导型；四是基础设施完善，即道路交通、供电、供水和供气等的配套建设。其内涵不是全盘复制城市景观、产业等，而是实现农村生产、生活方式的转变，提高产业发展能力，令居民生活更加便捷。郊区农村城市化要达到农村地区人口及经济活动的非农化及其聚集过程，是向城市生产方式和生活方式的演变过程，农村城市化将实现新型的城乡

关系，促进城乡优势互补，减小城乡劳动方式的差别，城乡居民衣食住行的差距；促进农村人口与地域向城镇型功能发展，城镇等不同等级的合理的居住网络；促进农村居民行为观念的现代化。农村城市化标志着农村居民商品经济思想观念的深入，传统的血缘、地线关系逐步让位于现代经济和文化的交流，地域流动性、异质性加强。农村人口的生活方式从传统闭塞的状态向对外开放、社会交往广阔、精神生活充实的现代型转变。不但享有现代物质文明，而且享受现代精神文明。

二、上海郊区农村城镇化和工业化发展历程

1927 年建立上海特别市，制定了上海都市计划时，对郊区发展提出了设想：以“有机疏散”作为城市土地使用的主要原则，在城市周边建立卫星市镇，疏解市区密度过高的人口；工业区向郊区转移；发展市域交通系统，建立高速公路干道及电气化铁路网。上海郊区的工业化和城镇化发展真正的开始应该始于 1949 年以后。

（一）1949—1970 年的郊区农村城镇化和工业化

这一阶段国家实行计划经济体制和城乡分离的二元政策。一方面，乡村的非农产业发展被否定，农业剩余产品通过统购统销中的价格机制转化为城市的工业投入和城镇居民生活福利的一部分，难以形成向非农产业的投入；另一方面，这一时期随着上海城市工业职能的加强，为解决工业职能扩大和地域限制之间的矛盾，并配合新的工业项目的建设，从 20 世纪 50 年代中期开始，开辟了彭浦、漕河泾、北新泾、五角场、长桥、庆宁寺、高桥等近郊工业区。20 世纪 50 年代后期又开始建设闵行、吴径、嘉定、安亭、松江等远郊工业卫星城。但是，尽管有工业区向郊区乡村延伸和工业卫星城市的飞地型布局，却没有资本、技术向乡村的扩散而带动乡村非农产业的发展，使城市工业对郊区城镇化的影响局限在工业区和卫星城市的内部，广域农村地区的城市化进程相当缓慢。

（二）1970—1991 年的郊区农村城镇化与工业化

1970 年以后，发展农村“五小工业”被肯定。上海郊区非农产业也因劳动就业和市场供应的需要开始发展。因所有制限制，当时农村工业以社

队工业为主。到1978年，上海郊区社队工业产值达28.99亿元，占社队工农业总产值的52.15%，表明20世纪70年代上海郊区农村的产业转移已经开始。1978年以后，国家经济体制逐步由计划体制向市场体制过渡，通过市场机制的城乡联系得到恢复。1984年以后，农民获准进城务工经商。1986年，上海市政府提出了城乡一体化的发展方针，并采取多种措施促进城乡一体化发展。

一是城市工业向郊区的扩散。城市工业向郊区的扩散既有追求规模经济效益的主动扩散，也有因市区土地利用结构优化、市政动迁、“三废”拔点等的被动扩散。无论是主动扩散还是被动扩散，无论是整厂或部分车间向外搬迁的有形扩散还是通过产品、技术、工艺的无形扩散，其本质都是市区企业的资本、技术到郊区寻求与土地、劳动力的结合。这种结合对于郊区农村地域而言，就是利用土地资源吸引城市资本与技术投入，实现产业非农化的过程。到1992年，上海郊区联营企业户数达1238个，产值达60.3亿元，占郊区工业总产值的44%。

二是原乡村地区积累转向非农产业的投入。由于农业生产资料（土地）的绝对减少、农业边际劳动生产率的存在、农村剩余劳动力的就业压力、农业积累以及市场需求的拉动，使上海郊区依靠自身投入的乡镇工业迅速发展。总体而言，从20世纪80年代中期开始，上海工业布局调整步伐加快，中心城区工业企业不断搬迁至郊区。郊区工业总产值占全市的比重不断上升，1983年上海创建了第一个国家级开发区——虹桥经济技术开发区；1986年后，上海兴建的开发区数量大幅攀升。

（三）1992—2008年的郊区农村城镇化与工业化

20世纪90年代初，随着浦东开发开放国家战略的提出，上海城市功能定位再一次调整，新城市功能对原有城市空间区位的竞争，在外资驱动下，城市原有的工业职能高度调整，使得工业在空间上不断向外扩散，从而形成了上海市郊区工业化、城市化新一轮的跨越式发展。这一阶段推行了“三个集中”（农业向规模经营集中、工业向园区集中、农村人口向城市集中）政策。1995年，上海市第一次正式提出郊区发展的“三个集中”政策，经过一段时间的实施，在促进郊区发展中，取得了一定成效：2003年的郊区工作会议上上海市政府又明确提出了“三个集中”的工作目标和具体要求，力图通过这项政策的实施，推动郊区经济结构和城镇体系的完善，形成与现代化国际大都市相匹配的郊区发展格局，将郊区建设成为上海大都市区城市发展空间的重要支撑点和新一轮发展的重要增长极和各种要素优化配置的重要集聚地。

1. 农业向规模经营集中

加快土地向规模经营集中的实质是要解决农业人口与土地的关系，其实施关键在于通过体制、机制创新，使大量农业剩余人口转变为城镇人口。近几年，上海郊区已经建成了浦东孙桥现代化农业开发区、宝山罗店现代农业园区、闵行马桥育苗工厂开发区、东海农场中荷园艺培训与示范中心等现代农业示范区。此外，还在郊区 10 个区县和农场系统，分别规划建设 12 个规模为 10 平方公里、总规模达 120 平方公里的现代农业示范园区。

2. 工业向园区集中

从 20 世纪 90 年代开始，上海郊区的发展实施了工业向园区集中的方针，进一步加快各类工业园区的建设步伐。

按照“中心城区体现繁荣繁华，优先发展现代服务业；郊区体现实力水平，优先发展先进制造业”原则，中心城区“退二进三”（减少第二产业、发展第三产业），产业结构升级与产业空间布局调整同步展开。根据工业产业导向及布局指南的要求，内环线以内要淘汰属于禁止类内容中的行业、产品，相关生产企业基本完成“改性”（向第三产业）或“转型”（向都市型工业）改造；内外环线之间重点发展都市型工业和高科技产业并鼓励相关生产能力向市级工业区转移集中。外环线以外新增工业项目向工业园区集中并按各工业区产业功能定位导向布局，同时鼓励围绕“一城九镇”建设进行产业配套。上海郊区逐渐形成“1+3+9”工业区格局。

进入 21 世纪后，上海已经初步形成“三环”产业布局，郊区逐渐形成了微电子产业、汽车产业、石油化工和精细化工、精品钢材制造、装备产业、船舶产业（海洋装备）和航空航天产业等产业基地。2008 年底，全市有 41 个开发区，其中国家级经济技术开发区 4 个，出口加工区 6 个，保税区 1 个，高新技术产业开发区 1 个，金融贸易区 1 个，旅游度假区 1

个，保税港区 1 个，市级开发区 26 个，规划总面积 656 平方公里。38 个以工业为主的开发区，规划面积约 551 平方公里，其中大部分分布在郊区。21 世纪以来，上海加快“三环”布局结构调整，以产品设计开发、技术服务、经营管理和高增值、低消耗、少污染生产为主体的都市型工业；内外环线之间，重点发展都市型工业和高科技产业，以及与支柱工业相配套的产品，鼓励生产企业向高科技产业和都市型工业“转型”发展，鼓励相关生产能力向市级工业区转移集中；外环线以外大型新增工业项目继续向市级工业区集中，并按各工业区产业功能定位导向布局，同时鼓励围绕“一城九镇”建设进行产业配套。“十五”计划期间，上海工业布局继续进一步优化。工业园区生产总量占全市比重持续上升，工业园区已成为上海工业发展的重要支撑。工业园区产值占到了上海工业总产值的 68%。

3. 农村人口向城镇集中

上海郊区劳动力的非农化率到 1992 年已达到 72.9%，为人口从乡村向城镇的转移提供了可能，但较大规模的人口转移过程还是发生在 1992 年以后。其主要原因在于：一是开发区的设立使工业发展走向集中，人口向城镇的集中是人口在地域上与经济的自然结合。开发区的设立，一方面为郊区工业的进一步发展提供了场所，促进产业和人口向城镇的集中；另一方面由于开发区多以城镇为依托，在开发区建设过程中，城镇基础设施得到配套改建增建，从而提高了原有城镇对人口的接纳能力。二是人均收入的提高使城市化人口的支付能力增强。2003 年，上海郊区农村居民人均可支配收入 6658 元。资料显示，上海农民的实际收入中，非农收入占 79.36% 以上；农民劳动力七成以上就业于非农产业。人均收入的增加使得从事工业的农村家庭可以支付迁居城镇所需的基本支出。三是农业经营方式推行土地适当集中，使职业转移人口进一步摆脱了土地的束缚。配合开发区建设，工业向开发区集中，人口向镇区集中，同时郊区农村开始了农业经营方式的深度转变，土地向种粮大户和农场集中，使得农业产业人口减少，分流的农业人口向城镇集中。四是随着上海中心城区功能的转化和城市更新的发展，市区工业外迁，人口和居住郊区化趋势已经显现。

三、上海郊区农村城镇化和工业化进程中人口、产业和住宅的变迁效应

（一）产业变迁效应

近郊区制造业企业占比高于远郊区，但增速略低于远郊区。进入21世纪，上海实施新一轮大发展和城市结构的战略性调整，发展重心逐步由中心城向郊区转移。同期，全球制造业加快向中国转移。在内外两种推动力作用下，制造业呈现郊区化特征。据分析，2000—2013年，上海工业企业单位数从19516个下降为9782个。其中，中心城区比重从2000年的21.2%下降为2013年的5.6%，而中心城核心区下降幅度最大，减少了94.5%；远郊区的工业企业比重增加略高于近郊区。从产业结构细分看，低端劳动密集型制造业和低端服务业仍然较多。郊区企业数量的增加和比重的上升带动就业人口向郊区迁移，并对郊区生态环境恶化、土地资源过量消耗等产生了较为明显的影响。

（二）人口规模扩大效应

与城市化和工业化相伴生的第二个特征显著特征，即人口规模急剧扩大。统计数据显示：2000年，上海常住人口为1640.78万，截至2017年底，上海常住人口为2418万，年均增长14%以上，增长速度十分迅猛。来沪人口剧增是人口规模迅速膨胀的主要因素。伴随城市化工业化的推进，由于产业、就业、居住、交通等城市基本功能的内容、性质发生了变化（包括空间位移），致使城市功能空间在结构上进行重新配置，城市功能空间形态不断扩大。由于城市功能不断完善，加之具有生活成本较中心城区较低的优势，人口分布随城市形态扩张也呈现展延态势。各个地区都有不同程度大量外来人口导入。从人口分布看，人口呈现近郊集聚态势，远郊以新城为主要人口导入区。

表 3-1 2000—2010 年上海市人口分布与变动

地区	2000 年		2010 年			
	流动人口（万人）	年末常住总人口（万人）	流动人口（万人）	年均增速（%）	年末常住总人口（万人）	年均增速（%）
全市	387.11	1640.78	897.7	8.8	2301.92	3.4
黄浦区	9.43	57.45	13.25	3.5	42.99	-2.9
卢湾区	4.85	32.89	5.4	1.1	24.88	-2.8
徐汇区	23.31	106.47	27.95	1.8	108.51	0.2
长宁区	16.27	70.23	17.54	0.8	69.06	-0.2
静安区	4.64	30.53	5.72	2.1	24.68	-2.1
普陀区	23.11	105.17	36.3	4.6	128.89	2.1
闸北区	14.4	79.86	20	3.3	83.05	0.4
虹口区	14.38	86.07	19.61	3.2	85.25	-0.1
杨浦区	19.68	124.38	27.53	3.4	131.32	0.5
闵行区	48.1	121.73	120.37	9.6	242.94	7.2
宝山区	37.44	116.5	76.61	7.4	190.49	5.0
浦东新区	98.12	318.75	202.43	7.5	504.44	4.7
嘉定区	25.4	75.31	82.82	12.5	147.12	6.9
松江区	19.05	64.12	93.74	17.3	158.24	9.5
青浦区	16.82	59.58	60.5	13.7	108.1	6.1
奉贤县	13.06	62.43	52.72	15.0	108.35	5.7
金山区	6.08	58.04	20.11	12.7	73.24	2.4
崇明县	5.4	71.3	15.1	10.8	70.37	-0.1

资料来源：上海第五次人口普查资料，2000 年；上海第六次人口普查资料，2010 年。

（三）住宅分布扩散效应

随着轨道交通线路向郊区延伸以及上海通过郊区新城建设、郊区住宅基地和大型居住社区建设来疏散中心城区人口，引导人口向郊区迁移，上海近郊区和远郊区新增住宅面积陡升，近郊已成为主要住宅分布区域，远郊的居住功能不断上升。目前，上海已形成以宝山顾村、嘉定江桥、松江泗泾、闵行浦江、浦东周康航、浦东曹路为主的 6 大保障房建设基地以及以中低价普通商品房为主的 9 个郊区大型居住社区（嘉定新城西站、嘉定新城白银路站、嘉定环球乐园站、青浦新城、青浦诸光路站、宝山新城、南桥新城、临港新城、金山亭林）。6 大保障房基地规划建设用地面积共约

19.33km^2，9 个大型居住社区总面积约为 3970 万 m^2。住宅分布的扩散对上海大都市和谐发展也产生越来越重要的影响。据统计年鉴资料分析，1990—2013 年上海中心城区的人口密度从 25174 人 /km^2 下降为 21190 人 /km^2，郊区则从 936 人 /km^2 上升为 2792 人 /km^2，但也带来了居住与就业的空间错位、交通拥堵、土地资源浪费等问题。

四、上海郊区农村城镇化和工业化进程中城市和谐发展应对的主要挑战

（一）职住分离普遍的挑战

职住分离表现为两个方面：一是职工住在中心城区而工作在郊区或工作在产业园区而居住在其他地区，二是职工住在郊区而工作在中心城区。前者主要由工业郊区化而产生，居住在中心城区就业于郊区的人口必然职住分离。作为产业支撑的重要空间载体郊区产业园区的企业员工居住和就业之间的距离更能显著说明职住关系情况。调研显示，上海郊区产业园区就业人口多居住在园区外较远区域。如上海化工园区目前有正式员工 1 万 4 千多人，加上物流、检修等第三方服务企业员工，总计 3 万人左右，目前 30%—40% 的员工生活在金山或奉贤。拥有上万人正式员工的松江漕河泾产业园区周边没有商业居住配套，职住分离亦然。后者主要是住宅分布扩散的结果。住宅郊区化导致大量人口居住在郊区。由于主要的商业、金融服务、政府机关、娱乐设施、医院、学校等仍集中在市区，一些人必须到城区就业或者寻求各种服务，导致就业地与居住地在空间上的显著失衡，而产业园区交通配套轨道欠缺更进一步加剧了职住分离问题。从产业园区整体情况看，轨道交通布局和发展远远不够，由于交通不便，人气不足，与工业相配套的生产性服务业发展受到制约，客观上阻碍了产业的转型升级。目前，上海全市轨道交通覆盖率 33%，张江园区轨道交通覆盖率仅 12%，远郊园区的轨道交通覆盖情况更是远远不够，大部分职工交通还是依赖园区班车。

（二）城市治理面临难题的挑战

一是“五违”整治难题。城郊接合部、区区交界、远郊地区以及部分

中心城区存在着比较严重的违法用地、违法建筑、违法经营、违法排污、违法居住“五违”现象，由于受历史遗留因素影响，加上产权分散、管理薄弱、转型滞后等因素，这些区域是上海治安、卫生、食品安全、消防、交通、环保等重大隐患区域，环境脏、乱、差，“五违”问题集中突出，区域内低效甚至无效的投入产出比已严重不匹配上海城市形象和发展定位。

二是交通拥堵难题。人口外迁而就业岗位内聚的城市格局，使交通“潮汐”现象有所增强。随着私人机动车的拥有量飞速增长，交通供需矛盾日益突出，加剧了城市道路的拥堵程度。

以前，上海市内环以内的中心城区“堵”，居民出行早高峰主要集中在 8 时—10 时的两小时内，晚高峰出行需求集中在 17 时—19 时的两小时内。现在，上海道路交通高峰时段进一步向午后和早晨延长。中心城道路拥堵的累计时间在延长，形成了早、午后、晚三个拥堵高峰，并逐步呈现午后高峰向晚高峰延展，与晚高峰时段逐渐连成片以及早高峰提前的趋势。早高峰入城方向拥堵较严重，快速路拥堵里程比例达 9%—10%，车速低于 40km/h，拥堵时间提前至 7 时左右，部分路段行驶车速低于 10km/h，拥堵进一步恶化；午后高峰道路拥堵程度也有所加剧，平均车速同比下降 4% 左右，拥堵里程比重达 9% 左右。如 2014 年早高峰全网拥挤断面长度达 96km，占全网比重为 16%，较 2009 年的 54km 增加了 78%。有关资料显示：2014 年工作日拥堵天数超过 100 天的严重拥堵区域有：闸北公园、新华医院、瑞虹新城、四川北路商圈、人民广场、新天地、南京西路商圈、瑞金医院、静安寺、五官科医院、中山公园、上海影城、徐家汇、龙柏、大柏树，主要为内环内商圈及医院为中心的 15 个常发性严重拥堵区域。

值得注意的是，伴随机动化出行比重的提高，除了中心城区高峰时段的道路拥堵程度有所恶化外，目前上海交通拥堵还在由中心城区向郊区延展，城市外围地区成为交通最拥堵之地。早高峰，地铁出现的拥挤位置逐步外移，特别是 9 号线和 11 号线在外环线以外的进城断面已经开始拥挤。早高峰时段因为人流过大需要采取限流措施的轨道站点，几乎都处于城市外围，如莘庄、彭浦新村、江湾镇、长江南路、巨峰路等。这一是由于 70% 以上的新增常住人口居住在外环以外的郊区；二是因为郊区新城的小客车拥有量（160 辆 / 千人）已经高于中心城区的水平（128 辆 / 千人），郊区小客车出行量的增幅也明显大于中心城区，如郊区 2014 年小客车出行量就比 2009 年增长了 56%。

三是郊区环境改善难度加大。上海传统产业发展重心向郊区转移，上海郊区环境污染问题越来越严重——供水、污水处理、垃圾处理等基础设施建设薄弱，污染物排放总量不断上升，环境质量改善难度加大。同时，城市生活垃圾处理也基本在郊区集聚，更加剧了郊区环境的恶化。目前上海郊区共有 200 余个生活垃圾临时堆放点，总堆放量达 60 亿吨，占地 5 亿平方米，而郊区垃圾处理设施不足，农业面源污染里面 89%是畜禽粪便。

已建成在用的松江垃圾填埋场和江桥垃圾焚烧场均超过设计规模，容易对环境造成二次污染。另外，郊区的生活污水排放处理设施基本处于空白，污水处理率仅为 60%左右，二、三级管网建设不足，污水整体处理能力无法满足经济发展需求。

（三）城乡公共服务存在明显差距的挑战

从基本公共服务看差距。教育投入方面。根据《本市城乡一体化调研报告》，上海中心城区小学的年均实际生均公用经费投入是郊区的 1.6 倍，最高黄浦区为最低奉贤区的 3.3 倍。社会保障方面。据不完全统计，目前正在执行的、由上海市制定的直接关系居民社会保障的文件有 28 个，涉及城镇居民的 14 个，涉及农村居民的 2 个（农村居民养老保险），既涉及城镇居民又涉及农村居民的保险水平有差别或资金来源有差别的 7 个，涉及城乡社会保障管理没有明显差别的 5 个，郊区农保和镇保养老金水平仅相当于职保的 20% 和 40% 左右。公共卫生和基本医疗方面。中心城区拥有床位数 80012 张，占全市总量的近 70%。排名最前的浦东新区、黄浦、徐汇每个区床位数均超过 1 万张，共有床位数 42077 张，占全市总量的 36%。中心城区拥有卫生技术人员 114483 人，浦东新区和徐汇更是突破了 2 万人 / 区的水平，每千人执业医师中心城区为 4.13 人，郊区县仅为 2.64 人，资源配置的不平衡性凸显。同时，三甲医院多集中在中心城区，优质资源与人口结构的不匹配矛盾日益突出。公共文化服务方面。郊区人均拥有公共文化设施面积与市区相差 30%。上海师范大学都市文化研究中心发布《2014 年上海 17 个区县公共文化服务发展报告》显示，区县公共文化服务指数（总量）排在前三位的是：原静安 89.69 分、黄浦 86.75 分、长宁 75.94 分；后三位分别是：宝山 41.46 分、闵行 40.50 分、松江 39.99 分。浦东新区、黄浦、普陀、长宁等中心城区都高出平均值，而青浦、松江、奉贤、崇明、金山等郊区低于平均值，中心城区与郊区得分平均水平相差了 20.64 分，差距明显。

（四）产业园区产城融合发展推动城乡和谐面临土地及人才约束挑战

1. 土地约束

一是土地指标约束。土地资源是支撑地区建设的核心要素。目前，产业园区发展和转型升级面临的土地资源瓶颈问题凸显。经过多年发展，多数产业园区土地资源已接近饱和，剩余建设用地较少，企业后续拓展空间受限。上海最高峰时期每年新增土地资源 98 平方公里，“十一五”期间每年新增土地资源 60 平方公里，“十三五”期间每年新增土地资源 16 平方公里，从未来的发展空间看，新增土地资源锐减，土地指标约束紧缩。上海提出建设卓越全球城市，对标全球城市工业用地，工业用地面临更多减量化。从土地管理看，各区县整体建设用地指标框定，工业用地只能做减法，但是上海市工业经济要求 25% 增长，土地增量砍掉 40%，土地转性了，产值要求提高了，单位面积的产值要达到上万亿元，而由于缺乏土地指标，影响一些好项目的落地。此外，由于土地政策的刚性制约，产业行业周期很难准确判断，也导致一些好的项目没有留下来。如何尽快提升能级、优化政策，解决矛盾，是产业园区产城融合面临的现实挑战。

二是土地调整政策实施中存在一些现实约束。经过多年发展，多数产业园区土地资源已接近饱和，存量工业用地是产业转型发展的重要着力点。上海产业园区目前分为三大块类，第一块是 104 产业区块，全市的开发区均在 104 产业区块中，共 790 平方公里；第二块是 195 区域，是全市规划集中建设区内、104 区块外的现状产业用地，总共 195 平方公里，是将来可用于开发建设和转型的区域；第三块是 198 区域，由大量的宅基地以及一些零星的产业用地构成。

目前，产业区块用地在政策调整中存在一些因素可能对产城融合带来一定影响。其一是工业用地转为商业用地需要经过政府规定的申请和批准程序，重新签订土地使用权出让合同，调整土地使用权出让金，并办理登记，成本高而难度大，土地使用单位缺少经济激励，阻碍了土地利用效率提高和用途转型。其二是远郊198清理地块现存一些优势产业，比如，经调研，松江泗泾北面有一些很好的企业，税收都超过4000万元，在调整的过程中，面临一刀切的现实。其三是一些街镇如果今后198地块全部减量，将完全没有产业支撑。

三是产业园区二次开发的机制不完善。由于产业园区土地二次开发的利益协调机制不完善，开发机构实施二次开发的手段缺乏、实力不强、活力不足，加剧了存量低效与增量稀缺的矛盾。此外，部分产业园区在产业规划、项目布局、招商引资、企业服务、园区管理等方面简单粗放、能级较低，加上企业自身竞争力不强，导致产业园区由粗放发展向集约发展转型之路困难重重。由于195区域、198区域规划导向改变，各类企业预期也发生变化，进退两难、消极等待、留地博弈的心态比较普遍，加上缺乏土地指标支持，缺乏税收分成、转移支付等激励政策，企业向产业园区集中推进方面难度较大。

四是后续操作路径尚需进一步明晰。整个政策取向上，调整能级低的产业是合理的，但是调入的是什么，目前还非常宏观，缺乏明晰的操作路径。

2. 人才约束

一是居住保障制约。上海房价和住房租金高企，并且日益抬升，对人才形成一定的挤出效应。产业园区公租房和人才公寓配套方面，已有的配套尝试与实际需求尚有巨大差距。从人才融合角度看，无论是城市发展还是产业园区发展，都离不开人这一关键要素。居住问题是产业园区产城融合中产业人与城市人两载合一面临的共性问题。居住问题对人才的挤出效应也必然对产业园区产城融合造成一定阻碍。

二是公共服务保障制约。产业园区公共服务配套一方面与所处区域位置间接相关，另一方面也与园区及所处行政区投入直接相关。位于郊区产业园区一方面受城乡公共服务差异影响，另一方面也受产业园区多重视经济功能而忽视社会功能以及产业园区前期规划前瞻度不够等因素影响，大部分郊区产业园区的教育、医疗、体育等社会事业配套规模较小，层次较低，尤其是高等教育资源极为缺乏，不利于吸引人才集聚。随着产业园区升级，置换进入的高素质人才增多，对于医疗、卫生、文化等资源的需求将不断增加，从而与规模较小、层次较低的公共服务设施与资源供给产生矛盾，对产业园区建设品质和竞争力构成制约。

三是区域导入人口匹配度问题。上海目前已经建设了30多个保障型大型居住社区用于安置旧区改造、重大工程动迁安置和申购经适房等中心城区居民，涉及多个区县。由于住房成本较低，目前，已建成的大型居住社区导入人口以中心城区的老年人和外来小白领居多，老年人与当地产业就业无匹配度，外来小白领多在中心城区就业。以松江区为例，总共导入人口预计53万人，占地2300万平方米，目前，松江泗泾大型居住社区导入人口直接结果反映为泗泾东部是工业区，泗泾西部是居住区，但是泗泾西部和泗泾东部是完全割裂的状态。而这一现象，在已建成并投入使用的大型居住社区所在区域均存在。

四是在具有应用优势的高校科研院所为产业输送人才方面还有很大提升空间。上海有很多优势应用性大学，如上海大学、东华大学、上海交通大学等，这些院校无论是从智力支持、项目引进还是人才输送方面，如果和产业园区更好地结合，可以为产业发展提供更好的服务。目前，产学研融合发展、协调发展总体上还有很大提升空间。

五是在高端人才的引入方面需进一步创新。比如，可以推动重大产业技术创新的国际化人才合作模式方面的创新，引入高端人才的政策方面急需创新突破。

3. 产城融合推动城乡和谐发展缺乏相应的动力机制和保障措施

虽然目前社会各界都高度关注产城融合发展，但系统性产城融合政策尚欠缺，已有政策都是分散、零碎的，针对目前的产城分离现象，还缺乏切实有效的机制、政策和措施。产城融合发展过程中，也面临着园区自身对园区转型认知模糊不清以及转型中政策设计导致各种成本过高、工作难以推进问题。比如，转型过程中遇到的问题可能是局部问题，但在政策设计上，解决局部问题往往牵一发而动全身。如此，很多工作便难以推进。

产城融合没有具体标准，可以在整合资源、管理效能中通过功能和事项的处理得以体现。比如，管理权限及服务能力可以通过产业结构体现出来。目前，产业园区产城融合发展中还存在政府放权不彻底以及所放权力与产业发展和企业需求不匹配的问题。比如，以区县绿化局为例，绿化局将一部分权限下放给园区，在不改变绿化率的情况下，园区的树从张江园搬到金桥，园区管理窗口可以行使权力，但是如果改变绿化率，比如砍树，就需要区绿化职能部门审批，对于园区有承接能力的权力下放并不彻底。政府简政放权和企业需求对接也存在错位问题。针对企业的评审、指标以及指挥等依然存在。企业更希望做自己的专业经营，政府只需要明晰负面清单。当前急需厘清政府转变职能、愿意放权与否、园区有没有承接能力及权力如何放好的问题。

（五）社会结构变化加大都市和谐发展的社会治理难度

1. 城市化加速人口流动

2013 年，中国的城镇化率已达 55%。城镇化率每提高 1 个百分点，就有 1300 多万人口从农村流入城市。统计数据显示：2000 年，上海常住人口规模为 1640.78 万人，截至 2016 年底，常住人口规模达到 2419.7 万人，年均增长 16% 以上，外来常住人口规模达到 980.2 万人，外来人口大量导入是上海常住人口规模迅猛膨胀的主因。从社会治安角度看，外来人口已经成为影响上海社会治安的主要因素。在外来人口集中的郊区地区，治安问题更突出。如九亭派出所每天接报“110”在 150 起以上，比中心城区一个区的接报还多。

2. 社会控制能力降低

一方面，社会组织形态发生了巨大变化，新社会、新经济等多样化组织大量涌现，公民自由度加大、独立性和对抗性增强。另一方面，因为社会转型带来社会主体、社会规范和社会资源的多元化变化，使得传统的行政管理、社会治理模式及方法弱化，权威力量的社会控制能力降低。

3. 社会主体关系紧张

社会转型过程中，呈现官僚、精英、富裕、弱势等层级明显，并且不断固化特征。由于改革红利在各阶层并没有达到均质均享，各阶层收入差距、贫富差距拉大，医疗、教育等社会公共需求保障水平不均衡，加之还存在优势阶层抱团化倾向，利益格局的失衡带来社会不满、不信任、隔阂与日俱增，导致仇富、仇腐心理的出现和平均主义心态的复发，社会动荡的风险增加，显相化为群体性事件，医患关系、干群关系、警民关系、劳资关系紧张等。

五、未来发展

（一）中心城区增强居住功能、郊区增强就业功能，注重实现“职住平衡”和各种功能的协调

加强城市的一级中心与二级中心的规划与建设，在一级中心与二级中心之间加强大容量快速轨道交通联系，加强二级中心向周边辐射的交通联系。另外，在城市规划与建设中要实行混合功能，避免目前就业大量集中在中心城，居住地却越来越向外围扩散的发展趋势。在具体操作上，要加强中心城区的居住功能，如日本东京规定，中心城区的旧城更新必须至少有 20% 的建筑面积用于住宅。今后中心城区的旧区改造要避免简单将相关居民都动迁到郊区，要适当增加住宅（尤其是小户型住宅）面积。可以效仿国外的做法，在中心城区建造小面积的、20—40 平方米的迷你公寓，这样白领可以就近上班，减少城市交通压力。郊区新城要为劳动者增加就业机会，尤其是要增加第三产业的就业机会。

另外，各类工业园区也要注重实现“职住平衡”和各种功能的协调。

一是注重功能融合。各类工业园区要适当建设一定比例的职工住宅或宿舍。除了做到产业集中外，还要逐步将城市功能有机融入，使生产区、生活区、公共游憩区、配套服务区融合，这样，既可提高土地的集约利用，也有利于保持良好的生态环境。

二是构建内外衔接综合交通体系。完善远郊产业园区的对外及内部交通网络，着力打造符合“独立城市”发展需求、符合地区发展特点的公共交通系统。优先发展轨道交通和公共交通，优化区域内的公交线路设置及各种交通方式之间的衔接，增加公交短驳线路和社区巴士，方便居民换乘。

新建居住社区或大型综合商业办公设施须与轨道交通站点同时规划和建设，站点周围空间要提高土地容积率和建筑密度，让更多居民从居住地到轨道交通站的距离，以及从工作地到轨道交通站的距离均在800米以内。建设与上海“1966”或“1766”城镇体系相适应的上海大都市交通体系。加强上海中心城区与7个郊区新城之间的大容量快速轨道交通联系。加快规划和建设上海浦东地区的高铁东站，减少高铁旅客横跨上海东西的交通流量。加大铁路货运在上海贸易中心和航运中心建设中的比重，减轻集卡运输对上海地面交通尤其是外环与郊环的压力。建议在上海规划建设多个铁路多式联运中心，以有效利用铁路运输，减轻公路交通压力和降低物流成本、交通能耗及污染排放。

三是适度超前配置公共服务资源。对“独立城市”的人口规模和公共服务需求进行前瞻性预判，坚持适度超前和社会资源均衡配置的原则，有序组织实施一批重大社会事业项目。按照轻重缓急，在资金、土地等要素保障上对关系民生改善的重点教育、文化、卫生和体育项目予以优先安排，确保项目早日建成并发挥效益。

四是减少大型居住社区建设，减少居住空间按居民收入的空间分割。

五是加大对郊区公共服务资源的配置和支持力度。对郊区公共服务资源配置与全市平均水平差距较大的区域，推进教育资源、医疗卫生机构、养老设施的补点建设；加大财政转移支付支持力度，建立城乡统一的义务教育生均拨款基本标准动态调整机制；加强农村教师队伍建设、养老专业队伍建设、医疗队伍建设，补好郊区公共服务领域的人才短板；积极在公共服务领域引入社会专业力量参与养老、体育、医疗、文化、教育等社会事业资源的建设、运营和管理。

（二）深化对土地用途管理制度的改革和创新，营造人才宜居和宜业的氛围

1.深化对土地用途管理制度的改革和创新

在上海建设用地中，各类工业园区占有相当比例。要努力实现工业园区的土地利用转型和混合功能开发，推动将更多的工业用地转型为综合用地，允许将不同土地用途在同一地块叠加，允许不同功能的垂直混合或水

平混合。园区土地利用转型的增值效益可在企业、园区与政府之间合理分享，为企业的土地利用转型提供足够激励。相关的政策设计和具体操作中可借鉴我国台湾新竹园区的做法。新竹园区对用地企业收取地租，采取一倍容积率收一倍租金、两倍或以上容积率收两倍租金的办法。由于两倍以上容积率租金相同，可以鼓励用地企业提高容积率，从而提高土地的产出率和纳税水平。借鉴这个思路，上海可允许各工业园区的现用用地企业在补缴一倍工业用地的出让金（加上以前收取的一倍工业用地出让金，相当于收取两倍工业用地出让金）后，将工业用地变性为综合用地，并将容积率提高到两倍或以上（占地面积保持不变）。综合用地要强调混合功能开发。这方面我们可以借鉴新加坡园区的经验，允许园区用地企业按工业、商贸、物流、办公和居住等不同功能的规定比例开发园区土地。例如，对于上海工业园区的用地，政府可以规定工业用地占 50%，商贸、仓储、物流、研发设计和办公用地占 30%，餐饮、休闲和员工住宅等生活配套功能用地占 20% 等。

20 世纪初上海曾在全国率先对“三个集中”（人口向城镇集中、产业向园区集中、土地向规模经营集中）进行探索，但是由于试点投入资金的效益问题未能取得成功和推广，近年来全国各地对土地制度进行了新的探索，如成都的“星星对月亮”（即在乡镇范围内将零碎农村宅基地集中），重庆的地票制度（鼓励农民将建设用地复垦为耕地，取得相应面积的地票，并允许在地票市场交易）。上海可在借鉴成都与重庆制度创新的基础上，创新农村零碎建设用地向城镇中心集中的制度，使农村社区在土地置转换中获得合理收益，从而提高土地的利用效率和产出率 。

国务院《城镇国有土地使用权出让和转让暂行条例》将城镇用地分为居住用地、工业用地、商业用地等。其中商业用地的使用年限为 40 年，居住用地的使用年限为 70 年，工业用地的使用年限为 50 年。三类用地的土地价格（出让金）也有很大差别。根据各地的实际情况来看，住宅用地和商业用地的价格要比工业用地的价格高得多。工业用地转为商业用地需要经过政府规定的申请和批准程序，重新签订土地使用权出让合同，调整土地使用权出让金，并办理登记手续。由于地方政府可以用非常低的价格征收农民集体土地，建设工业园区或其他工业用地，所以工业地价不能充分反映土地的稀缺性。这与中国部分城市的商业用地和住宅用地特别贵也有关系，大量的土地用于工业，造成商业用地和住宅用地的供给相对不足。国家土地的价格机制不能有效发挥资源配置作用，不能发挥向外疏解制造业的功能。这又导致现在一个城市要转型，更大程度上需要政府去规划与推动。这里的主要原因是土地价格机制没有起重要作用。从深化改革、发展完善社会主义市场经济体制的视角来看，政府可以采取的替代做法就是让价格机制发挥更大的作用。

在推动产城融合的过程中，应深化对土地用途管理制度的改革和创新，推动将园区的工业用地变性为工业 / 服务业 / 居住“综合用地”或服务业用地。为此，可在现有园区用地企业适当补缴土地出让金后，将工业园区的工业用地变为综合用地，允许按相关规定对土地实行混合功能开发，并适当提高容积率。

此外，应尽快出台应对土地调整后可能给产业发展或产城融合带来较大影响的政策，如远郊 198 地块优势企业调整后，如何微调或合理化政策，对于调整后没有产业支撑的城镇今后如何做，等等。针对转型中遇到的局部问题，但是解决要动整体的，建议，实行差异性政策，针对不同情况设计不同对策。当然，在工业园区转型的过程中，要加强对园区整体布局的再规划，包括工业园区的产业布局和混合功能用地，以及对园区内部和周边地区城市基础设施包括公交设施的再规划。在规划中要重视园区的紧凑型发展和混合功能发展，真正将“产城融合”的理念落到实处。

2. 强化居住人和就业人的融合，打造人才集聚高地

要营造人才宜居、宜业的氛围。一是丰富住宅类型，加大住房保障力度，包括高端住宅、商品住宅、人才公寓、公租房、企业宿舍等的保障力度，以充足和多元化、精细化的住宅类型配置来满足各类工作人士，以及一般服务人群的住宅需求，同时实现集约利用居住用地，达到产业园区居住功能的最大化。另外，要大力吸引高层次产业项目和尖端人才，要制定优惠政策免除高端人才落户的后顾之忧，可按照租赁保障、择优激励、高端奖励的渐次递进方法，创新“人才房”的租赁与购买方式，为各类人才

提供适宜的居住条件。对于海内外的高层次人才，应当实施安居奖励政策，在园区营造重视与爱惜人才的温暖氛围；对于有一定工作实绩并且根植性强的人才，可推出货币型“人才房”，以方便这些人才购房落户；对于各类基础性人才，可探索将他们的住房纳入新的职工住房保障体系，切实保障他们安居乐业；上海高校有很多留学生，探索为一些留学生人才和为了解全球规则的60岁以上或65岁以上的在外资公司工作的高层规划、审计、总裁等人才开绿灯。加大产业园区和高校科研院所的合作。

3. 进一步转变政府职能，处理好放、管、服的关系

当前和今后一段时间“创新驱动，转型发展”依然是上海发展的主线。按此主线，需要进一步提升上海产业的研发设计能力和创新能力，以及名牌管理和营销能力，实现研发设计和营销“两头在内”，将附加值较低的价值链中间段向外转移。为此，上海需要进一步转移政府职能，减少政府对微观经济活动的干预，各部门要真正将该放的放到底、该管的管到位，全面建设法治政府和服务政府。努力创造一个更加有利于创新型企业发展和各类人才集聚的商务环境和空间环境，有利于先进制造业和现代服务业发展的商务环境和空间环境。

（三）加强社会治安防控体系建设，提升城市治理现代化水平

1. 宏观层面：围绕经济社会发展和社会管理战略开展

一是坚持服务经济社会发展。社会治安防控体系建设是上海经济与社会可持续发展战略的重要部分。良好的经济社会发展环境能从根本上减少社会矛盾和违法犯罪诱因。因此，上海社会治安防控体系建设规划、目标、策略等宏观决策应与上海经济和社会总体发展相适应。为此，要把社会治安防控体系建设纳入上海国民经济和社会总体发展规划，要把社会治安防控工作和城市建设、社区建设紧密结合起来，将治安防控基础设施建设纳入城市基础设施建设的总体规划，进行综合设计，使其做到既服务经济社会发展，又维护经济社会发展大局。

二是坚持社会治理创新。社会治安综合治理是解决社会治安问题的根本途径，是全局性、长期性的治安战略方针。社会治安防控体系建设作为社会治理的重要组成部分，是将社会治理方针、任务、目标、要求具体化

的配套工程。因此，社会治安防控体系建设创新应与社会治理创新紧密衔接，以创新的思维，运用社会管理创新理论、方法和手段，协调社会关系、规范社会行为、解决社会问题、化解社会矛盾，以促进社会公正、应对社会风险、维护社会秩序、促进社会和谐、保障人民安居乐业。

2. 中观层面：突出健全完善多层次高效能的运行机制

社会治安防控体系运作机制是社会治安防控体系的核心。在多层次高效能运作机制下，社会治安防控体系各要素将全面整合、发展、提升。

一是健全多渠道、全领域发现、处置机制。体制内，应以基层网格为基础，进一步强化主动发现问题的能力，采取街面巡管、执勤、视频巡逻，居村干部、平安志愿者和治安信息员小区巡查，人大代表和政协委员社区接待等多种方式，主动发现各类城市和社会管理问题，提高源头发现和前端处置能力。体制外，通过整合 110 报警平台、12345 热线、群众来信及其他部门的举报投诉资源，实现各类信息一口式受理、内部分类流转，积极调动各类管理力量予以协调解决。对各类城市综合管理问题，按照依法履职、快速处置要求，分类制定标准化的处置流程，落实相应责任主体。操作上，针对发现的问题，当场能处置的问题，应立即予以处置；不能解决的，由专业力量解决。

二是强化以源头防控为目标的联动治理机制。进一步整合各部门资源力量，强化工作联动，形成打击违法犯罪、加强社会治安防控工作合力。将工作重心由事中、事后向问题产生的源头进行联动治理延伸，从事后惩罚执法向日常全过程管理转变。对产生违法建筑、非法客运、无序摊贩、群租等顽疾的苗头性、源头性问题，要切实加强事前联动、前端治理。加强多种治理主体联动，有效预防各类违法犯罪行为的发生。加强城市治理与公共服务的联动，完善公共服务政策，依法满足市民需求，对顽疾开展疏堵结合治理。加强信息资源共享整合工作，避免重复建设。

三是完善社会治安防控体系建设监督考核机制。把社会治安防控体系建设纳入综治工作（平安建设）考核评价指标体系，坚持采用评估、督导、考核、激励、惩戒等措施，对各部门、各单位的工作开展日常监督检查，分级开展定期评价，并将考核评价结果纳入各级政府、部门的目标考核，将考核评价结果作为对领导班子和领导干部考核评价的重要内容，形成正确的激励导向，将社会治安防控体系建设工作落到实处。

3. 微观层面：突出基层基础工作重点

社会治安防控体系建设是综合性的基层基础工作，其核心要求是改进工作方法，对人、地、事、物、组织等治安要素的源头管理。

一是提高人口管理综合化、精细化水平。有针对性地加强对不同人员的服务与管理。加强信息采集，通过“实有人口”“实有房屋”“实有单位”全覆盖管理模式，做到社会治安要素底数清、情况明。坚持“两个合法稳定”政策基石，充分利用现有法律资源，通过加强部门协作联动，对无固定场所、无正当职业、故意逃避登记的来沪人员的滚动摸排和治安管理，消除人口无序流动引发的社会治安和公共安全隐患，预防和减少各类违法犯罪问题发生。

二是加强对治安复杂地区和场所的防范与管控。加强对城乡接合部、“城中村”等社会治安重点地区、重点部位以及各类社会治安突出问题的排查整治。密切关注违法犯罪活动的新情况、新动向，统筹运用针对性防范、重点整治与专项打击的方法、手段，控制和减少违法犯罪机会和条件。进一步加强群防群治。根据人口密度、治安状况和地理位置等因素，进一步深化社会面整体巡逻防控“三张网”建设、科学划分巡逻区域，优化防控力量布局。整合各类政府性、市场型、社会性群防群治资源，建立包括街面治安巡勤队伍、企事业单位和居民小区联防队伍以及治安、反恐信息员队伍，进一步扩大社会治安防控覆盖面。做好群防群治队伍在街面巡守、治安、反恐信息收集、单位内部防范、看家护院工作。当前，要突出重点，组织群防群治力量积极参与治安、消防以及城市运行各类安全隐患的排查，发现问题及时报告，营造建设平安社会的氛围。提高社会治安防控体系建设科技化水平。构建平安建设信息化综合平台，提高系统互联、信息互通和资源共享程度。充分运用现代技术围绕重点领域和重点人员，加强动态管控。加快公共安全视频监控系统建设，提高重点区域视频监控系统覆盖密度和建设质量。加强视频专业监控力量建设，把事前防范、事中监控、事后追查结合起来，提高视频图像信息综合应用水平。

三是加强对社会矛盾的调处与化解。做好矛盾纠纷排查调处会议纪要、月报等工作，分析原因、总结教训、推动工作。发挥基层单位零距离服务群众、近距离防范违法犯罪的优势，依托现代信息技术和情报信息系统，及时准确掌握重点地区、领域、行业内的突出社会矛盾，并通过人民调解、行政调解、司法调解等手段，有效化解和处置。

四是加强对虚拟社会的管理与控制。加强对虚拟社会特点的研究，全面把握网上、网下两个社会之间的联动关系，建立网上网下综合管理体系。严格实行网上 24 小时巡查管理，及时发现、封堵、删除有害信息，加强网络安全保护。对利用网络散布暴力恐怖、鼓动串联聚集等煽动性信息以及制造传播谣言等造成严重后果的，坚决落地查人、依法处理。加强对网上热点问题的应对和引导，特别是要做好突发事件和群体性事件的网上舆论引导工作，第一时间发布权威信息，及时妥善回应社会关切。

五是加强对社会组织的服务与管理。加大对行业协会商会类、科技类、公益慈善类、城乡社区服务类社会组织的培育扶持力度，将适合由社会组织承担的矛盾纠纷调解、特殊人群服务管理和预防青少年违法犯罪等适合治安防控体系建设任务纳入政府购买服务目录，通过竞争性选择等方式，交给社会组织承担，发挥好社会组织在社会治安防控体系建设中的重要作用。

第三节　建设开放和包容的国际大都市

一、国际大都市的人口与劳动力迁入与城市增长

（一）人口与经济活动向部分大都市集聚是世界各国尤其是东亚国家的共同趋势

《世界发展报告 2009》指出，世界过去两个世纪的经济发展历程和整整一代人的经济研究成果均表明：人口向大城市（群）集聚是普遍规律，特别是在城市化中后期。随着一个国家城市化进程的推进，经济活动会更趋于集中。

根据联合国统计，1950—2015年的65年中，全球30万—50万人口的城市由129个增加到690个，仅提高了4.35倍，预计到2030年增加到832个；而1000万及以上人口的城市则从2个增加到29个，提高了13.5倍，预计到2030年增加到41个。同期，全球30万人口以下的城市人口占世界总人口的比例由17.7%增加到23.2%，仅增加5.5个百分点，预计到2030年可能下降到23%；而1000万人及以上人口的城市人口占比则由0.9%增加到6.4%，提高了近6倍，预计到2030年占比达到8.7%。

在美国，1950—2010年，500万人以上的都会区人口占全国人口比重从12.2%增至24.6%，特别是在1970—2010年，500万人以上都会区人口比重增加9.4个百分点。在日本，人口长期向东京、大阪、名古屋三大都市圈集聚。1884—1973年，东京圈人口占比从10.8%增至23.9%，大阪圈人口占比从10.5%增至15.0%，名古屋圈人口占比从8.3%增至8.4%；之后，日本人口迁移从向“三极”集中转为向“一极”集中，2014年东京圈人口占比达28.3%。在韩国，首尔圈人口占比从1955年的18.3%增至2015年的49.1%。

2011年以来，随着城市化进入中后期，中国城市人口聚集速度整体放缓，分化日趋明显。2011—2015年，北上广深4个一线城市及天津全域常住人口年均增长1.9%，较2001—2010年的3.3%明显下降，但增速仍然很高。9个热点二线城市全域常住人口年均增速从之前的1.9%降至1.2%，其他19个二线城市年均增速从之前的1.3%降至0.9%，43个三、四线城市年均增速从之前的0.6%降至0.4%。需要指出的是，2001—2010年、2011—2015年全国人口年均增速分别为0.57%、0.50%，这也是人口自然增长率。这意味着三、四线城市人口逐渐从之前的小幅净迁入转为明显净迁出，整体上进入人口停滞乃至人口萎缩阶段。

随着一个国家城市化进程的推进，经济活动会更趋于集中。以东亚为例，随着该地区的经济增长，如果当前的趋势得以保持，未来20年城市人口将大约增加4.5亿，相当于每个月增加一个巴黎的人口。

（二）人口与经济活动向特大城市集聚的基本原因：规模经济与集聚经济

人口和经济活动向大城市集聚，是因为大城市比中小城市和乡镇更具聚集效应和规模效应。大城市的生产成本和交易费用更低。大城市的经济活动和公共服务成本会因为城市规模的扩大而摊薄，聚集在大城市中的个人、企事业单位乃至整个社会都将因相互之间的正外部性而从中受益。

大城市土地利用效率更高。大城市控制污染的能力更强。在创造同量GDP的条件下，大城市污染物排放量远远低于中小城市和城镇。而且，由于规模经济效应，大城市降低单位污染的成本也远低于中小城市和城镇。大城市特别是特大和超大城市更能为外来人口提供更多的就业机会。

英国经济学家马歇尔早在1920年出版的《经济学原理》一书中就指出，集聚是为了降低运输成本，生产要素在城市中的集聚有助于降低三类运输成本：运物的成本、运人的成本和运思想的成本。

一个世纪以来的经验表明，随着产业结构从农业向工业再向服务业转移，规模成为越来越重要的因素。规模扩大带来的效益既包括成本的降低、市场的扩大，也包括知识创新可能的增加。既可以使个人和公司的内部效益增加，也可以使整个社会的外部效益增加。

从企业内部来看，随着规模的扩大，工厂的固定成本可以更广泛地被分摊，购买中间投入材料时可以获得巨额折价，公司内部的劳动分工可以更精细，管理者可以学习更有效的经营管理方式。

从企业外部来看，由于同一行业公司的集聚，具有该行业所需技能的劳动力被吸引到该行业的聚集区，该行业上游和下游的公司也能更容易的和该行业打交道，该行业的供应商和消费者都被更多的吸引到该区域。

集中、反复的生产活动，更容易催生技术进步，由于生产和消费的集聚，使技术进步能快速地在整个行业扩散，这反过来降低了创新的成本。同一地区内，产业多样性的增加，同样增加了从别的产业学习新知识、新观念的可能。

同时，从整个社会来看，通过集聚，基础设施的固定成本也被分摊到了更多纳税人的身上。

总之，固定成本的分摊可以称之为规模经济。而亚当·斯密所说的专业化分工，马歇尔及美国经济学家阿罗、罗默所发展的要素市场扩大、产品市场扩大、技术进步，三者互相促进而构成的内生增长模型可以称为集聚经济。不仅是具备了规模，还有具备了规模之后的互动，生产者在资本投入、信息和劳动力获取上的共享，这些有效的互动，释放出规模的内生潜力，实现了从规模经济向集聚经济的跨越。

（三）人口与经济活动向特大城市集聚的其他原因：城市等级体系与公共资源配置

城市行政等级体系和城市公共服务水平是其人口规模增长的其他驱动力。对于一个城市而言，行政等级越高，配置公共服务资源的权力越大，其公共服务水平也就越高，从而对人口的吸引力就越大；相应地，其人口规模也越大。

城市人口趋于向大城市集聚过程的深层次原因是行政等级。城市的行政等级是其行政权力的表征。行政等级的差异意味着城市之间在配置公共服务资源方面的行政权力差异。在以政府所在地为公共服务资源配置重点的偏好作用下，必然出现城市行政等级越高，其公共服务水平越高的现象。而对于城市居民而言，从生活和发展的需求看，具有选择高水平公共服务区位的强烈动机。因此，城市的公共服务水平越高，越能吸引人口聚集。在中国，城市之间的公共服务差异突出表现在大城市与中小城市之间。大城市拥有总体水平高、相对丰富的基础教育资源，拥有包括先进的医疗设备、高技能的医务人员和相对健全的医疗保障体系在内的医疗资源，同时，还拥有丰富多彩的公共科技和文化资源、便捷的公共交通和公共安全保障资源。在全国众多的城市中，大城市尤其是特大城市所拥有的丰富而优质的公共服务资源具有相当的稀缺性。正是这种稀缺性导致了人口持续不断地向大城市集聚。尽管这些年来，无论是户籍居民，还是外来人口，对以北上广深为代表的大城市的各种压力及环境存在的问题抱怨日增，但这些城市的人口并没有因此而流出，相反，想进入这些城市的人仍在增加。这是因为对于城市居民而言，享有优质公共服务资源及工作机会所产生的收益要远大于各种压力及环境问题带来的成本。于是，继续留在大城市就自然成为城市居民“痛并快乐着”的理性选择。其结果是，城市的公共服务水平推动了城市人口规模的扩张。

城市的行政等级是其行政权力的表征。行政等级的差异意味着城市之间在配置公共服务资源方面的行政权力差异。在以政府所在地为公共服务资源配置重点的偏好作用下，必然出现城市行政等级越高，公共服务水平越高的现象。而对于城市居民而言，从生活和发展的需求看，具有选择高水平公共服务区位的强烈动机。因此，城市的公共服务水平越高，就越能吸引人口聚集。于是，城市人口分布就不可避免地出现了向大城市一侧的偏态分布。

二、国际大都市人口规模调控的动因

特大型城市通常对人口具有强大的集聚作用，而人口的快速集聚也成为各大城市发展的重要动因之一。在人口快速集聚的过程中，一旦城市建设和管理跟不上迅速增长的需求，导致各类城市基础设施的供给滞后于城市人口的增长，就会引发一系列的矛盾，出现交通拥堵、环境污染、资源短缺、治安恶化等城市病。

（一）交通拥堵

当人口规模超过一定水平时，城市交通情况与城市布局、城市交通设施水平及城市管理能力等更为相关。迅速推进的城市化以及大城市人口的急剧膨胀使得城市交通需求与交通供给的矛盾日益突出，主要表现为交通拥堵以及由此带来的污染、安全等一系列问题。

在伦敦，由于市中心区域集中了政府机关、法院以及大量的企业、金融机构和娱乐场所，并有超过 100 万个就业岗位，每天在高峰时段有超过 100 万人口和 40000 辆机动车 / 小时进出中心城区，造成该区域严重的交通拥堵，区域内平均车速只有 14.3 公里 / 小时，成为全英国最为拥堵的区域。在巴黎，20 世纪 60 年代，由于采取了“适应小汽车发展”的政策，结果私人小汽车与日俱增，导致市区交通严重阻塞，1973 年环城快速路开通后不久就出现了持续性的交通拥堵。在曼谷，由于车速过慢，整个城市就像一个停车场，甚至出现过 3 个月内有 900 名孕妇因堵车被迫在轿车中分娩的情况。交通拥堵不仅会导致经济社会诸项功能的衰退，还将引发城市生存环境的持续恶化，成为阻碍城市发展的“顽疾”。交通拥堵对社会生活最直接的影响是增加了居民的出行时间和成本。出行成本的增加不仅影响了工作效率，而且抑制人们的日常活动，城市活力大打折扣，居民的生活质量也随之下降。另外，交通拥堵也导致了事故的增多，事故增多又加剧了交通拥堵。据相关统计，欧洲每年因交通事故造成的经济损失达500亿美元之多。交通拥堵还破坏了城市环境。在机动车迅速增长的过程中，交通对环境的污染也在不断增加，并且逐步成为城市环境质量恶化的主要污染源。根据伦敦20世纪90年代的检测报告，大气中74%的氮氧化物来自汽车尾气排放。交通拥挤导致车辆只能在低速状态行驶，频繁停车和启动不仅增加了汽车的能源消耗，也增加了尾气排放量，增加了噪声。据英国SYSTRA公司对发达国家大城市交通状况的分析，交通拥堵使经济增长付出的代价约占国民生产总值的2%，交通事故的代价占GDP的1.5%—2%，交通噪声污染的代价约占GDP的0.3%，汽车空气污染的代价约占GDP的0.4%，转移到其他地区的汽车空气污染的代价占GDP的1%—10%。

（二）环境污染

近百年来，以全球变暖为主要特征，全球的气候与环境发生了重大的变化：水资源短缺、生态系统退化、土壤侵蚀加剧、生物多样化锐减、臭氧层耗损、大气化学成分改变等。根据政府间气候变化委员会的预测，未来全球将以更快的速度持续变暖，未来100年还将升温1.4—5.8℃，对全球环境带来更严重的影响，比如农作物将减产、病虫害发生频率和危害程度将明显增加、水资源短缺将加剧等。环境污染使得城市从传统公共健康问题（如水源性疾病、营养不良、医疗服务缺乏等）转向现代的健康危机，包括工业和交通造成的空气污染、噪声、震动、精神压力导致的疾病等。环境污染对城市经济的影响是很大的，世界银行对此做过估算，认为由于污染造成的健康成本和生产力的损失相当于国内生产总值的1%—5%。

（三）资源短缺

2002年在南非召开的可持续发展世界高峰会议一致通过将水资源列为未来10年人类面临的最严重挑战之一。联合国环境署同年在《全球环境展望》中指出，“目前全球一半的河流水量大幅度减少或被严重污染，世界上 80 多个国家或占全球 40% 的人口严重缺水。如果这一趋势得不到遏制，今后 30 年内，全球 55% 以上的人口将面临水荒”。在缺水型国家或地区中，大城市的水资源紧缺问题最为严重。据联合国有关机构预测，到 2010 年，不论是发展中国家还是发达国家的大中型城市，包括北京、上海、休斯敦、雅加达、洛杉矶、华沙、开罗、拉各斯、达卡、圣保罗、墨西哥城、新加坡等都将面临严重的水荒。此外，土地资源紧缺问题也是国际大都市在城市化进程中必然出现的问题。由于土地存在供给的绝对刚性，在大量人口和产业向中心城区集聚过程中，像东京、纽约、伦敦等大都市都出现了较为严重的土地紧张问题，土地对现代化大都市可持续发展的制约作用更加突出。如何开辟新的发展空间、拓展地域范围，已成为各大都市实现可持续发展的必然要求。

（四）城市贫困

贫民窟问题是发展中国家的大中城市在加快城市化进程中所出现的特有现象，贫困人口多数集中于城市，而城市贫民又大部分住在贫民窟，由此带来的社会问题主要有：一方面，贫民窟居民大部分人处于贫困线以下，享受不到作为公民所应享有的经济社会发展成果，居住、出行、卫生、教育条件极差，不仅影响当代人，也影响下一代人的发展。另一方面，生活水平的巨大差异造成国民情感隔阂，加之贫民窟游离于社区和正常社会管理之外，一些贫民窟为黑社会所控制，成为城市犯罪的窝点。

贫民窟的出现在很大程度上是由于外来人口的大量涌入以及本城市内人口的收入差距过大造成的。主要有以下四个原因：一是土地占有严重不平等，造成大量无地农民。以巴西为例，巴西绝大部分土地一直为少数大地主所控制，大量无地农民向城市流动迁移，且这种流动是单向的，他们不可能再回流到农村。二是城市化过程中就业机会严重不足。失业、就业不足、就业质量差，是造成城市贫困人口长期大量存在的重要原因。在城市化进程中，发展中国家往往把工业重点转向资本、技术密集的部门，造成劳动力大量进入第三产业中的传统服务业和非正规就业部门，而非正规就业部门的工资一般只相当正规部门人员工资的一半，且不签订劳动合同，没有社会保障，得不到法律保护。三是城市规划、建房用地、基础设施、社区发展没有充分考虑低收入人群的要求。在城市贫民窟居住的人，80%收入低于最低工资标准，他们很难在城市获得建房用地和住房，又不能退回农村，只能非法强占城市公有土地（如山头、城乡接合部的公地）和私人土地，搭建简陋住房，搞违章建筑。四是公共政策不够完善。如国家教育开支向中、高等教育过度倾斜，初等教育相对萎缩，在中等教育阶段重视普通教育和人文学科教育，而轻视中等职业技术教育和师范教育，不利于改善低收入阶层子女受教育和就业状况。

三、上海开放和包容人口调控政策障碍分析

（一）上海人口规模基本情况

1. 人口总量屡次突破人口规模目标

历次人口普查和 1% 人口抽样调查显示，20 世纪 60 年代到 80 年代，上海常住人口增长平缓，常住人口中基本都是户籍常住人口。20 世纪 90 年代以后，上海常住人口规模快速扩张，1990 年第四次人口普查时为 1334.19 万人，2000 年第五次人口普查时为 1640.77 万人，2010 年第六次人口普查时已达到 2301.91 万人，20 年间全市常住人口增加了 967.73 万人，扩大了 1.73 倍，2005—2010 年，常住人口平均增长率达到了 4.12%。户籍常住人口增幅较小，从 1990 年的 1277.28 万人增加到第六次人口普查时的 1404.22 万人，仅增加了 126.94 万人，2005—2010 年户籍常住人口年平均增长率仅为 0.8%。由于人口规模快速增长，上海“九五”“十五”“十一五”规划确定的常住人口规模目标均被突破，“九五”规划目标（2000 年）为 1500 万人，实际为 1608.6 万人，超过 108.6 万人；“十五”规划目标（2005 年）为 1600 万人，实际为 1890.26 万人，超过 290.26 万人；“十一五”规划目标（2010 年）为 1900 万人，实际为 2302.66 万人，超过 402.66 万人。截至 2017 年末，上海常住人口规模已达 2418 万人，上海常住人口总体上呈逐步扩大趋势。

2. 上海人口规模在国内外城市中居于前列

首先，从国内特大城市看，19 世纪后期上海就已经成为中国人口规模

最大的城市。近10年来，国内其他特大城市与上海人口数量比较，差距在扩大。2000—2010年10年，虽然上海人口的增长速度不及北京和深圳，但远远超过天津和广州，而且由于上海原有人口规模大，实际上10年来人口增长的绝对数仍然超过北京和深圳。因此，国内其他特大城市和上海比较，人口绝对规模的差距事实上拉大了。

表3-2 上海和国内其他特大城市的常住人口增长比较

项目	上海	北京	天津	深圳	广州
2000年（万人）	1640.77	1356.90	1000.91	700.84	994.3
2010年（万人）	2301.91	1961.20	1293.82	1035.79	1270.08
增长数（万人）	661.14	604.3	292.91	334.95	275.78
增长率（%）	37.53	44.50	29.27	47.79	27.74

资料来源：上述各城市第六次人口普查。

其次，从国际大都市看，近年来上海人口增长也使其在世界大城市的人口位序中不断靠前。根据联合国经济和社会事务部人口司2009年的世界人口城市展望的资料，2005年日本东京以3562万人排列世界人口最多的大城市，印度新德里以1949万人口位居第二，再次是墨西哥的墨西哥城、美国纽约、巴西圣保罗、印度孟买，上海排在世界第七位。按照该展望2010年人口预计排位，上海实际以常住人口2302万人超越了新德里的2216万人，仅次于东京的3667万人。

3. 来沪人口快速增加，成为常住人口规模不断扩大的首要因素

上海常住人口规模从1300万人发展到2300万人，仅用了20年左右的时间，国外几个特大型城市则普遍经历了50—100年的时间。20世纪90年代以来，上海的外来常住人口绝对数量及所占比重迅猛增长，1990年外来常住人口57万人，占全市人口的比重只有4.27%；到2000年分别上升到346.49万和21.07%；到2010年则上升到了897.70万人和39%，接近四成。2017年，上海常住人口总数2418万，外来常住人口总量为972.68万，比重已经超过40%。从全市流动人口增量占常住人口增量的比重看（77.23%），外来流入人口已经成为上海人口增长的最大动因。由于大城市

中心传统上多为本地居民聚集地，本身人口密度已很高，而且受地价、人为排斥及政府行为的影响，中心城市对流动人口的吸纳作用非常小。

外来人口的急剧膨胀，使得公共服务供需缺口不断扩大。上海人口总量过快增长和人口分布不均，引发了公共服务总量短缺和结构性短缺并存的双重难题。此外，由于居住在中心城区的可能性很小，为了降低通勤成本和获得宽松的就业和居住环境，管理薄弱的城市边缘区就成为他们理想的聚居地。同时由于郊区工业区的快速发展，为流动人口提供了更多就业机会，使得流动人口向郊区聚集的可能性增大。外来人口的急剧膨胀使得城市社会管理难度越来越大。近郊区“城中村”、群租房、违章搭建等问题日益突出，并带来违法犯罪多发、社会治安形势严峻、群体性矛盾突出等多重隐患。资源环境承载量逼近极限。上海是一个资源紧缺型城市，随着人口规模的持续增加，上海人口与资源、环境等方面的矛盾日益尖锐。

（二）上海人口规模调控目标的内涵及要求

1. 常住人口城市化与户籍人口城市化，是党中央和国务院对新一轮加强人口管理服务，合理调控人口规模的重要要求

特大城市作为重要的人口和经济集聚区，是我国形成以城市群为主体的城镇化体系的关键，是引领经济发展方式转变、实现包容性发展的带动力量。如何实现特大城市人口有序增长，促进城市的健康可持续发展，一直是国家“十二五”规划以及国家人口“十二五”规划均指出，特大城市要合理控制人口规模。中共十八届三中全会上通过的《中共中央关于全面深化改革若干重大问题的决定》更是特别强调了“合理确定大城市落户条件，严格控制特大城市人口规模，全面放开建制镇和小城市落户限制”，成为本次改革的主要内容和亮点。

在中共十八届五中全会上，习近平总书记进一步明确提出，要加快提高户籍人口城镇化率。随后，党中央召开中央城市工作会议，将促进常住人口有序实现市民化作为城镇化的首要任务。上海作为人口特大型城市，是全国人口跨省流动的主要流入地之一，在全国人口大规模流动迁移格局中占有重要地位。推进常住人口城市化与户籍人口城市化是上海落实党中央和国务院加强人口管理服务，合理调控人口规模的必然选择。

2. 加强人口管理服务，合理调控人口规模是国际大城市发展过程中的普遍规律

保持合理人口规模，通过科学调控达到经济活力与资源承载量相对平衡的人口数量，是大城市发展中的难题，对于特大城市来说，更是如此。世界经济和人口发展的历史表明，人口向大城市集中的主要动因是经济的发展和社会资源在大城市中的集中性。其中，经济的发展对生产力和人口在空间的配置有着决定性的影响。日本人口两次大规模向东京集中都发生在经济大发展阶段。纽约、伦敦、巴黎等国际大城市在城市经济发展速度较快的时期，也是人口和劳动力集聚最快的时期。人口的大量涌入一方面给城市的发展注入了活力和动力，带来了城市发展至关重要的劳动力资源；另一方面城市流动人口增长速度过快，对城市的人口承载力形成了挑战，对城市的住房、社会就业能力、公共卫生与环境承载能力、医疗与教育等以及社会治安与管理的改革造成了压力。在市场调节机制不完善的情况下，市场自动调节机制没有足够的能力解决人口过多和资源稀缺之间的矛盾，需要政府结合城市发展的阶段性特点、功能定位、资源禀赋，综合考虑城市规划、人口迁移及其再分布、产业结构调整、资源配置、公共服务供给等多个因素，分别制定调控人口规模和调整人口布局的政策措施，并采取多种方式强化管理服务，以保证城市经济社会协调发展。

3. 上海市“十三五”规划与城市总体规划明确了人口规模控制量化目标

《上海市国民经济和社会发展第十三个五年规划纲要》提出，“严格控制常住人口总量，落实国家严格控制超大城市人口规模要求，统筹人口与产业发展、城市布局、公共服务和社会管理，到2020年将常住人口控制在2500万人以内”。2017年国务院批复《上海市城市总体规划（2017—2035年）》要求，在人口规模方面，要牢牢守住人口规模底线，到2035年常住人口控制在2500万人左右，并作为长期调控目标。

（三）上海开放和包容发展的人口调控政策变迁、效果及相关障碍分析

1. 外来人口管理服务政策变迁

上海市外来人口管理政策（市民待遇方面的政策）的实施大致可以划

分为三个阶段：

第一阶段：暂住登记功能的证明。改革开放初期，上海对外来人口实行严格的管控政策。20 世纪 80 年代，随着市政建设加大投入，上海急需建筑施工、安装等劳动力，对流动人口的客观需求已经显现。面对外来人口不断增多的压力，上海市政府相继出台《上海市流动人口寄住户口管理试行办法》《上海市暂住人口管理规定》，将流动人口作为城市的管控对象。其目的是加强暂住人口管理，保障暂住人口的合法权益，维护社会秩序，但持证人员不能享受像子女就读、社会保障等一系列普通上海市民应享受的待遇。

第二阶段：人才获取常住的通道。20 世纪 90 年代初浦东开发开放以来，上海对流动人口的严格管控开始放松。一是以知识技术为前置条件放宽转办常住户口通道。1994 年，上海提出“构筑人才资源高地”的人才战略，逐步提高外来人才的待遇；再加上上海户籍人口自然增长从 1993 年开始转入负增长，户籍制度向人才放开开始提速。二是以资产为前置条件放宽转办常住户口通道。20 世纪 90 年代，为促进招商引资和应对亚洲金融危机对中国经济特别是房地产行业的影响，地方政府纷纷出台投资、购房达到一定标准即可获得城市户籍的优惠待遇。1993 年，蓝印户口（上海的一种临时户口，也称“临时居住证”）对于投资、买房、人才三类，或有钱或有才人士创造了获取当地福利的机会，同时规定取得蓝印户口一定年限的人员可转为常住户口，打通了外来人口向常住户籍人口转变的渠道。2002 年停止办理蓝印户口通道。2000 年，《上海市引进人才工作证实施办法》解决了外来人才的包括子女就读、社会保障等问题。对于普通就业者，自 1994 年开始出台了一系列卫生计生以及外来人口计生防疫、社会保险等条例。

第三阶段：居住证证明及社会服务的享有。2002 年，上海市在全国率先对外来人口实行人才居住证制度。上海市居住证件分为“上海市临时居住证”和“上海市居住证”两类，“临时居住证”适用于全体非上海市户籍人员，“临时居住证”限三类非上海市户籍人员申领。2004 年全面实施居住证制度，居住证类型分为人才类、就业类、投靠类等。2009 年开始实施持有人才类居住证“居转户”政策，从持有居住证年限、社保缴费年限等方面细化了转户籍的条件。2013年实施居住证积分制度。居住证积分从条件管理走向积分管理，整个积分指标体系由基础指标、加分指标、减分指标和一票否决指标4个部分组成，积分标准是120分。

落户上海市的户籍政策。一是高校毕业生落户。上海每年制定《非上海生源应届普通高校毕业生进沪就业申办本市户籍办法》，对用人单位的情况、毕业学校及毕业生的专业和相关奖励等分成不同的加分等级，对符合一定分值的应届毕业生进行打分落户。近几年还设置了一定的标准分值作为进沪就业的高校毕业生落户的标准，高于标准分的可以落户，低于标准分的则申请办理《上海市居住证》并获得相应的积分。二是人才引进落户。按照“高层次优先”和“重点产业和领域优先”的思路，上海制定《上海市引进人才申办本市常住户口试行办法》，着重强调引进高层次人才和紧缺急需人才，以及经济社会发展所需的具有特殊才能的人才。三是通过居住证满一定年限转为上海市户口。2016年上海规定，对凡是符合条件的外地来沪创业、就业人员均可通过申请获得上海户籍。

2.上海市外来人口管理政策变迁的特点

对流动人口由管理向服务转变，服务对象进一步放开。上海市外来人口管理制度经历了由单一登记人口职能、管理职能，到逐渐附加公共服务的职能，不仅强调了流动人口的义务，同时明确了流动人口在子女教育、社会保障等方面的权利。从公共服务的对象来看，上海已由排斥所有外来人口，到接受部分人才，发展到面向所有外来务工群体。

建立了梯度化的福利待遇，有利于权利与义务衔接。流动人口从不能享受本地福利待遇，到人才享受部分福利，最后根据在本地的居住时间、对本地的贡献，获得梯度化的福利待遇，并且获得福利待遇的多少与人才对本地贡献紧密相关。

形成了以居住登记为主线，以就业保障、卫生计生服务、房屋租赁为依托的居住证制度，结束了以往多证并存的局面。20世纪80年代流动人口来沪要办理居住证、就业证；20世纪90年代实行分类登记，不同类型的外来人口办理的证件不同，人才根据蓝印户口、引进人才居住证登记办法，普通就业者则需办理就业证；居住证则将给不同类型人口统一办理居住证，管理更加统一规范。

上海户籍制度改革方向总体上适合特大城市实际状况。考虑到我国特大城市、大城市和中小城市长期以来在发展状况、人口规模等方面存在较大差异，户籍制度改革应从分类入手，对不同类型城市采取差别化政策。上海户籍制度改革的基本方向是有控制地开放户籍准入，同时强化户籍制度的人口登记职能，这一改革方向适合特大城市的实际情况。

上海户籍制度改革的主要障碍是“要人手不要人口”的传统思维。我国户籍制度改革的核心内容是以就业年限为标准，逐步对外来常住人口赋予均等化享受公共服务和社会保障权利，从而使与户籍挂钩的市民待遇逐步与户籍脱钩。从这一点看，上海户籍制度改革目前还停留在小幅增量改革阶段，关键障碍是受“要人手不要人口”的传统思维影响，分人群赋予市民待遇，反而在外来常住人口内部形成了新的不公平，因而可能会导致新的身份隔离和福利断层，这反而削弱上海的竞争优势，减少社会融合和形成新城市文化的机会，而且，在社会管理方面的压力也会相应增大。

3. 政策实施中的一些问题

问题一：人口政策包容性有所降低，可能会导致新的身份隔离和福利断层。

上海近年来相继出台多种人口调控政策，从严控城市规模的需求出发，上海相关政策设计对于外地人的包容性在逐渐降低，过于严格的户籍制度，降低了对外来移民的吸引力，并在一定程度上制约了人口的流动。

纽约是世界公认的最有活力和影响力的城市，在 2015 年纽约规划部门发布了一版“One NYC”（“一个纽约”）规划计划。“一个纽约”中提出了目标和行动的四个原则，分别是增长、平等、可持续性、弹性，这四个原则始终贯穿全计划，形成了“愿景—策略—行动”的框架体系，并通过相应指标进行落实。在这四项原则中，首当其冲的就是“增长”。纽约的规划师们深知增长是社会繁荣的根源，这其中包括人口、不动产、就业等。

为了维持城市的持续繁荣，纽约也在住房、产业、劳动力、基础设施等方面采取一系列措施。面对人口增长带来的住房需求，纽约将实施美国国内最宏大的项目，以创造更多的可支付住房。同时通过投资高增长行业的培训及为难以就业的群体提供技术训练，来增加劳动力结构的包容性，以支持就业率的增长。面对新的经济趋势。纽约也大力支持创新经济的发展，建设新的高速无线网络，投资交通基础设施。最后作为区域枢纽，纽约将在交通、住房、就业等问题上与周边地区紧密合作。

与纽约“增加劳动结构的包容性”不同，上海从几年前就开始调整劳动人口的结构。2014 年，上海的外来常住人口为 996.42 万人，而一年后的 2015 年，这个数字出现了近 15 年以来的首次负增长，外来常住人口下降到 981.65 万人，减少了近 15 万人。

此外，在 2008 年，上海启动“进城务工人员随迁子女义务教育三年（2008—2010）行动计划”，大幅调低外来人口子女在沪入学的门槛。但是上海又于 2014 年将外来人口子女的就读条件中孩子父母或父母一方持有的居住证件、务工证明年限从 1 年提高至 2 年，2015 年进一步提高至 3 年。也就是说，在“劳动结构的包容性”这个选项上，上海正在开倒车。

就上海市而言，人才居住证持有者在人口特征上与其他流动人口有明显区别，他们的经济社会地位相对于其他流动人口具有明显优势，但普通居住证以及无居住证的流动人口并没有十分显著的福利差异。从全国情况看，根据 2005 年 1% 人口抽样调查数据，非农户籍流动人口的教育水平、职业声望都与本地居民近似，在收入水平上甚至更高。也就是说，虽然阶梯性赋予流动人口权利的模式已经形成，但这一阶梯的可攀登性较差，处于中低层的流动人口很难从中得到实质性的上升机会，因而可能会导致新的身份隔离和福利断层。

总结起来，尽管居住证制度在赋予流动人口市民化平等权利上有所进展，但从目前流动人口的状况和户籍改革的实践来看，能够进入上升通道的流动人口大多受过良好教育，有一定专业技能和财富积累，而绝对数量不少的农业户籍的流动人口的工作和生活境况则明显较差。

问题二：落户积分管理在一定程度上会对青年人才形成外向推力，从长远来看显然不利于上海的人才资源储备。

上海落户积分管理中，标准分不固定、不公布的运作模式使得户口审批的不确定性大大增加。按照管理规定，落户的标准分“由上海市高校毕业生就业工作联席会议办公室根据上海市政府户籍人口机械增长调控要求确定”，这意味着不同年份的标准分会浮动变化。在用人单位要素分中设有重点领域要素分，即录用上海市经济社会发展重点领域导向专业毕业生可加 3 分，在符合导向专业基础上，录用列入教育部、上海市重点学科所在高等院校的毕业研究生可再加 3 分，但每年这个“导向专业”均有变化。在上海人口调控趋严的背景下，浮动的落户积分管理制意味着每年发放的户籍数量极有可能逐步减少。对落户申请人来说，通过落户申请并不等同于通过最终审核，得到的结果仅为是否通过审核而不清楚标准分究竟是多少。政策执行中标准的短期频繁浮动，没有稳定的预期和前景，不利于人才发展，实行落户积分管理以满足人才需要的目标恐怕也会受阻。

落户积分的浮动管理模式和不尽合理的人才评判标准有可能对高层次人才产生排斥作用，不利于上海的人才集聚。由于落户政策的逐年收紧，一些在本科时便具备当年落户条件的人才在研究生毕业后却面临无法落户的尴尬境地。落户积分导向要素涉及荣誉称号和学术、文体竞赛获奖等，按规定仅限在高校最高学历就读期间所获奖励表彰。这使得一些研究生虽在本科期间获得过一系列国家、省、市级别的奖项，却因为不是最高学历期间获得的原因而不能加分，因无法达到标准分而不能落户。在落户积分制管理中，奖项加分首先是按照获得的时间来加以限制，而不是按照奖项的贡献度的大小，以及与经济社会发展需求的结合度来加以评判，这种人才评判标准明显与经济社会发展的需求相脱节。

上海人口调控的基调是控制人口而不限制人才，但落户指标比例分配的实际操作似乎并不符合这个基调，现行的户籍指标比例分配不利于未来上海的人才资源储备。自 2013 年以来，办理居住证成为毕业生进沪就业的主要渠道，办理居住证的毕业生占比超过 50%。至 2013 年 12 月底，从上海高校和外省市高校共引进非上海生源应届高校毕业生有 3.85 万人，其中直接落户的占 48%。根据上海历年人口机械迁入数据，尽管 2010 年以后逐步下降，但 2013 年仍有约 6 万人落户上海，从上海高校和外省市高校引进的毕业生落户人数占比仅为 1/3。落户积分管理在一定程度上会对青年人才形成外向推力，从长远来看显然不利于上海的人才资源储备。

问题三：人口调控的保障措施不利问题。

当前的人口综合调控政策体系本身的设计已较完善，然而其在调控人口方面的后续作用力倍受各界质疑，主要原因在于缺乏配套措施的保障。

这类问题比较典型地反映在城市规划对建设开发的约束力，而且仅这方面的制度缺失就已足够大大降低城市人口调控的效果。早在 2003 年，上海市政府提请市人大常委会第七次会议审议的《上海市城市规划条例修正案（草案）》中，明确提出了上海中心城建设“应当与人口疏解、功能提升、环境改善和景观优化相结合。增加公共绿地、公共活动空间，降低建筑容量，控制高层建筑，改善城市交通，完善基础设施，增强城市综合功能”。上海控制中心城区高强度开发的“双增双减”政策措施，以法律的形式固定下来。

即便中心城“双增双减”已上升到法律层面，也未被有效执行。2000—2010 年人口分布数据显示，中心城人口密度由 20 世纪 90 年代的降低转为上升，中心城边缘区人口呈反弹增长态势。影响中心城人口增长的因素多种多样，其中最为关键的无疑是住房建设。这段时期内中心城边缘城区大量新建竣工的住房为摊大饼式人口分布提供了必要的前提条件。不仅如此，从 2013 年各城市区位的房屋建设施工面积数据看，边缘城区仍较大（数据中无法区分出住房与非住房）。从“五普”到“六普”期间中心城建设失控所导致的人口集聚效应，直接催生了城市空间摊大饼现象，一方面扩大了人口膨胀带来的“城市病”问题；另一方面由于人口集聚与其他各类相关要素集中两者相互关联，也使得未来多中心城市空间结构的优化调整变得更加复杂和困难。

事实上，城市建设开发失控已成为上海人口调控的重要影响因素之一。随着城市住房建设可能带来的人口增长，是目前郊区（尤其是近郊）各区在人口调控中所面临的最难于解决的问题。在 2013 年、2014 年的人口调控当中，各区县通过拆违、城中村改造等手段较好地达到了区内人口调控目标。但拆除房屋的剩余空间越小，也意味着这类手段对人口调控的作用越小。已建成的各类住房以及改造后新建住房，都会带来人口反弹增长。

（四）控制特大城市人口增长的长期愿景

1. 学习韩国首尔通过控制对特大城市部分投资来调整人口增长

快速城镇化既带来挑战也带来机遇，要通过更加精明的调控措施，允许高质量的人才在区域间流动，也通过税收和其他的一些措施来增强城市的服务能力，解决空气污染、交通拥堵等问题。可以学习韩国首尔通过控制对特大城市部分投资来调整人口增长的做法。

（1）通过制定一系列立法和规划控制投资取向

1945 年日本投降后，当时的南朝鲜（今称韩国）汉城市（今首尔市）经历了快速的城市化进程。尤其是到 20 世纪 60 年代以后，汉城市已经开始出现人口迅速膨胀发展的现象。为此，韩国政府制定了一系列立法和规划，试图缓解首都圈地区人口高度集聚、城市功能过度集中的问题。

1964 年和 1970 年，韩国先后出台了《大城市人口防止对策》和《关于抑制首都圈人口过度集中基本方针》。1976 年，韩国政府修改了《地方税法》，规定在首都圈新建或扩建工厂将以 5 倍的高额收取登记税、取得税和财产税。1982 年，韩国政府又颁布了《首都圈整备施行规划法》。这一法律首次明确了首都圈地域范围，包括首尔特别市、仁川广域市和京畿道地区。规划中规定，如果在首都圈内进行大规模开发建设必须通过首都圈整备委员会的审议，并得到国土海洋部长官的批准，才能拿到工程开发许可。这一国家层面出台的规划，不仅增强了区域规划的效力，也使城市群布局得以形成。

其他一些调控法案包括新建商业楼宇、写字楼、工业区等都有数量限制，许可证每 3 年进行发放，没有拿到配额就不能启动新的工业用地和工业园的土地开发。如果你想建一个大的写字楼，就必须要交过度拥堵费。

（2）建设卫星城，制定了一系列政策分散工业、学校和政府机关

从 20 世纪 80 年代到 90 年代，韩国的城市化进入了成熟期。为了抑制首都人口的快速膨胀，政府开始在首尔周边地区建设了包括一山、盆唐、金浦在内的多个卫星城。这些新建设的卫星城大多位于首尔市中心 20 公里至 40 公里范围内，有良好的居住环境，而且交通便利。完善的规划和便利的生活设施吸引了大量在首尔工作的居民，这使得首尔市的人口被分流到

周边的多个城市。根据统计显示，首尔市的人口密度在 1990 年以 1.7532 万人 / 平方公里达到顶峰之后，20 年来持续下降，而隶属于首都圈的京畿道的人口密度在同一期间翻了一番。

为疏散中心区人口，韩国政府制定了一系列政策分散工业、学校和政府机关。这些政策不鼓励首尔的新工业开发，鼓励生产设施向人口较少的省区转移。为了加速产业外迁的过程，韩国政府还通过税收杠杆来刺激工业布局的调整。政府对首都圈迁出的公司和企业实行减免税，而对都市区企业的建立和扩张征以 3—5 倍的重税。不仅如此，为了遏制中心城区人口密度过大的问题，韩国政府在 1994 年开始对在首尔市新建或者增建容易引起人口集中到一定规模以上的大型建筑物征收过密负担费，费率约为标准建筑费用的 10%。经过多年的努力，首都圈制造业比率逐步下降。

与此同时，韩国还逐步分流公共机关的人员配置。为缓解首都首尔的发展压力，并改变全国经济发展的不均衡局面。韩国于 2007 年开始动工兴建“行政首都”世宗市，全称“世宗特别自治市”，由原属忠清南道的燕岐郡全郡、公州市大部和忠清北道清原郡的小部分地区合并形成，面积 465 平方公里，约为首尔市的 3/4。目前，包括国务总理室、企划财政部以及国土海洋部等 16 个中央政府部门和 16 个政府出资研究机构的 1.3 万名公务员已经迁往世宗。按照规划，世宗市的人口有望在 2020 年达到 30 万人，到 2030 年增至 50 万人。

在韩国中部，还有一座被称为韩国“硅谷”的大田市。该市集聚了包括韩国科学技术院、三星集团研发中心、韩国电子和电信研究所、韩国航空宇宙研究院等几十家尖端高科技研发中心，拥有上万名研究人员，还有包括韩国关税厅、统计厅、特许厅等在内的 12 个国家政府机关。

（3）通过构建发达的公共交通体系应对拥堵

构建发达的地铁网络和完善的公交系统，是韩国应对交通拥堵的重要举措之一。韩国首都圈地铁线路是世界上单日载客量最大的铁路系统之一，单日载客量可达 1000 万人次，服务首尔、仁川和周边京畿道的首都圈，共有 19 条路线，其总长度超过 300 公里。2013 年的数据显示，68% 的首尔人乘坐公交车或者地铁上下班。

由于首尔市附近有大量卫星城，很多人选择“城里上班，城外居住”的生活工作方式。首尔市政府在远郊地区一些人口密集的地铁站还建设了大型停车场，方便有车的上班族换乘地铁，以缓解市区交通压力。

除了星罗棋布、密如蛛网的地铁网，首尔市内还拥有众多线路的公交车，作为对地铁交通的补充和完善，实现了地铁站和公交站、公交站和公交站之间的“零距离对接”。为了保证公交车的运行效率，在首尔的每条主要道路上都设有公交车专用道，即使在上下班车满为患的拥堵时段，公交车也可以畅通无阻，基本实现了首尔市政府在公交车道改革之初提出的“乘坐公交车也可以准时赴约”的目标。

此外，为了抑制私家车在城市交通拥堵地区的使用率，首尔市从 1996 年 11 月开始正式征收城市道路拥堵费。在南山 3 号隧道口，首尔市政府建立了市内唯一一座收费站，对过往车辆收取 2000 韩元（1 元人民币约合 180 韩元）交通拥堵费，但对乘坐人数超过 3 人的车辆免收费。

（4）启示：以都市圈与城市群的视角统筹规划特大城市，重视中心城市部分功能向外转移

首尔经验表明，中心城市与周边城市共建同城化大都市圈，向周边地区转移人口、产业和部分城市功能，可以有效缓解人口过度膨胀及带来的城市问题。控制上海人口增长，应以都市圈与城市群的视角统筹规划，统筹考虑人口规模、人口结构和人口分布与资源环境的承载能力、基础设施建设和公共服务资源之间的匹配，立足人口增长的高方案来规划未来城市的建设与发展。各类专项规划及重点地区、重大项目规划都要以人口为基本参数，作为资源配置和公共服务的基础依据。充分发挥上海中心城市作用，重视中心城市部分功能向外转移，加强与周边城市的分工协作。

2. 从上海城镇体系和上海都市圈的视野来规划和建设各级城市中心，实现各级城市的功能互补

过去我们建设一个城市，往往仅仅在该城市的范围内考虑城市的发展。但是近年来随着高速公路和高速铁路网络的建成和不断完善，我国城市群内部各城镇地区之间的经济联系日益密切，城市群作为一个整体的发展变得日益重要。中共十八大明确提，要“科学规划城市群规模和布局，增强

中小城市和小城镇产业发展、公共服务、吸纳就业、人口集聚功能”。在全国主体功能区规划中也明确提出“资源环境承载能力较强、人口密度较高的城市化地区，要把城市群作为推进城镇化的主体形态”。长三角显然是我国最大最重要的城市群之一。

在2000年第五次人口普查和2010年第六次人口普查的10年间，我国沿海三大城市群的常住人口增长最快。我国环渤海、长三角和珠三角三大城市群的常住人口增加较快，而北京、上海、天津、广东和浙江成为常住人口增长最快的五个省市。这些地方，尤其是北京、上海、天津三个特大城市的地方政府都感到需要调控人口总量。但由于长期以来，政府过多地把资源集中在特大城市，由此导致大量人口向这些城市集中。所以，解决特大城市人口过度拥挤的一个重要措施是在三大城市群内将中心城市以外的各级城市建设得更好和更有吸引力，以减少对中心城市的压力。这就涉及如何更好地规划城市群的规模、空间布局和交通等基础设施问题。

目前各地政府一般只管行政辖区内部事务，很少打破行政边界去做城市群的规划研究。国家发改委做一些区域规划（如2010年发布的《长江三角洲地区区域规划》等），都只是原则性的，较难具体落实。

美国麦肯锡咨询公司前几年做了一个关于中国城市化前景的研究。该研究用一个由22000个方程组成的系统动力学模型模拟了中国城市化的四种前景：巨型城市主导（15个2500万人口巨型城市），中心辐射城市群主导（11个城市群，每个城市群人口6000万以上），中等城市主导和小城镇主导。麦肯锡的研究发现，巨型城市主导或中心辐射城市群主导的集中城市化模式与目前的城市化模式相比，能将GDP提高20%，能获得更高的能源效率和减少耕地损失。集中城市化模式能更好地集聚人才，推动中国更快地向价值链高端经济活动转型。

并不是说麦肯锡的研究是完美无缺的。但是作为一个在中国开展业务的美国公司针对中国未来城市化和城市群问题的前景研究，值得我们学习和借鉴。

党的十八大报告关于科学规划城市群规模布局和增强中小城市各类功能的论述是非常有针对性的和非常有远见的。我们不能脱离城市群的整体规划来孤立地考虑中小城市的功能和发展，而应该把城市群规划和中小城市发展两者结合起来考虑，使城市群中各类城市功能互补，增强各类城市，尤其是中小城市的吸引力和发展机会。

例如，长三角城市群的中心城市上海市的人口规模已达2300多万，部分中心城区的人口密度已达每平方公里3万人以上。为了避免中心城区的过度拥挤，今后要把注意力更多地放在人口规模为百万级的二级中心城市的发展上。重视规划和建设二级（人口规模100万左右）城市中心，首先重视上海市域范围内郊区新城的规划和建设，其次要重视上海周边150公里范围内二级城市中心建设，如上海周边的苏州、无锡、南通、嘉兴、湖州等城市以及它们下面的一些重要县市，逐步形成跨越城市行政边界的上海都市圈。

这些已经达到或今后可望达到百万人口级的二级城市，应该实行紧凑型发展，有较高的建筑密度和混合功能，完善城市基础设施，同时有较大的农业和生态空间，而且联系中心城市的交通也很方便快捷。这些城市有较高的吸引力，提升他们集聚人口和经济活动的功能。

另一个值得重视的问题是，在上海市“1966”城镇规划体系中，各级城镇共有中心城、郊区新城和新市镇三级（中心村还不能算城镇，所以没有包括在内）。然而，原来的规划没有考虑人口规模为30万左右的城市地区。但是在上海城市发展的现实中，已经形成了一些人口规模为30万左右的城市中心，如松江九亭，宝山罗店，浦东川沙－迪士尼乐园等。今后还会形成更多这样的城市中心。这些城市中心在实际上已经成为上海城镇体系的重要组成部分，但它们既不是新城也不是中心镇，因为在“1966”城镇体系中没有30万人口规模这一级。为了将30万人口规模的这类城市地区包容到城镇体系中去，可将上海的城镇体系增加为四级，即中心城区（一级中心）1000万左右人口规模、郊区新城（二级中心）100万左右人口规模，小城市（三级中心）30万左右的人口规模，最后还有约60个人口规模为几万人的新市镇。今后如平均每个新城拥有2—3个30万人口规模的三级中心，整个上海市可形成20个左右这样的中心，平均每个三级中心的人口规模为30万人，可容纳600万人左右。这对上海人口合理的空间分布和未来创新驱动、转型发展，以及实现可持续发展都具有重要意义。

3. 逐步淡化户籍功能，逐步建立大都市人口与劳动力自由流动（流入与流出）机制

要逐步淡化乃至最终消除户籍制度的福利安排作用，回归户籍作为人口登记和统计手段的功能。以农民工为主体的非户籍常住人口已经成为城市制造业和服务业就业的重要力量。他们享受公平的公共服务和社会保障，源于他们对城市经济社会发展的贡献，包括他们的劳动贡献和对税收及社会保险缴费的贡献。因此，按照权利与义务对等的原则，在某地就业和缴纳税费（包括他们的雇主为他们缴纳的税费）的劳动者，不管他们是否具有本地户籍，均应享受与当地居民均等化的义务教育的权利。为了提高目前不同地区间教育的均等化程度，可考虑由中央与地方分担地方政府的教育支出。中央将财政性教育经费以“教育券”的形式，发放给全国每一位在学中小学生，费随人走。用10年左右的时间逐步取消部分地区高考招生特权，逐步按同一分数线在全国招生。进一步放开社会办高等教育，提高优质高等教育资源的供给。地方参与中央高校共建的院校，对所在地纳税居民可减免部分学费。

在社会保障方面，在中央财政（东部地区由地方财政分担一半）向全国60岁以上的城乡居民（如果没有其他养老保险）提供每月至少55元的非缴费型养老金的基础上，可以进一步由中央向全体65岁以上的城乡老人提供相当于人均GDP 6%左右的非缴费型养老金（或“零支柱”养老金），建立一个强制缴费率较低（如占工资的12%）、各类劳动者均能参加的“国民基础养老金”。中央财政与地方财政分担责任，确保过渡期不同人群的养老金水平至少不降低。在某地就业和缴纳医保费的劳动者，不管他们是否具有本地户籍，均有与当地居民享受均等化的公共卫生服务和基本医疗卫生服务的权利。

鉴于我国在社会救助方面显著的城乡差异，对于城镇民政救助性质的福利（如城镇居民低保救助），可采取更加慎重的态度。对非户籍常住人口享受城镇民政福利，设立一个较长的（如15年左右）“时间门槛”；或者说，只有当一位非户籍常住人口在某地就业和纳税达到规定年限后，才能取得享受地方民政福利的资格。

第四章

上海建设绿色发展的国际大都市研究

上海地处中国“江海之汇，南北之中”，历来都是海纳百川、经济繁荣之地。它是长江三角洲的龙头城市，对于我国长江经济带的经济与社会发展具有较大影响。上海作为我国长江三角洲地区性首位城市，在我国城市化进程中的地位与作用较为突出，影响也较大。生态城市在上海建设的状况，直接影响上海的聚集与辐射作用，影响上海服务长江三角洲、长江流域和全国的能力与范围。我们看到，上海从 20 世纪 90 年代初浦东开发开放以后，经济高速发展，人口规模不断扩大，已经成为长江三角洲无可争议的地区性首位城市，成为国内外生产要素流动的通道，也是联结国内外资源与市场的全球节点城市。上海已经成为引领国内经济、参与国际经济循环、加入新的国际生产劳动分工的地方性等级体系顶端城市。同时，我们也要看到，上海城市高速发展中也出现了许多问题，如居住拥挤、环境污染、交通堵塞和资源利用粗放等，这些问题直接影响到城市居民的工作与生活，影响到人们的健康与生活质量。如果上海不能有效地解决环境污染、交通堵塞、资源利用粗放等生态问题，上海对国际高级劳动力和其他生产要素的吸引力将有所下降，经济与社会发展将是不可持续的，有损于上海率先发展、科学发展的城市发展战略。当前，上海正视经济与社会发展遇到的挑战与困难，正在建设资源节约型、环境友好型城市，发展循环经济，推进环境保护和生态建设。本章拟就经济发展角度分析上海生态城市建设面临的处境，评价上海城市环境生态状况，指出上海在生态城市建设的成就与面临的挑战，并提出相应对策。

第一节　上海建设生态城市的背景与挑战

城市是资源消费最为密集的地方，也是生态系统中最为复杂的类型。从第二次世界大战之后特别是 20 世纪 70 年代以来，伴随着全球化城市化与全球工业化，全球经济增长迅速，资源消耗加快了环境污染，不断加剧了生态环境恶化，城市生态问题成为全球性的问题。这些问题在人口集中的城市及其周边区域表现得较为严重。从 20 世纪 70—80 年代以来，可持续发展思想不断得到重视并进入实践领域，生态城市的概念被提出并进入政策实施状态。目前，上海在建设“卓越的全球城市”目标指引之下，大力加快“生态之城”建设步伐，力求创新更加宜居的城市，建设绿色发展的国际大都市。

一、“生态城市”的提出与发展

在全球城市化与全球工业化的背景下，无论是发达国家还是发展中国家，快速发展的城市化与城市规模扩张带来了自然资源短缺、人居环境恶化和生态平衡失调等问题。正是在这样的背景下，城市生态环境与可持续发展逐渐成为时代发展的重要问题，可持续发展思想和生态城市概念得以提出并进入实践操作领域。

（一）可持续发展思想

第二次世界大战之后，工业化与城市化的快速推进，能源与资源的快速消耗，使得西方资本主义国家的环境污染问题日益突出。这种状况及其矛盾随着时间的推移而变得更为突出。20 世纪 60 年代是可持续发展思想萌芽与发展的时期。1962 年，美国海洋生学家蕾切尔·卡逊的（*Carson Rachel*）《寂静的春天》出版。在这本开山之作中，蕾切尔·卡逊表明，如果不尊重自然和生命，肆意破坏自然，会导致鸟儿不再歌唱，鱼儿不再跳跃于水中，使人们认识到环境污染的危害性。这种思想后来逐渐为人们所接受并引起了政策制订者们的重视。随着时间的推移，在 20 世纪 60 年代末 70 年代初，可持续发展思想受到人们越来越多的重视。到了 20 世纪 70 年代，当时世界范围的石油价格居高不下以及西方国家经济滞胀使得合理利用不可再生资源成为当时突出的经济与社会发展问题。1972 年，罗马俱乐部发表了《增长的极限》报告。这个报告认为，传统城市化与工业化已经导致全球性的人口激增、资源短缺、环境污染和生态破坏，使人类社会面临严重困境，实际上会使人类走上一条不可持续发展的道路。人类经济无限制增长是不现实的，人类应该自我限制增长。这本书的出版与当时西方资本主义国家经济“滞胀”形势，使人们日益深刻地认识到人类从产业革命以来所倡导的“人类征服自然”观念，会受到自然界的报复与反击有关，这种报复程度随着工业化与城市化不断深化而加剧。

此后，英国的学者芭芭拉·沃斯（Barbara Ward）与美国的勒内·杜博斯（Rene Dubos）受联合国人类环境会议秘书长委托，编写了《只有一个地球：对一个小行星的关怀与维护》。这本书呼吁各国人民共同维护人类赖以生存的地球。目前地球是适合人类生存的唯一星球，保护地球生态环境极端重要，人类需要精心保护地球，让地球更好地造福于人类子孙后代。这是因为在宇宙中地球是渺小的，地球所拥有的自然资源也是有限的，从此以后，“只有一个地球”的口号开始响遍世界。1972 年 6 月，联合国人类环境会议通过了《人类环境会议宣言》，呼吁各国人民维护和改善环境，为造福于人民与后代子孙而共同努力。这个时期，联合国相关组织在推进可持续发展思想发展方面作用较大。

20 世纪 80 年代，可持续思想得到明确定义，其内涵逐渐得到明晰揭示。可持续发展思想逐渐得到各国政府认同。这是在联合国有关部门的推动下，可持续发展思想不断地成为联合国和世界许多政府的行动纲领指导思想，并且在政策领域与行动之中得到贯彻与推进。1980 年，世界自然保护同盟等组织参与制定的《世界自然保护大纲》，第一次明确提出可持续发展的思想。1987 年，以当时挪威首相布伦特兰（Harlem Brundland）夫人为主席的世界环境与发展委员会（WCED）公布了《我们共同的未来》的报告，提出了广为人们接受的可持续发展定义，即可持续发展是既满足当代人需求，又不损害子孙后代的需求。该理论包括三个基本内涵：满足不同社会群体需要、提高自然承受极限和确保同代与代际之间的平等共享。布伦特兰夫人有关于可持续发展的精确与简洁表述成为国际社会公认的定义。由此引发世界越来越多的政府与人民的共同关注。从此，可持续发展思想得到明确表述与精确定义。1989 年 5 月，第 15 届联合国环境规划署（UNEP）理事会议提出了《关于可持续发展的声明》，指出可持续发展，系指满足当前需要而又不削弱子孙后代满足其需要能力的发展，而且决不包含侵犯国家主权的含义。这样，可持续发展被赋予国内外合作与主权平等的含义。

20 世纪 90 年代，可持续发展思想所包括的范围不断泛化，其外延不断拓展，从生态环境与自然资源节制利用向政治、经济、社会与文化方向发展，形成包括范围较为广阔的可持续发展理论。与此同时，可持续发展思想在国际组织以及各国政府在执行联合国有关决议中的内含变得越来越多。可持续发展思想成为全球人类的共识与共同行动纲领。这样，从《我们共同的未来》到《21 世纪议程》，可持续发展的内涵基本被揭示出来。具体到城市，可持续发展理论从资源角度来讲是建立一个生存容量为基础的绿色花园城市，合理利用本身资源与外部资源，注重开发与储备的平衡，提高资源使用效率，在保证不对资源与环境掠夺式利用与开采的条件下，使经济资源利用获得最高的经济收益；从环境角度来讲，城市可持续发展是城市应不断提高社区与区域的自然与人文环境，提高城市的环境宜居程度，利用生态学原理解释并保证城市生态环境状况不向恶化的方向发展，加强环境的生产与更新能力；从经济角度来讲，城市可持续发展城市产业结构的合理化与高度化，经济增长率保持在合理范围之内，城市应当在资源利用最小化的前提下，使城市经济朝着更富效率与创新方向迈进；从社会角度看，城市可持续发展包括社会公正与参与、确保社会成员平等及经济增长成果为大多数城市居民所享用。

（二）生态城市概念的提出

自从联合国教科文组织于 20 世纪 70 年代在“人与生物圈”研究计划中提出“生态城市”（ecological city）概念后，生态城市建设在全球范围内受到人们重视。在西方国家工业化以带动城市化的时候，随着工业化造成的环境污染，人们对理想城市的追求变得更为迫切，霍华德提出的“花园城市”和赖特提出的“广亩城市”可以看作是生态城市的雏形或前身。原苏联生态学家（O.Yanitsy）认为生态城市是一种理想城模式，其中技术和自然充分融合，人的创造力和生产力得到最大限度地发挥，而居民的身心健康和环境质量得到最大限度地保护，物质、能量、信息高效利用，生态良性循环。美国瑞吉斯特（Richard Register）较为完整地阐述了“生态城市”的内涵与外延，并提出生态城市的相关建设标准。

从 20 世纪 80 年代开始，许多学者针对我国城市化与城市建设过程中出现的问题，陆续提出了可持续发展城市、绿色城市、健康城市和山水城市等概念，这些概念的内涵外延既有同生态城市重合的地方，也有其强调的侧重点。生态城市概念强调城市的目的是方便人的生活与工作，追求城市系统的健康与和谐，实现人的健康与长寿。它重视重构城市，停止城市的无序蔓延，改造传统村庄与农村地区，修复自然环境，建立步行、自行车和公共交通为导向的交通体系，建设与自然平衡的人居环境，实现环境生态化、经济生态化与社会生态化。这些理念对于当前我国加速进程中的城市化具有重要的指导意义。

中国共产党人十分重视生态城市发展，党和国家领导人十分关心我国城市的可持续发展状况。党的十八大以来，习近平总书记多次提到建设生态城市，要坚定不移贯彻新发展理念，坚定不移走生态优先、绿色发展之路。习近平总书记指出，城市是现代化的重要载体，也是人口最密集、污染排放最集中的地方。建设人与自然和谐共生的现代化，必须把保护城市生态环境摆在更加突出的位置，科学合理规划城市的生产空间、生活空间、生态空间，处理好城市生产生活和生态环境保护的关系，既提高经济发展质量，又提高人民生活品质。在党和国家领导人的关心与支持下，我国城市的生态化建设取得了较好的成就，也为今后我国生态城市建设提供了经验。

二、上海建设生态城市面临的挑战

从上海生态状况来看，上海城市生态水平总体呈现良好的态势，生态环境朝着健康、良性的方向发展。从 20 世纪 90 年代以来，随着上海对工业布局进行战略性调整，重工业和化工业迁移到郊区，中心城区的生态环境状况大为改善，绿化面积增长较快。然而，随着上海工业化向纵深方向发展，城市人口规模越来越大，上海城市生态建设面临的挑战越来越严峻。目前上海正在经历发达国家城市二三十年前的阶段，即由于城市化过程发展和城市布局不合理而导致的区域性的雾霾高发与城市生态问题。上海的生态空间亟待增加；城市空间蔓延速度过快，生态空间呈现萎缩态势；城市空间破碎化利用，生态空间尚未形成体系。上海城市规模剧增，建设用地不断蔓延，山水生态空间不断遭受侵蚀，生态廊道被阻隔。上海城市生态用地占比与国际大都市一般水平相比差距较大，生态空间总量减少的趋势仍比较明显，且分布也不够均衡。

（一）工业化向纵深发展与生态环境保护之间的矛盾

发达国家工业化实践表明，在工业化中期，经济发展与环境保护之间的矛盾会变得突出而尖锐。生态城市是针对工业化与城市化以来城市出现的拥挤与污染等问题而提出的新的城市发展理念。一般而言，一个城市的污染程度同其工业化水平相关。在工业化初期，城市的污染程度较低；随着工业化水平提高，重化工业占据支柱地位，城市的污染程度提高，工业废水、废物与废气排放逐渐加大，城市的污染程度加重，城市的生态水平相应下降；在工业化后期，由于服务业占据支柱地位，城市的污染程度降低了，城市的生态水平提高。在重化工业时期，重化工业是污染较为严重的产业。如果一个城市重工业和化工业比重较高，又没有相应的降低污染的方法与措施，城市的污染程度将是较为严重的。因此，一个城市生态状况在发展过程中会呈现倒U型的发展曲线，总体上出现“先上升、后下降”的发展趋势。城市与区域的工业化水平是城市生态建设的基础。工业结构与经济发展水平是衡量城市生态状况的重要参考指标。如果一个城市不是一个单一功能的城市，从工业化程度大致可以判断城市的生态建设水平。

从上海未来发展趋势来看，由于上海拥有6000平方公里土地面积，远大于纽约市的面积，也大于伦敦市的面积，工业将继续在上海经济发展中占有重要地位，上海服务业的就业比重与产值比重不可能达到纽约和伦敦那么高的比例，制造业对上海地方经济发展具有不可替代的地位与作用。从上海轻重工业比例来看，重工业已经明显超过轻工业，进入重化制造业发展阶段。上海应当提高产业技术水平，推进产业转移。上海产业结构必然向服务业化方向发展，高污染比较重的产业必然向国内外区域转移，留下来的产业必须向高技术与服务业方向发展，提高产业技术水平。在产业结构方面，上海的重工业占经济的比重过高，提高产业技术水平，发展高新技术产业，优化城市产业结构，提高产业能级与土地产出效益，以产业转型提高城市生态水平。提高服务业比重，在15年内将重工业占GDP的比重从目前的25%降低到10%以下，包括采用将多数钢铁和石化等污染性生产设施搬出上海等措施。为此，在政策设计上，上海需要继续推进产业结构优化升级，逐步淘汰重化工业与钢铁工业；上海需要对科技型与创新型企业的激励政策进行财政扶持、金融支持、税收优惠、产业扶持以及社会服务支持。

上海市政府已经注意到，产业集中于工业特别是能耗高与资源密集型制造业会对生态环境的负面影响。从20世纪90年代开始，上海市政府从产业布局入手，针对工业过分集中于中心城区的布局特点，进行了战略性调整。对于能耗高、原材料消耗量多，废水、废气、废渣排放量大的传统产业，则迁出市区，依照产业布局原则，转移到资源产地或郊区。对于在上海生产已不具有竞争优势的产业，鼓励其通过产权方式转移到具有比较优势的地区继续生产。对于转移无望，企业难以维持生存的产业则主动淘汰。经过大刀阔斧的改革，一批不适合上海城市发展方向的产业与行业被淘汰或转移，为新兴产业的发展提供了空间与条件。工业布局大调整对提高上海中心城区的生态化水平，促进经济可持续发展具有重要的促进作用。同时，上海的制造业围绕“支柱产业更新、高新技术更大、传统制造业更精”的目标，进一步加大制造业结构战略性调整的力度，不断壮大支柱产业，积极培育高新技术产业，调整改造传统制造业，充分发挥结构效应、规模经济效应和科技进步效应，促进经济增长方式从粗放型向集约型转变。

但是，从时间阶段来看，上海总体上正处于从资源消耗型产业转向科技创新驱动型产业转轨过程之中。一些资源消耗大、污染严重环境的产业，不可能在短时间完全淘汰或者转移到周边地区。随着上海地区生产总值越来越高，上海生态环境面临的挑战越来越大，生态环境建设任务也变得越来越艰巨。由于我国工业化与城市化是在新的国际生产劳动分工的背景下进行的，环境标准与国际公约已渐趋完备，上海在对外产业转移与利用外部资源市场时不可能采用发达国家历史上做法，把高污染与高资源消耗型产业完全转嫁到其他国家，在转移到周边地区时也受到国家环保规定的约束。因此，在一定时期内，这些资源消耗与环境污染型产业的存在会对上海城市生态建设产生一定的阻碍作用。

（二）城市空间扩张方式有待改进

经济增长与空间扩张是同一个过程。在上海经济总量增长了近13倍的情况下，上海城市建成区也增长了近10倍。由于我国整体上处于加速城市化过程中，而地区性城市往往是从农村向城市迁移人口的首选城市。随着人们生活水平提高，需求日趋提高与复杂化。在人口数量、私人汽车以及人均其他需求不断增长的条件下，城市基础设施仍然保持供不应求的局面。由于基础设施供不应求，加上社会保障体系尚未完善，出现了人口过分集中在中心城区与近郊的状况，以及存在着道路与道路之间的城市空间被住宅填满的事实。中心城区呈饼状向郊区推进、扩展，近郊成为产业与居住新的选择地点，远郊的人口居住密集度仍然较低。

在这样的发展条件下，上海城市单中心的空间格局明显，多中心态势正在形成，但多核式的分布格局尚无基础。城市空间发展方式是蔓延式的扩张方式，表现为以城市中心区为基础，对外向周围作“摊大饼”式的扩展。城市建成区之间连成一片，没有自然的间隔。蔓延式的城市空间对于城市面积建成区来说，各个城区之间的道路与通信设施相互衔接，城市的建筑密度、产业密度和人口密度落差不大。城市空间在一个半径为25公里的空间面积内具有一定的空间连续性与时间稳定性。蔓延式的城市空间扩展方式可以从居住人口的构成变动中得出。在半径25公里的外环区域面积内，其拥有全市近一半的人口，聚集了80%的人口，其他地区的人口仅占全市人口的20%左右。内环内三区的人口10年人口增幅为负数，郊区合计人口增长幅度为42.6%，说明了城市中心区人口在减少，郊区化的趋势已经出现。远郊区的人口比重在下降。

这种蔓延式的城市空间发展方式显然是不可持续的。它使得城市中心区的废气、废物与废水排放得不到有效的缓解与稀释，城市的生存环境变得恶劣。蔓延式的城市空间扩张割断人与自然之间的联系，使人生活在一个纯粹的人工环境中，不利于城市居民的身心健康。此外，在科技日益渗入人们生活与工作的时候，由于对技术的不当应用，上海已出现新型的污染，直接干扰城市居民正常的生活与工作，损害城市居民的身心健康，如光污染和电磁污染。新型污染需要新的治理措施，提高城市管理水平。

（三）城市生态空间亟待提高

目前，上海中心城区集中了上海较多人口与产业。人口与产业活动量较大，产业技术水平有待提高，交通量大。上海人口增长致使资源、环境等承载能力紧张，中心城区生态空间亟待优化；上海整个城区的土地集约利用水平亟待提高，生态环境保护面临前所未有的压力，生态空间建设的难度不断加大。上海城市环境承载量过大，生态空间偏少。城市建成区之间连成一片，没有自然的间隔。对于城市面积建成区来说，各个城区之间的道路与通信设施相互衔接，城市的建筑密度、产业密度和人口密度落差不大，但是均较高。城市居住空间、交通空间和工作空间在一个半径为15公里的空间面积内具有一定的空间连续性与时间稳定性，但是生态空间偏少。应当采取更为严格的措施，重视监督、控制和减少居民和产业活动有关的汽车尾气和燃煤、燃油排放，重点控制工业和燃煤过程，更加关注柴油车排放和油品质量。此外，增加生态空间是上海中心城区发展生态城市的重要措施。

第二节　上海推进生态城市建设的状况与成效

上海致力于在2040年建设成为“生态之城”。为此，上海采取以产业转型的办法减轻经济增长与生态环境承载力之间的矛盾，促进产业结构优化升级，减少“三废”排放，奠定生态城市的产业基础；进一步完善重大环保基础设施，加强环境污染重点领域的治理；加强土地集约复合与高效率利用，优化城市生态空间，构建“双环、九廊、十区”多层次、成网络、功能复合的市域生态空间体系；积极构建政府主导监管、市场主体自律、业界自治、社会参与监督“四位一体”的环境保护监管体系。

一、形成以服务经济为主的产业结构，奠定“生态之城”产业基础

“生态之城”必须以绿色经济为基础。工业特别是重工业与化工业产生

的废气、废水和废物排放对城市环境保护具有较大的负面影响。上海是我国重工业与化工业基地，在浦东开发开放之前，上海的重工业与化工业在产业结构之中占有较大的比重。为此，上海产业结构调整经历了20世纪80年代的适应性调整和90年代的战略性调整。在“十五”期间，上海市政府对于偏于重工业与化工业的工业结构明确提出，要以“壮士断腕”的决心，加快对工业内部结构的调整。对于能耗高和原材料耗量多的传统产业，依照产业布局原则，转移到资源产地或郊区。在“十一五”期间，上海为建立生态城市的产业基础，提出形成“以服务经济为主的产业结构”的发展目标，对产业结构进行调整。

进入21世纪以来，上海市政府加强了对产业结构优化升级的力度，加大对劣势产业和落后产能淘汰力度，对于耗能大与排放量大的再生铝、水泥和有色金属冶炼等11个行业进行了整体性调整，对于重度污染环境的制革、印染、造纸、染料等工业企业进行关停并转。2014年，上海出台了全国首份《产业结构调整负面清单》，对于进入负面清单的产业与行业实行市场禁入。上海一方面通过约束性与强制性政策推进“三高一低”企业关停并转，减少和淘汰落后与污染性大的行业；另一方面通过提高行业排放门槛，鼓励低排放的产业与行业发展，推动产业转型。这些政策包括，通过差别化电价、结构调整责任考核制度等措施，促进上海产业结构向轻型化与高技术方向发展，实现节能减排。

通过产业结构调整与转型，上海工业经济经历了“十五”期间的平稳发展以后，第二产业增速从“十一五”期间开始大幅下降，占全市国民经济总量的比重也逐年走低。“十二五”期间，上海进一步促进服务业发展，转移重化工业。2016年，全市第二产业占GDP比重已降至29.11%，第三产业增加值占上海市生产总值的比重为70.5%，工业增量对经济的贡献逐渐降低。[①]产业轻型化发展特征明显，重化工业对工业产值的贡献率维持在原有水平，高技术产业和生产者服务业发展较快。由于工业比重不断下降，工业产生的废水、废气和废物总量呈现相对稳定状态。在规模增速下降的大趋势下，对

① 上海统计局：《2016年上海国民经济与社会发展统计公报》，上海统计局网站。

资源需求的增长速率亦会随之下降，特别是工业污染排放总量将向趋于可控的方向发展。从图 4-1 可以看到，上海生产总值不断趋于上升，上海废水排放总量较稳定，甚至趋于下降，其中工业废水排放总量则明显下降。工业废水排放总量从 1996 年的 11.41 亿吨降低到 2016 年 3.66 亿吨。[①]

同时，上海在节能减排增效方面狠下功夫。上海自 2004 年 6 月起发布实施《上海产业能效指南》以来，对指导本市产业能效提升、产业结构优化发挥了重要作用。至今它已经发布了 13 年，对于上海节能减排起到了较大的促进作用。上海于 2015 年出台了《上海市工业挥发性有机物治理和减排方案》和《上海市工业挥发性有机物减排企业污染治理项目专项扶持操作办法》。此后，上海的工业废水和废物排放量占全市排放总量比重下降幅度较为明显，从 1996 年 50% 降低到 2016 年 17%，工业废气主要污染物排放量近 10 年削减幅度超过五成。[②]2015 年，上海市规模以上工业万元增加值能耗较 2010 年下降 22.83%，年均降幅 5.05%；规模以上工业综合能源消费量 5352.84 万吨标准煤，较 2010 年下降 5.50%，年均降幅 1.13%，净减总量 308.51 万吨标准煤；规模以上工业占全社会用能总量的 46.8%，较 2010 年下降 3.3 个百分点，工业节能降耗成效显著。[③]

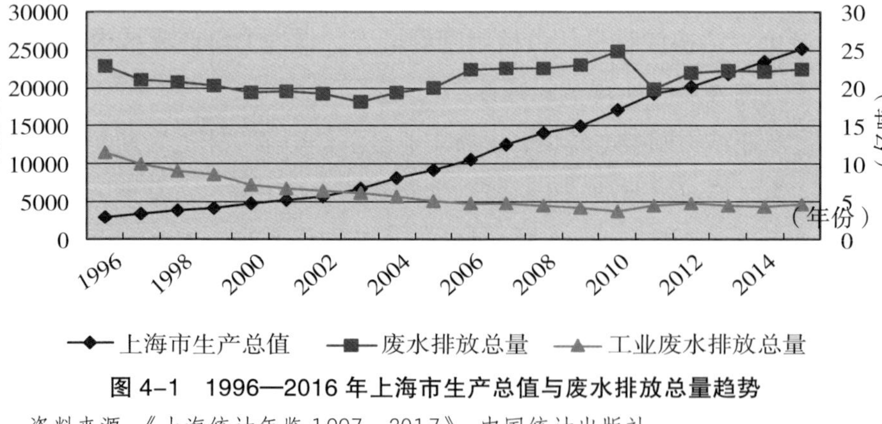

图 4-1　1996—2016 年上海市生产总值与废水排放总量趋势

资料来源:《上海统计年鉴 1997—2017》，中国统计出版社。

---

①《上海统计年鉴 1997—2017》，中国统计出版社。

②《上海统计年鉴 1997—2017》，中国统计出版社。

③ 上海市经信委:《上海产业能效指南 2016 版》上海市经信委网站，2017 年 3 月 23 日。

现阶段，上海进一步以环保倒逼产业转型，严格环境准入，进一步明晰明确 104 个工业区块的工产业定位，提高产业聚集度，工业区块之外的区域原则不得新建工业项目，加强工业区块之内的技术改造，对于新增的工业项目在环保方面实施严格的“批项目，核总量”制度。加强对包括 104 个工业区块的生产企业的事中事后监管，特别是以排污许可证为核心的监管制度，严格控制主要污染物排放总量，加强常态检查和运用信息化技术手段进行常规化管理，全面清理整顿违反环评制度建设项目。

二、建设重大环保基础设施，加强环境污染重点领域治理

从 20 世纪 90 年代浦东开发开放之后，上海不断加大对环境保护的财政投入。上海的环境保护投资从 1991 年的 7.6 亿元提高到 2016 年的 823.57 亿元，占全市生产总值也从 0.9%提高到 3.0%左右，具体如图 4-2 所示。[①]《上海市环境保护和生态建设“十三五”规划》明确，2016 年到 2020 年，上海在环境保护领域的总投入将达到 4400 亿元，相对“十二五”期间增长了约 35%。上海对环境保护的投资主要投入在重大环保基础设施和环境污染重点领域治理方面。

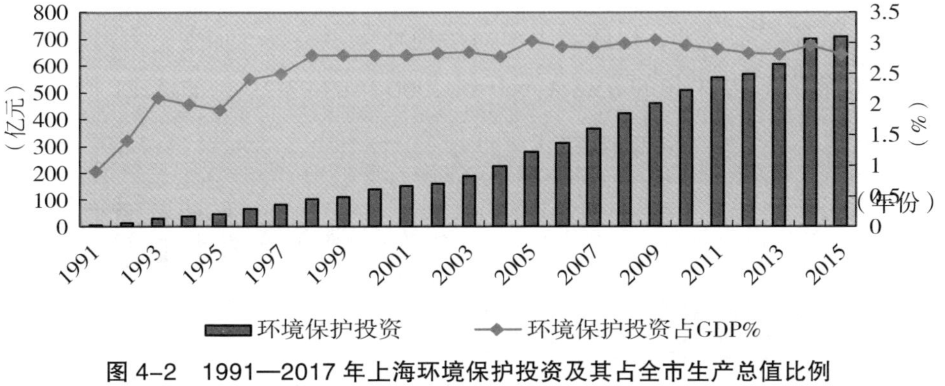

图 4-2　1991—2017 年上海环境保护投资及其占全市生产总值比例

资料来源：《上海统计年鉴 1997—2017》，中国统计出版社。

“十二五”期间，上海不断完善重大环保基础设施，相继建成了青草沙、

① 《上海统计年鉴 1997—2017》，中国统计出版社。

东风西沙水源地，提标改造污水厂网和污水厂建设、垃圾无害化处理体系。全市 16 家燃煤电厂脱硫、脱硝和高效除尘实现全覆盖。垃圾处理工程完成投资约 41 亿元，“一主多点”生活垃圾处理设施布局初步形成，在建生活垃圾末端处理能力达到每天 27000 吨，危险废物和医疗废物基本得到安全处置。老港固废综合利用项目全面建成；污水治理工程完成投资 33 亿元，白龙港污水处理厂、白龙港南干线、石洞口污水处理升级改造等污水输送干网和处理基地的建成，为实现全市污水设施改造达标提供支撑。

上海市政府先后制定了多轮的 3 年环境保护行动计划纲要，各区县根据市政府行动计划进行细化与具体化，制定确保区县级 3 年环境保护行动计划纲要，形成市与区县两级的环境保护行动纲要，并确保行动计划之中环境保护重点领域治理能得到实现。在上海市政府制定的第六轮《 2015 年—2017 年上海市环境保护与建设三年行动计划纲要》中，共设有土壤污染防治、固废污染防治、水环境保护、工业污染防治和大气环境保护等 8 个专项领域和若干保障措施，环保工程项目 232 个，总投资近 1000 亿元。在其中，水环境保护专项有 41 个项目是本轮行动计划的投资重点。以废水处理工作为例，上海的污水处理厂从 1995 年 17 座增加到 2016 年 53 座，污水处理厂处理污水量从 1995 年的 14665 万吨增加到 2016 年的 267954 万吨。在水环境质量上，伴随着上海对治理环境污染投入加大，上海的废水排放达标率从 1991 年的 65.3%上升到 2000 年的 93.2%。进入 21 世纪后，废水排放达标率基本稳定在 95%左右。[①]

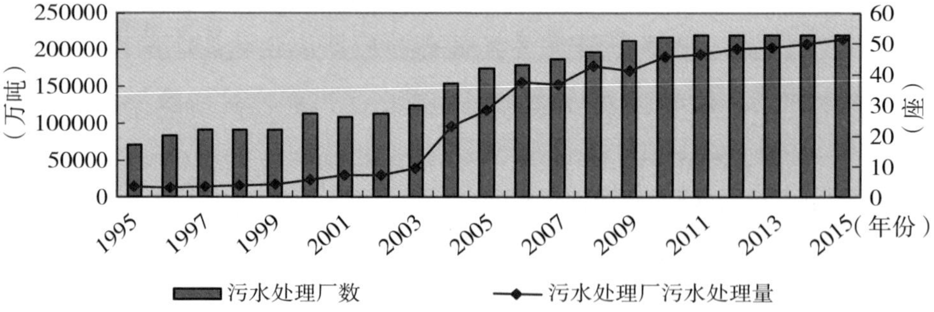

图 4-3 1995—2016 年上海污水处理厂数和污水处理量

资料来源：《上海统计年鉴 1997—2017》，中国统计出版社。

① 《上海统计年鉴 1997—2016》，中国统计出版社。

现阶段上海正在继续加大对绿色低碳循环发展的财政投入。加快推进郊区郊野公园建设；新开工虹桥污水处理厂、泰和污水处理厂等项目，推进 28 个排水系统、黄浦江上游水源地，泰和水厂扩建以及石洞口、白龙港、竹园等污水厂提标改造等项目，这些项目预计投资约 240 亿元；建设垃圾无害化处理项目，新开工上海老港再生能源利用中心二期，在完成中主城区生活垃圾无害化处理的基础，推进郊区县的奉贤、嘉定、闵行、松江等郊区生活垃圾无害化处理设施建设，这些项目预计投资约 46 亿元。

三、优化生态空间，建设城市生态网络体系

生态空间与城市绿化率对于城市环境保护和生态城市建设具有重要作用。进入 21 世纪以来，上海加大生态空间建设，提高城市的绿化率。上海根据《上海主体功能区规划》，结合《上海市基本生态网络规划》和《上海市环境保护和生态建设“十三五”规划》，重新划分上海城市功能区域，分为都市功能优化区、都市发展新区、新型城市化地区、综合生态发展区和限制开发区域，确定更为合理的城市生态建设的阶段性目标并采取重点举措。上海提出严守生态优化的发展底线，设立生态保护红线，设立并实施一级保护区和二级保护区。一级保护区是禁止建设区，是上海生态空间保护的核心区域，作为应实行最为严格的区域环境保护的管控政策，禁止与生态保护无关的开发建设活动。采取如此严格的措施的目的是恢复这些区的生态功能，逐步清理与生态保护无关的发展项目；二级保护区是以生态维护为重点的区，它是限制性建设区域，在区域之内不能有对区域生态功能具有损害作用的项目开发活动，市政基础设施和工程建设也要受到相关法规约束。在二级保护区之内，工业用地要不断减量，并对农村的居民实行搬迁工作。对于生态保护红线，上海采取分类与分级相结合的方式，全市共分为 15 类生态空间。在这 15 类生态空间之内，根据不同类型实行不同的分类分级的项目准入要求，以保证城市生态空间不断发展。

在建设和优化生态空间的基础之上，上海提出加强“滩、湾、江、湖、岛”等自然地理资源的保护力度，加强市域“环、廊、区、源”的城乡生态空间体系建设力度，构建“双环、九廊、十区”多层次、成网络、功能

复合的市域生态空间体系，形成“江海交汇，水绿交融，文韵相承”的生态网络格局。这些生态网络体系与格局，在空间上相互衔接，功能上相互补充，绿道网络上相互串联，从而形成覆盖全市域的、对全市居民有益的生态空间。在设立生态红线和保护区的基础之上，上海在生态空间体系强调“双环”建设，即外环绿带和近郊绿环建设，这“双环”能把中心城区与周边地区相对隔开，近郊与远郊相对隔离，防止主城区进一步扩展。

对于现存的工业用地，上海积极鼓励加强土地集约复合利用，提升存量土地利用效率，鼓励土地整治，加强空间联合治理，充分利用增减挂钩等政策手段，在土地开发周转指标范围内，实施“拆旧建新”项目区挂钩，推进建设用地节约集约利用。提高土地利用效率。对于郊区农业用地，上海积极促进基本农田集中连片，形成农田林网的复合生态空间，形成具有生态再生能力的非城市用地空间。

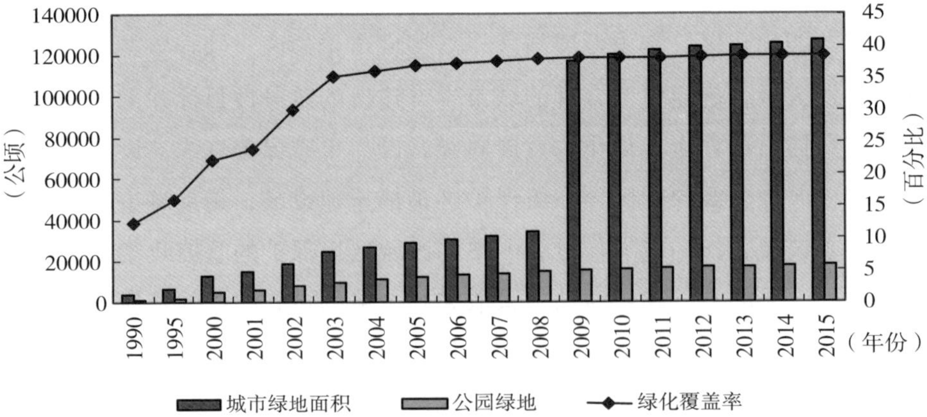

图 4-4　1990—2016 年上海园林绿地面积、公园绿地及绿地覆盖率

资料来源：《上海统计年鉴 1997-2017》，中国统计出版社。

由于环境投资逐年加大和有效的规划与建设，上海的城市园林绿地面积大幅度上升，1978 年全市园林绿地面积为 761 公顷，1990 年为 3570 公顷，2000 年为 12601 公顷，2016 年达到 131681 公顷；公园绿地面积 1978 年为 383 公顷，1990 年为 983 公顷，2000 年为 4812 公顷，2016 年为 18957 公顷。在城市园林面积不断提高的状况下，上海的绿地覆盖率也不断提高，从 1990 年的 12.4%上升到 2000 年的 22.2%，2016 年达到

38.8%，如图 4-4 所示。[①]

表 4-1　2004 年和 2016 年上海各主体功能区绿化情况比较

地区	城市绿地面积（公顷）		其中 #公园绿地面积		公园数（个）		公园游园人数（万人次）	
年份	2004	2016	2004	2016	2004	2016	2004	2016
总计	26688.89	131680.92	10978.57	18956.65	146	217	13380.57	21796.76
（都市功能优化区合计）	10952.69	20908.25	4587.38	6545.47	94	108	11643.93	17502.4
黄浦区	203.96	274.27	126.66	172.42	10	13	2581.53	2982.16
徐汇区	1043.12	1331.31	376.85	537.13	11	11	1752.95	2078.17
长宁区	1006.79	1061.49	363.83	464.81	11	13	1275.27	2706.47
静安区	71.50	767.24	27.48	294.06	2	13	228.50	1516.90
普陀区	903.82	1310.77	381.32	619.24	13	19	1307.13	3036.55
虹口区	349.29	411.85	132.09	155.10	8	9	1344.91	2146.52
杨浦区	918.77	1393.92	352.54	477.39	13	15	1256.69	1849.68
闵行区	3248.18	7445.98	1095.18	2462.26	8	22	378.98	689.73
宝山区	2759.25	6809.61	1563.27	2359.24	11	20	958.56	1336.70
都市发展新区（浦东新区）	9560.43	27750.65	4482.57	6609.08	20	35	1212.14	2256.62
（新型城市化地区合计）	6030.02	48752.48	1853.8		20		517.42	
嘉定区	1413.75	8619.33	693.59	1341.28	5	19	154.90	429.87
金山区	836.43	9263.20	325.54	657.64	7	8	73.07	121.31
松江区	1165.36	11780.91	389.68	1123.52	4	8	198.95	354.55
青浦区	1545.17	11689.58	278.23	833.67	3	7	51.72	80.58
奉贤区	1069.31	10992.44	166.76	487.49	1	2	38.78	166.00
综合生态发展区（崇明县）	145.75	30778.38	54.82	362.32	12	3	7.08	44.95

资料来源：《上海统计年鉴 2005—2017》。

① 《上海统计年鉴 1997—2016》，中国统计出版社。

四、健全环境保护法规，构建“四位一体”环境保护监管体系

上海在加大对环境保护投资与重大基础设施建设的同时，也重视环境监管和环境保护法规体系建设。在法规建设方面，上海先后出台和修订了《上海市大气污染防治条例》《上海市环境保护条例（2016）》《上海市绿化条例》《上海市植树造林绿化管理条例》等多项地方性法规。上海制定了《锅炉大气污染物排放标准》等十几项地方标准规范，以规范工业企业的“三废”排放问题，严格企业的排放标准，制定和落实污染企业的惩罚措施与生态补偿标准，通过环境保护电价和超量减排奖励等一系列政策促进生产企业节能减排。

在执法机制方面，上海不断健全环境监管体系，防止“多头管理”与“条块分割”造成监管真空，形成环境保护的执法机制系统集成，促进环境保护职能部门与行政执法、刑事司法相衔接，注重形成纵横联动的环境监管执法体制。同时，理顺环境专业执法与城管综合执法的关系。上海市政府要求建设、交通、水务、农业等部门分工负责，协作监管，形成执法联动机制。明确区县政府应当负有的环境保护的主体责任，以区县为基础，把环境保护纳入城市网络化管理体系，逐步扩大网格化管理的范围，将一些程序化与不需要仪器监测的事项纳入城市网格化管理范围之内，构建市、区、镇（街道、乡）、村（居委会）4 级环境监管网格体系，全面提升环境监管能力。对环境违法方面，上海持续保持环境执法高压态势，对环境保护违法违规企业进行严格处罚。上海市环境保护局贯彻落实相关环境保护法律规定，运用综合执法机制，加强公安、交通、住建、城管等不同部门的协管，运用法律手段，注重行刑衔接机制，加大环境执法合力，严厉打击环境违法犯罪行为。

上海市加大环境保护媒体宣传和违规环境污染的曝光力度，不断扩大社会力量参与环境保护的范围与深度。同时，运用现代化信息化技术与手段，创新环境监管的方式与手段，积极利用“互联网＋”和大数据等现代化信息技术，建立和完善环境监管信息共享数据平台，不断消除过去政府环境监管部门各自为政与“数据孤岛”的弊端，实现高效、透明与便捷的信息共享与监管。近年来，上海正在以建设政府各管理部门互联互通、信息共享的大数据平台为抓手，推动各部门相互配合，强化信息共享，优化

管理流程，推进监管执法严格化、政府服务高效化、社会监管多元化，形成权责明确、透明高效、快捷便利的环境监管机制。目前，上海市正在着力构建以政府环境监管部门联动为基础，以信息化技术为支撑，以法治为保障，社会中介有效评估效力的政府主导监管、市场主体自律、业界自治、社会参与和监督“四位一体”的环境保护监管体系与格局。

第三节 上海绿色生态城市建设

一、上海城市交通与生态城市建设

（一）上海城市交通特征

1. 相对低水平的大都市机动车保有量

上海市执行严格的机动车总量控制政策，因此尽管城市人口和平均收入均高于全国一般城市[①]，但与国内其他大都市相比，机动车总量保持了相对较低水平。2016 年，上海市私家数量为 242.66 万辆，相当于北京市私家车数量的 1/2，广东私家机动车水平的 1/6。表 4–2 是北上广三大城市的私家车拥有率，上海市机动车拥有量为 1002 辆 / 万人，北京市达到 2080 辆 / 万人，广州 1350 辆 / 万人。因此，上海市每万人私家车拥有量仅相当于北京市的 1/2 左右。但另一方面问题也存在，即尽管采取机动车总量控制政策，还有相当数量的外地牌照机动车长期在上海行驶。根据相关数据，外省市牌照的机动车占 22%—26%。

表 4–2 2016 年上海、北京、广州私家车拥有率

城市	私家车（万辆）	车辆拥有率（每万人车辆）
北京	452.04	2080
上海	242.66	1002
广州	184	2115

资料来源：《中国统计年鉴 2017》等。

① 从人均可支配收入看，2000 年上海人均可支配收入为 11781.01 万元，高出全国平均 86%，高出北京平均值的 13%，高出广州 20%。

2. 以轨道交通为主的公交出行方式

上海的公共交通主要包括路面公交和轨道交通。上海市路面公交汽车近年来保持在 1.6 万辆以上，且近年来上海市公共汽车已由柴油公共汽车转为以电动汽车为主。轨道交通方面，上海市的轨道交通发展较快，至 2016 年上海的轨道交通运营里程达到 617.53 公里，客运量超过 340106 万人次。城市公共交通是上海市民出行的主要交通，城市公共交通的运营情况见表 2。

表 4–3 上海公共交通发展变化

指标	2000 年	2010 年	2015 年	2016 年
公共汽电车				
公交线路长度（公里）	23260	23131	24027	24169
公交线路条数（条）	978	1165	1429	1457
运营公交车辆数（辆）	17939	17455	16531	16693
公交客运总量（亿人次）	26.49	28.08	25.49	23.91
轨道交通				
运营车辆（节）	216	2842	3797	4025
轨道交通线路条数（条）	—	12	13	15
运营线路长度（公里）	62.96	452.57	617.53	617.53
客运总量（万人次）	13556	188407	306798	340106

资料来源：《上海统计年鉴（2010—2017）》。

3. 公交出行比例不断提升

据 2010 年上海市第五次居民出行情况调查，2005 年以来，上海市非机动交通出行比例有所下降，由 1995 年的 69.1% 下降至 2009 年的 39.7%，公共交通由 20.4% 上升到 25.5%，个体机动交通则从 7.9% 增至 20%。随着上海市加大了公共交通建设力度，市民轨道公共交通出行的比例逐年上升。从公共交通方面看，2016 年上海市公共交通客运量稳步攀升，日均客运量约 1800 万人次。公共交通运输中，轨道交通日均客运量分担率提升至 50%；公共汽（电）车日均客运量占比 36%；出租汽车分担率为 13%；轮渡日均客运量占比近 1%。出行结构变化对交通能源需求和温室气体排放有显著影响。

表 4-4 上海市居民出行结构 （单位：%）

年份	公共交通	个体机动车	电动车	非机动车
1995	20.4	7.9	3	69.1
2004	24.6	17.8	5.3	52.3
2009	25.5	20	15.2	39.7

资料来源：根据陆锡明的《上海市第五次居民出行调查与交通特征分析》整理。

4. 共享自行车成为末端交通主要方式

为提倡市民绿色低碳出行，2017 年起上海市开始在市区内投放共享自行车。2017 年 4 月，上海市交通委根据《上海市道路交通管理条例》《上海市交通发展白皮书》，以及《上海市非机动车管理办法》和住建部、发改委、财政部关于加强城市步行和自行车交通系统建设的指导意见及政策法规，发布《上海市规范发展共享自行车指导意见（试行）》。该意见对上海城市共享自行车的功能定位是：以互联网技术为依托构建平台，由经营企业投放自行车辆，为市民提供日常短距离出行和对接公共交通等主要功能的自行车租赁服务。该意见强调以交通供给侧结构性改革为引领，以优先满足短距离出行和对接公共交通需求为导向，鼓励支持共享自行车发展。在政府的积极支持鼓励下上海市的共享自行车发展迅速，据 2017 年上海产业转型发展研究院等单位联合发布的上海市共享自行车发展情况报告：共享自行车的 51% 投放在上海各地铁周边五百米范围内，且 80% 的上海市民骑行距离在 3 公里以内，人均骑行距离 1.8 公里（上海市的人均骑行距离在全国其他参与统计的城市中为最短）。这些数据表明上海地铁覆盖广、渗透高，更多的市民开始选择使用共享自行车连接地铁交通。从统计数据看，在共享自行车出现之前，上海的城市自行车出行在总出行中的比重为 5.5%，2017 年快速上升到了 11.6%，以共享自行车代步已成为上海城市出行的一个重要方式。

（二）城市交通能耗及城市环保

表 4-4 是与城市交通相关的城市环境评价。其中上海市城市交通的一氧化碳百分位浓度为 1.3，从表中可以看到这一数值小于北京。从城市空气

优良天气数看，上海市为 276 天，高于北京市的 198 天。分析其中原因主要在于上海公共交通的能耗结构的多样性，上海公共交通采用的替代能源和电力在此发挥了积极作用。其次是机动车交通，上海的汽油能耗均比较低，这是由于上海零排放的电力车辆在城市交通中的比例较高，至 2016 年底，上海市累计推广新能源车超 10 万辆，在全国率先成为新能源汽车推广总量逾 10 万辆的城市，同时跃居全球新能源汽车保有量最大城市。据 2017 年《上海交通行业发展报告》：2016 年上海市交通行业能源消费总量约 2200 万吨标准煤，占全市能耗总量 4.6%。[①] 从结构上看，其他城市的机动交通的能耗均超过公共交通。而公共交通耗能的比重是：路面公交电汽车的公交能耗中的比例约为 24%，轨道交通能耗约为 32%，出租汽车能耗比例超过 43%，与出租汽车在公共交通中承担的出行比例（上海出租车承担出行量近 13%）相比，其能耗比例显然过高。

表 4–5 与交通相关的城市环保质量评价

城市	一氧化碳百分位浓度	空气细颗粒物 $PM_{2.5}$（$\mu g/m^3$）	空气优良天数（天数）	交通噪音［dB（A）］
北京	3.2	73	198	69.3
上海	1.3	45	276	69.7
广州	1.3	36	310	69.4

（三）交通层面的上海生态城市建设

从上海的城市交通特征和上海市城市交通的能耗强度，以及上海城市的环保质量来看，上海以公共交通为主的出行方式，较低的能耗比例和较好的城市环境评价，都应归功于上海市严格的机动车总量控制政策、公共交通发展政策以及非机动交通的广泛利用。尽管如此，近年来，上海市的机动交通能耗仍在上升。2017 年的《上海交通行业发展报告》显示，2016 年上海市交通行业能源消费总量较上年增加 6%。这一是与尚需提高的公

① 这一指标与北京相比，北京的交通耗能占全市能耗总量的 7.0%，这其中的部分原因与北京市交通机动化率较高有直接关系。

交出行比例相关，与纽约、伦敦、东京等国际大都市相比（如东京的中心城区公共交通出行超过 36%），上海的公共交通系统还有发展空间，尤其需要在客流吸引力方面还要做更多努力。二是上海市摩托车保有量较高也是造成能耗和环境问题的原因之所在。由于载客人数有限，摩托车的能耗和排放强度并不比私家机动车低，这也是在上海市机动车保有量较低，但城市交通汽油消耗量并没有明显低于北京的原因之一。因此如何通过管理制度加强对摩托车保有和使用的管理是上海降低交通能耗面临的问题之一。除此之外，出租汽车能耗比例约占公共交通 43% 以上，与其承担的出行量极不相符。从节能减碳的角度看，上海市应进一步改善出租汽车耗能方式，包括进一步推广出租车的电动车改换。

从以上数据看，上海市要进一步降低城市交通能耗比例依然面临挑战，一旦机动车总量控制政策出现变动，相应能耗和排放或许将出现"井喷"。因此在其他相关政策（例如有效控制机动车的使用）完善之前，不能轻易取消机动车总量控制政策。此外是非机动交通。随着机动化的发展，非机动交通逐步被替代。但非机动交通是低碳交通，是生态城市建设的重要组成部分，因此在可持续城市交通政策框架中，充分重视和保护非机动交通环境，也是降低交通能耗和减少交通环境污染的策略之一。但提升非机动交通不能以交通论交通，需要综合的解决方案，如紧凑城市建设、综合开发，以及共享自行车等。

案例 1　东京用交通构建美好城市空间

交通是城市重要基础设施，而减少交通拥堵、创造便捷顺畅的城市交通出行环境是城市管理特别是改善大都市环境的重要任务，也是低碳社会发展的客观要求。近年来城市机动车出行数量不断增加，城市交通拥堵现象日益严重，给城市交通管理以及城市环境治理带来巨大压力。一些城市加速扩宽道路，改自行车道为机动车道，然而并未解决交通拥堵问题，反而增加了机动车出行。还有一些城市通过限制车牌号和采取限行等方式控制和减少机动车出行。但事实上城市机动车出行的增加受多方面因素的作用和影响，单一通过控制车牌号或限号控制机动车出行往往难以收得理想的效果。一是限制出行没有考虑机动车出行的需求，限制机动车出行的管理方式与构成机动车出行的因素没有直接关联，不仅难以有效缓解因机动车出行不断增加给城市管理带来的压力，还会对正常出行需求产生不良影响；二是作为城市管理，车辆限行缺乏长期可持续性，只有既满足出行需求又能保证交通畅通的管理方式才有可能长期可持续。城市交通问题的源头在于城市规划和设计，日本东京用交通构建美好城市空间表明，解决城市交通问题要从规划源头开始，通过综合方案，通过新科技的利用完善公共交通，通过紧凑型城市建设和新交通节点建设解决城市交通拥堵问题，解决机动车出行带来的一系列问题。东京经验为如何规划城市交通提供了有益的借鉴。

1. 东京“交通构建美好城市空间”的主要内容

（1）促进城市的便捷与畅通

在交通构建美好城市空间方案中，促进城市的便捷与畅通包括以东京城市环线为主的城市道路交通建设、以陆海空协作为主的城市立体交通网络建设，以及以多摩为核心的城市新交通节点建设。

①以环线为主的城市道路交通建设

东京环线是指围绕东京的三条环线道路，分别是首都高速中央环线、东京外环线、圈央道。在东京，与放射状道路相比，城市道路交通建设中的环状道路建设相对落后，因此也是东京发生交通拥堵的主要原因之一。为解决城市交通拥堵问题，提升城市功能，“交通构建美好城市空间”规划提出通过三环道路建设形成首都圈更大范围的高速道路网，缓解东京中心城区以及周边的交通拥堵，缩短通行时间，改善城市环境，提高城市物流效率。

表 4–6 环线建设目标

规划目标	内 容
缓解城市交通拥堵	（1）缓解三环路交通建设将使圈央道内侧的约 600 处主要交通拥堵；（2）实现东京中心城区交通高峰时段的车辆平均速度约 25km/h（2005 年的车行时速 18.8km/h）
缩短通行时间	（1）新宿—羽田国际机场通行时间可由目前的 40 分钟提高到 20 分钟；（2）八王子至筑波的通行时间由现在的 3.5 小时缩短至 1.5 小时

续表

规划目标	内　容
改善城市环境	可以削减都市圈 CO_2 排放量 200 万吨—300 万吨 / 年（是目前东京都年排放量的 3%—4%）
提高物流效率	（1）确保紧急运输道路降低运输成本约 1 成；（2）在提高首都圈的防灾能力等方面发挥作用

资料来源：根据东京都的《东京未来 10 年》及《2020 年的东京》文献整理。

②陆海空协作为主的立体交通网络建设

机场和港口是东京对外联系的重要通道，是东京都市圈交通的重要构成部分。合理组织陆海空对外交通，不仅能够提升和体现城市实力，也关系整个城市交通状况改善。“交通构建美好城市空间”建设便捷畅通东京中，陆海空协作立体交通网的建设不仅保证城市机场、港口人流和物流畅通，同时在竞争日益强烈的国际环境中，通过改善东京陆海空对外交通状况可有力支撑提升东京作为东亚航空航运中心的国际竞争力。

表 4-7　陆海空立体交通网络建设

项目	建设内容	战略目标
陆	（1）改良成田新高速铁路的开通和日暮里站，改良京急蒲田站等。（2）改变桥梁耐力不足的情况和改善十字路口、交通瓶颈路线的交通阻塞。（3）建设圈央道、建设机场附近和多磨地区的物流集散地	（1）提高成田机场使用率，扩大羽田机场的使用率。（2）提高港湾地区的使用率。（3）提高羽田机场的国际化
海	（1）建设新的码头，扩大主干航道和亚洲航道，以适应现有码头利用和货物需求扩大。（2）有效利用 IT 技术，使用 IC 标示削减港湾成本，将交货周期在 10 年内从 2.4 天缩短到 1 天，物流成本减少二成。（3）改善和扩大港湾设施	（1）在亚洲各国大规模建设港湾，亚洲与北美、欧洲主干航路吞吐量不断增加情况下，保持东京港的国际港湾的地位。（2）使东京港在成本、支付周期等服务方面得到提高。（3）满足货运增加、船舶大型化发展趋势，参与亚洲主要港湾的竞争

续表

项目	建设内容	战略目标
空	（1）在 2009 年扩大羽田国际机场 1.4 倍容量基础上，通过增加国际定期航班，提高羽田国际机场的国际化水平。（2）2009 年完成成田机场的平行航线建设，扩大机场容量。（3）推进横田机场的军民共用，以应对首都圈西部地区的航空需求	（1）改善首都圈机场在国内线和国际线容量不足的问题，满足日益扩大的航空需求，满足各大航空公司不断增长的航班及建设新航路的要求。（2）改善羽田国际机场和成田国际机场国内和国际航线换乘中转的时间消耗，提升东京都作为东亚航空中心的国际竞争力

资料来源：同表 4-6。

③以多摩为核心的首都圈新空间节点建设：多摩方案

多摩位于日本琦玉县和神奈川县的交通枢纽地区，人口超过 400 万。以多摩为中心跨琦玉和神奈川两县的区域又被称之为“广域多摩区”。“广域多摩区”以拥有众多大学、研究机构和创新型企业著称，在其周边有筑波的基础研究中心和城南地区的基础技术产业基地，此外琦玉至横滨的沿海地区是众多研发机构和生产企业的聚居和集散地。“广域多摩区”在人员和物资等方面有着较大的交通需求。“交通构建美好城市空间”将“广域多摩区”纳入便捷畅通东京建设之中，以期通过首都圈新的空间节点建设实现各地区的连接和相互交流。多摩方案包括多摩交通系统建设和多磨技术产业区建设。

多摩系统交通建设，一是借圈央道和多摩南北道路建设的契机，加强了多摩地区与琦玉、神奈川和山梨等县的联系，促进多摩地区同周边地区的联系。二是结合横田机场的民用化，为多摩地区发展成高度自治性的首都交通节点创造条件，促进多摩基础建设和交通设施使用率的提升，使多摩地区发展成首都圈的中心地区。

多摩技术产业区建设，一是利用东京三环路为框架的高速道路体系，联合筑波和京滨等地区，促进广域多摩地区、筑波、城南地区和京滨地区的产业技术和交流，促进新技术和产品的开发，以及进一步推进产学研联合，培养高智能信息家电和微型机器（MEMS）等领先制造产业。二是利用羽田机场国际化和横田基地的军民共用，扩大广域多摩地区和东亚各国以及国内其他城市间的交流，促进广域多摩地区的技术革新和新型产业的形成，成为本地的研发业务基地。将广域多摩地区建设成为“多摩硅谷”，不仅是首都圈而且是代表亚洲的产业集散地。

（2）无出行负担城市生活环境

创造无负担生活环境包括以下三个方面：一是完善城市公共交通，二是以车站为中心的紧凑型城市建设，三是有计划地维护社会资本。

①完善城市公共交通

完善城市公共交通是配合三环建设进一步确保公共交通的准时和快捷。同时，利用道路空间研究新型公共交通方式，使公交成为市民出行的主要选择，改善东京都市圈的交通拥堵。具体的措施有以下六项：一是灵活运用公共交通车辆优先体系（PTPS）建设公共交通标准，提高车辆的准时性和便捷性。二是发挥轨道交通的作用，重新改编公共交通线路和运行次数，引进环保型车辆扩大新型公交服务。三是为保障高龄者的外出和促进市区土地的高效利用，引进新型环保公共交通车，营造新的地区交通环境。四是在公共交通车停车站安装 IT 技术信息显示装置，发挥站点信息发布功能。五是推进地铁规划项目的建设，研究新型路线未来的运输需求动向。六是灵活运用道路空间，研究新型公共交通体系，引进环境负荷较少的 LRT[①]。

此外，完善城市公共交通还包含技术与环保两个方面。技术方面，一是开发和应用 ITS 等新技术控制交通动向[②]，减少交通拥堵，体现城市公共交通的安全快捷的优势。二是促进有效使用道路交通。运用最新的 ITS 技术通过覆盖广泛的交通信息系统提供最优路线信息。三是引进安全驾驶支持系统，实现东京的无事故交通。环保方面，一是积极采用低公害车型，促进普及低公害及低排放车辆，进一步减少车辆的 CO_2 和大气污染物质排放。二是增设自行车道，提高自行车的有效使用。三是完善交通规则，制定车辆停放的对策措施。

---

① LRT—Light Rail Transit 的略称，意为通过灵活低盘式的车辆，改善停车站，在发车方便性、准时性、快捷性、舒适性等方面，构筑优质的下一代轨道交通体系。

② 通过设置指示标，设置路向，通过天线，能够收发车辆位置坐标和交通信息等装置的措施。

②以车站为中心的紧凑型城市建设

以车站为中心的紧凑型城市建设目标，就是创造不完全依靠车辆的城市生活环境。对此提出的五项具体措施：一是地区与铁路企业合作，在以车站为中心的步行圈中开发商业、医疗福利、住宅、文化、体育等设施，形成能够通过步行和公交满足出行需求的城市社区环境。二是加强站前广场的人行通道建设，在车站周边形成方便步行的交通环境。三是充分利用商业街的空闲店铺和公共空间建设集会场所、绿地、公园等公用设施，提升城市活力和促进交流。四是社区、居民、企业、专家等齐心协力共同建设有活力、有个性的城市。五是以车站和周边地区的集散地为示范区，发挥政策的引导作用，推进以车站为中心的站区改造，加强城市功能建设。

2.东京“交通构建美好城市空间”的要点及作用

东京用“交通构建美好城市空间”的核心是城市立体交通网络、城市交通节点（多摩网络节点建设），以及紧凑城市（以车站为核心的无出行负担社区环境建设）和步行街建设等。这些措施在构建美好城市空间中的作用可概括为以下方面：

（1）节点中心城市

以多摩为核心的大都市新交通节点建设是东京“用交通构建美好城市空间”中的重要内容。根据城市交通特性和城市不同空间交通方式，机动车分担率等各不相同。其中城市规模越大，节点区域即中心区的公共交通出行水平越高，机动车的出行分担比例越低。以东京为例，东京都市圈平均的机动车分担率是33%，中心城区的机动车分担率为21.4%，而远周边地区机动车分担率是55.8%。这既是中心城完善的基础交通影响交通方式，也包含出行习惯和紧凑城市建设所产生的影响。“用交通构建美好城市空间”，主要是利用多摩在都市圈建设新的交通节点，意在大都市圈形成又一个经济社会发达区，满足区域人口就业、通勤、生活等需求，从而有效控制和减少大都市圈机动车出行总量。东京正是靠着多中心空间结构保持了以公共交通出行为主的交通可持续发展局面。

（2）紧凑型城市建设

从减少机动车出行来看，建设密度是影响选择出行方式的重要因素。因此交通构建美好城市空间从交通角度提出城市建设中的土地利用问题，包括增加步行区和公共基础设施建设满足因私出行需求等。鼓励紧凑型开发不仅增加区域人口集聚，从交通角度看紧凑城市建设使区域内有满足因私出行需求的功能设施，因此可以降低由因私出行增加导致的机动车出行上升，同时有利于创造公交出行环境，控制和减少大都市机动车出行。

（3）加强步行区域建设

步行区域是指出行时间在 20 分左右的区域，在这一区域根据城市交通需求特性是以步行为主。因私出行是日常重要的出行内容，其中包括日常购物、就医、会友、就餐、娱乐等。因此，用交通构建美好城市空间关注在步行区域内完善和充实相关公共服务设施和商业服务设施，使日常生活所需的因私出行能够最大限度在步行区域内完成，对于减少机动车出行具有重要意义。

3. 东京“交通构建美好城市空间”的启示

（1）解决交通问题需要多方面措施支撑

交通拥堵等问题作为城市病已在国内的许多大中城市蔓延，而解决交通拥堵的主要措施集中体现在加速道路等交通设施的建设，但现实情况是交通拥堵依然存在，且趋于严重。东京解决交通拥堵的做法值得思考，解决交通拥堵不单纯是道路建设，而需要多方面措施支撑。环线道路建设能够形成更广泛的道路交通网疏导交通。强化机场功能，加强机场交通，不仅考虑到城市发展的需求，而且要从缓解交通问题出发。机场交通是城市交通的重要构成，是城市的对外联系通道，如果各区域通往机场有直线交通也能对缓解交通起到非常积极作用。此外，培养新城也是影响交通流量和交通流向的有效措施。

（2）新城中的独立交通系统建设非常重要

新城需要交通做支撑，这是众所周知的道理。东京在解决交通前提下的新城培育，虽然似乎与我们单纯讨论的发展新城的出发点有所不同，但仍值得我们借鉴。多摩方案中从 4 个方面规划了新城发展战略。从交通方面，多摩的交通建设方案不单是畅通中心城的联系，更多强调的是与周边区域的直达式联系。这决定了新城不再依赖中心城而是具备了独立的交通枢纽功能。从功能角度，该方案强调了积聚多院校、多研发、多企业资源的“多摩硅谷”定位。从区域外联系角度，航空保证了“多摩努力”成为不仅代表都市圈而且代表亚洲的产业集散地。新城只有具备特定的功能、具备独立对内对外联系能力才有可能作为城市自主运行，实现发展。

（3）公交和紧凑型城市布局是无负担出行城市生活的基础

东京有世界上交通网络密度最高、正点率和安全性最好的铁路网络体系，但是面对老龄化社会，出行无负担，提高交通的舒适和便捷程度、减少环境负荷，依然是东京交通建设的重要课题。未来东京在提高公交舒适、便捷，推进以车站为中心的小型城市建设，以及管理好社会资本三个方面仍会继续提升，仍会力争创造舒适无负担的城市生活环境。中国同样面临老龄化和环境要求等问题，因此，如何满足时代要求，成为城市管理必须讨论的课题。交通与城市建设同心协力才能真正有望实现舒适无负担的城市生活环境。

二、上海能源消耗与生态城市建设

（一）上海能源发展历程

1985 年到 2016 年的 30 多年中，上海经济快速发展，伴随着经济发展能源消费总量从 2553.21 多万吨标准煤增加到 1.17 亿吨标准煤，以年均 5.14%增速实现这一发展（表 4-8）。其中经历了以煤炭、石油、天然气和各类非常规油气资源开发利用为主的石化能源的开发利用时代，也经历了以可再生能源的开发利用为主，包括水能、风能、太阳能，以及广义层面上的核能利用的新能源开发利用。从发展速度看，1995—2010 年是上海能源消费增长率呈快速上升的时期，2005 年增速为 9.2%，成为历年增速最快的一年。2005 年后基于国家对高耗能产业的宏观调控，上海的能源消费增速开始下降，进入“十三五”时期，随着国家加大节能减排力度以及上海经济转型发展，能源消费年均增长率降低到 2%以下，实现了能耗低速增长、经济高速增长的良好发展态势。

表 4-8　上海主要年份能源终端消费量构成　（单位：%）

年份	能源终端消费量（万吨标准煤）	其中				能源消费比上年增长
		第一产业	第二产业	第三产业	生活消费	
1980	2130.56	0.03	0.78	0.09	0.10	-0.6
1990	3098.82	0.02	0.77	0.13	0.08	2.6
1995	4250.44	0.02	0.79	0.12	0.07	6.9
2000	5226.81	0.02	0.69	0.20	0.09	6.9
2005	7796.9	0.01	0.62	0.29	0.08	9.2
2010	10501.04	0.01	0.58	0.32	0.10	6.2
2015	11549.55	0.01	0.54	0.35	0.11	2.7
2016	11861.72	0.01	0.52	0.36	0.11	2.9

资料来源：《上海统计年鉴》。

表 4-8 是上海主要年份能源终端消费量构成。从中可以看到 20 世纪 80 年代至今，上海的能源消费变动总体趋势是：在生产能源消费降低变化的同时，生活性能源消费和服务业性耗能成为能源消费的主体，这种变化标志着经济增长与能源消费不再具有较强相关性，而生活和服务能源消费的结构将决定能源消费总量的发展趋势。处于上升趋势的是生活用能、服务业用能。这些具有一定的刚性；而呈下降趋势的是工业能耗。随着上海的产业结构调整、原材料工业对外产业转移，工业能耗总量仍有较大下降空间。这种能源结构一升一降的变化相抵的结果决定了上海能源消费的规模。

（二）形势与任务

2011 年 11 月上海市人民政府印发的《上海市能源发展“十二五”规划》通知首次将上海能源总量纳入五年规划当中，其中确定了“十二五”能源消费总量控制目标为 14000 万吨。2017 年，上海又颁发了《上海市能源发展“十三五”规划》，在延续“十二五”能源发展方针的基础上，强调能源事关经济社会发展全局、紧密联系人民群众生活，要贯彻落实创新、协调、绿色、开放、共享五大发展理念，牢固树立能源安全底线、生态环保红线、转型发展主线的“三线”思维，争取到 2020 年率先建立与社会主义现代化国际大都市相适应的安全、清洁、高效、可持续的现代能源体系，实现2020年全市能源消费总量控制在1.25亿吨标准煤以内，年均增速在1.9%左右。煤炭消费总量实现负增长，进一步提高煤炭集中高效发电比例。全社会用电量预计控制在1560亿千瓦时左右的总量控制目标。其中重点是：

1. 安全为本

以保障供应为核心，以多源共济为抓手，以科学技术为支撑，以预测预警为重点，进一步提高供电、供气的可靠性。适度超前规划建设能源基础设施，保留电源、电网、油气管网等规划选址。充分利用国际、国内两个市场，拓展新的油气资源，提高天然气应急储备调峰能力。加强电力需求侧管理，发挥价格杠杆作用，提升电网调峰性能。优化调整外来电结构比重和运行方式，降低外来电单一通道比重。加强长三角区域合作和协调，提高能源资源互联互保和余缺调剂能力。全面落实各级安全责任，深化安全风险管控，提升对突发事件、自然灾害的应急处置能力。

2. 绿色高效

统筹能源与经济、社会、环境等协调发展，通过转变能源发展方式，带动产业结构升级和生产生活方式转变，实现以较少能源消费支撑经济社会发展。推动能源供给侧结构性改革，优化一次能源结构，提高能源清洁利用水平。实现全社会煤炭消费总量负增长，进一步加大天然气替代力度，大力发展太阳能、风电等新能源。提高城市电气化水平，提高电力在终端能源消费中的比重。把节能优先贯穿于生产生活、能源发展等全过程。

3. 创新融合

争取从能源资源的输入城市转为能源要素的输出城市，重点提升能源科技创新、能源应用示范、能源市场交易、能源金融投资等功能，输出更多能源技术、服务、定价、资本、人才等。加快燃气轮机、核电、储能、高温超导等关键核心技术攻关，努力推动分布式能源、智能微网、新能源汽车等示范应用。加快能源互联网试点示范，不断提高能源利用的智能化水平和效率。积极稳妥推进能源体制改革，加快完善电力、天然气等能源要素交易平台和能源大数据建设，推动商业模式创新。

（三）上海城市能源与生态城市建设

面向 2050 年，上海将进一步改善能源结构，大力发展以天然气为主的清洁能源，以及通过改善航运结构，全面推广低硫油、岸电技术和清洁燃料等作为上海能源与生态城市建设的重点。在能源结构方面，当前上海清洁能源占全部能源消费的比重只有 15%，远低于欧洲国家的 40%—60%；而船舶航运排放的大气污染物占上海 $PM_{2.5}$ 的 10%，且仍有上升的趋势。为此，上海明确了大力发展以天然气为主的清洁能源，提出将清洁能源占上海全部一次能源消费的比重从目前的 15% 左右提高到 2027 年的 45% 的目标；提出通过改善航运结构，全面推广低硫油、岸电技术和清洁燃料等多项措施，在 15 年内将船舶航运业的大气污染排放降低 50% 的目标。为实现上述目标，制定了既符合上海能源实际，同时对国际社会、对人类城市能源发展具有启发性、引领性的能源发展战略。

表 4-9 能源终端消费量构成 （单位：%）

项目	原煤（万吨）	焦炭（万吨）	燃料油（万吨）	汽油（万吨）	煤油（万吨）	柴油（万吨）	其他石油制品（万吨）	热力（万百万千焦）
总 计	0.05	0.04	0.04	0.05	0.04	0.04	0.02	0.72
生产消费	0.97	1.00	1.00	0.60	1.00	0.92	1.00	1.00
第一产业	0.00	—	—	0.03	—	0.03	—	0.00
第二产业	0.91	1.00	0.03	0.08	0.00	0.12	1.00	0.98
第三产业	0.06		0.97	0.49	1.00	0.78	—	0.02
生活消费	0.03	—	—	0.40	—	0.08	—	—

资料来源：《上海统计年鉴》。

1. 构建相对独立的经济增长模式

上海人均 GDP 超过 1.4 万美元，第三产业的比重高于第二产业，在“十一五”时期已进入后工业化阶段。按照工业化进程中产业结构升级规律，主导产业的更替将呈现由轻工业到原材料工业，再由原材料工业到高加工度工业，再到服务业的发展轨迹。后工业化阶段的工业发展趋势是以装备制造业为主的高精度加工工业对原材料工业的替代，上海工业结构变动也符合这一规律。未来 30 年，上海高精度加工工业对原材料工业的替代进程还将延续。由于装备制造业的能耗强度不到原材料工业的 1/10，而构建与能源相对独立的经济增长模式的关键是工业结构变动，通过装备制造业与原材料工业的比重变化，降低高能耗强度的原材料工业比重，促进上海工业能耗强度下降，摆脱对高能耗工业的依赖。

2. 构建节能型城市空间结构

塑造可减少总出行量的城市形态。从城市规划入手减少人口出行量，缩短人口出行距离是解决城市交通问题的先决条件。引导城市用地朝通勤短程化和功能混合化方向发展，及时疏解城市功能，鼓励近业择居，尽量减少“职住分离”现象。与此同时，增加财政投入力度，在居住人口密集和教育资源薄弱地区建立较高水平的中小学和幼儿园，使适龄儿童、少年就近入学，确保减少交通流量。调整医疗等公用设施建设布局，尽可能减少交通产生源。深入开展政府部门网上申报、网上审批等网上公共服务，完善城市服务功能，减少市民“公事出行”数量。建设森林城市，改造城市生态环境形态。创建一个弹性、健康和多样化的森林城市，降低城市热岛效应，减少雨水流量和养分负荷，减轻空气污染，减低空气中的微粒和温室气体排放，提高生物多样性水平，同时降低能源成本。

3. 构建清洁再生能源系统

构建以清洁和可再生能源为主的能源设施系统。升级电网，建立一个清洁的电力系统，支持高效、灵活、可靠和可负担的电力供给，可消纳、承受电网中高比重的可再生能源电源。采用“系统思维”开展跨行业整合，以“系统思维”优化电力系统的投资和确保有效管理，加大化石能源的清洁利用，降低化石能源排放（煤电达到天然气发电的排放水平）；加大光伏、风电、生物质、地热能等可再生能源基础设施的建设规模；通过发电、输配电和电力消费环节的技术选择，发展经济高效的一体化电力系统。从长期需要着眼，整合供应、输配电和需求等部门的技术和政策，同时通过“系统思维”促使所有利益相关方优化现有的基础设施，进行一体化的研发、示范和推广。

4. 构建以碳税为核心的能源政策体系

在可再生能源推广应用过程中，从有配套机制受监管的环境转变为市场化环境会大大增加投资者的风险，有必要通过碳定价的刺激，或者其他的替代政策工具，激发竞争性市场的低碳投资。

监管和市场转型能够帮助激发技术的发展潜力，采取必要的激励和强制相结合的政策手段，包括上网电价、基于产出的补贴和配额制度，推动低碳投资，并对这些机制的效果进行评估，以确定是否需要用新的政策方案替代。

5. 构建全新的能源与建筑的关系

太阳能电源系统和建筑结合，将使太阳能电源向替代能源过渡，成为世界能源结构的重要组成部分，从而改变太阳能电源在世界能源中的从属地位。推广光伏建筑一体化（BIPV），在包括大楼幕墙或外墙、大楼、停车场的遮阳棚、大楼天井、斜顶式屋顶建筑、大型建筑物屋顶／隔音墙等，个人住宅、商业大楼、学校、医院楼、机场、地铁站站台、公交车站以及大型工厂车间都是 BIPV 可应用的场所进行光伏一体化改造，这将减少土地占用面积、安装成本，又可在幕墙玻璃功能的基础上，推动建筑光伏生态一体化的绿色建筑，建筑将从过去单纯的能源消费部门逐步向能源生产、消费一体化式建筑转变。

6. 构建更高效的低碳交通体系

综合规划步行、自行车、网络化的机动车行驶和电力，打造低能耗、低污染、低排放的交通体系，为人们步行、使用公共自行车等零碳交通方式营造良好的出行环境，提升低碳化公共交通工具的协同能力。推进电动汽车在民用车中占主体地位，建设国际领先的电动汽车示范城区，实施广泛的城镇交通电气化。

7. 控制电网高峰负荷

通过推广应用电网移峰填谷设施和运用市场机制引导用户改变用能方式、用能时间，合理消费，降低电网高峰负荷，从根本上降低对新增电力设施的需求和投资。加大能源存储技术研发和设施投资。未来，发电工作可以从大型发电厂逐渐转移至“虚拟电厂”，即遍布的可再生能源分布式装置，把产生的电力保存在连入电网的电池中。鼓励用户自行投资储能设施，以节约电费成本。

综上所述，能源视角下的生态城市，一是可再生能源的技术经济性足以替代化石能源，通过加强可再生能源发电和智能电网传输控制，提高建筑业、交通及工业领域的能源利用效率，满足能源需求。二是人类几乎完全可以依靠可再生能源便可满足电力、运输、工业及家庭的能源需求，而只使用少量的化石燃料和核能。这将在很大程度上减轻人们对能源安全、污染和灾难性气候变化方面的担忧。三是通过零散微量的能源集散和远距离、大规模的能源转换和运输，能源供给和需求在时间、空间和密度上可以保持动态平衡。

案例 2　日本清洁能源发展战略

1. 日本的清洁能源

20 世纪 60 年代日本工业进入快速发展期，产业快速发展大力消耗能源的同时也带来严重的环境污染问题。以东京为例，当时的东京都市圈空气中烟尘、尘埃和硫氧化物（SOx）快速增长。严重的空气污染造成的环境危机加剧了民众对政府的不满。在公民团体的要求下，政府被迫加强了环保行动，最终政府在“节制污染”（Pollution Diet）特别立法会议上颁布了一系列有关保护环境的规定，要求工厂报告其活动，严格管理工业排放。在加强生产管理之后，交通排放取代制造业成为最主要污染源，政府又对车辆造成的污染实施严格规定，使空气污染在 20 世纪 60 年代中期至 70 年代中期迅速下降。在这之后，日本进入清洁能源时代，用更清洁的天然气和核电能源，以及高标准煤电替代了传统煤炭，由此包括东京在内的日本各地得到了更加清洁的天空。

（1）天然气

20 世纪 70 年代日本开始进口天然气，第一艘液化天然气船 1969 年来自美国阿拉斯加。此后为促进能源构成的多样性，日本扩大天然气的进口，天然气的进口数量飞跃式增长。日本天然气的气源地选择也十分多样，除了美国，目前日本大部分天然气来自中东，如卡塔尔、阿曼等地，但考虑到中东地区地缘政治的不确定性，日本进口的气源地还包括俄罗斯、印度尼西亚、马来西亚以及澳大利亚等30—40个国家。

天然气靠竞争迅速推动了市场，自20世纪70年代以来一直作为日本的主体能源，在燃气发电中所占比重持续增加。尤其在福岛核事故之后，日本对天然气的依赖进一步加深，仅2011年天然气进口量就增长了17.9%，而2015年进口的天然气较2005年增加了44.6个百分点。目前日本LNG进口量居世界第一位。化石能源发电的占比大幅提升，2015年占比84%，燃气发电占比39.2%，占发电能源的首位。这既是出于保证能源安全，增加能源多样性的战略需求，同时也是环保的需要，目前在东京湾区除部分电厂为燃煤机组外，其他均为天然气机组。

（2）核电

另一个清洁能源为核电，在福岛核泄漏事故之前，日本的核电在发电结构中占比约30%，因其具有清洁且能提高能源自给率的特性，2010年日本的《能源基本计划》中就提出要进一步大力发展核电，并在核能战略中增加了对环境的考虑，即减少温室气体排放。但东日本大地震和福岛事故使日本核电产业受到严重打击，2012年5月关停所有核电机组，至2015年8月11日，日本重启了鹿儿岛县川内核电站，才结束了零核状态，但面临的阻力依旧很大，至今也只重启了5座核电站。

东日本大地震之后，日本政府重新成立了原子能规制委员会Nuclear Regulation Authority（NRA）直接负责核电站的安全性，关于核电站的审核非常严格而且过程漫长，NRA是日本政府的一部分，隶属于环境省，虽然日本产业经济省也在推动重启，但是比起地震带来的阴影，他们的力量明显不足，因此核电重启的过程依旧漫长。

（3）高标准煤电资源

由于对核电的争议和现实的电力短缺，为了解决因核电站停机造成的电力短缺问题，只能依靠火电补充，而这些火电厂以及输送来的油、气、煤资源都集中在东京湾区，在日本内陆或者岛内其他地区都没有这些优势。在东京都市圈经营燃煤发电的企业被要求其污染物排放接近天然气。有报告曾提到东京都市圈的一个以煤炭作为原料的火力发电厂，工厂建在横滨边上，三面环海，高达 200m 的烟囱边上还有飞鸟盘旋，工厂内部树木、草地到处可见，有着很好的绿化环境。电厂的锅炉和汽轮机采用超临界技术，热效率可达 45%，在排污方面，采用了电除尘、SCR 脱硝等烟气净化装置外，还有再生活性炭技术 ReACT（Regenerative Activated Coke Technology）等多污染物排放控制装置，使其脱硫效率超过 98%，脱汞效率超过 90%，氮氧化物排放量低于 20 毫克 / 立方米，由于距离市中心非常近，该火电厂所执行的排放标准严苛程度远远高于日本国标。

2. 日本清洁能源发展战略

（1）发展高效燃煤电厂

根据日本“2030 年能源战略规划”，煤炭在日本能源结构中将持续作为基础，到 2030 年占能源消费总量的 26%。这一煤炭战略的重点是推广高效燃煤电厂[①]。2016 年 2 月，日本环境署批准了未来 12 年日本燃煤发电厂的建设计划，根据该计划未来日本将建 43 座燃煤发电厂，其中有 6 座大型燃煤电厂将建在距离东京不到 100 公里的地方。[②] 根据日本产业经济省公布的数据，由于福岛事故后核电的发电容量在较大程度上由经济成本更低的煤电替代，因此目前煤炭在发电总量中占比 34%，是日本第二大电力来源，仅次于天然气。

除高标准的超临界电厂外，政府还考虑了应用整体煤气化联合循环发电（IGCC）系统建设清洁燃煤电厂。这套系统是先将煤在煤气化炉中变成合成气。合成气与天然气不同，其热值要比天然气低很多，之后再用合成气燃烧推动燃气轮机发电。现在在福岛已开始新建两所 IGCC 电站。第一个项目将在 2020 年 9 月投运，第二个项目将于 2021 年 9 月试运行。两个电站均为示范项目，预计将在运行 10 年之后才能投入商业运营。

从电力企业的角度看，在核电重启缓慢需要火电情况下，对比燃气电

---

① 日本的煤炭利用效率是世界最高的，约为 864 gCO_2/kWh（全球平均值为 958 gCO_2/kWh）。2016 年 4 月，日本政府推出措施提出了新建的超临界燃煤电厂的效率要求，以促进低效率电厂的进一步淘汰。

② 目前日本有总计 90 座燃煤设施，总容量达 40.5 吉瓦。到 2028 年将再增加 50 座，总容量有望达 61 吉瓦。

站，煤电的成本较低，因此尽管煤炭使用量的大幅增长会与政府到 2050 年减排 80% 的长期目标不相符合[①]，但也无法阻止新的燃煤电厂建设。事实上，在政府的相关环节标准要求下，日本的电力企业已设定了 2030 年，碳排每千瓦时减排 0.37kg 二氧化碳的目标。现在煤电站的数量增长了很多，但是随着核电站的渐渐重启，一些燃煤电厂也会被淘汰，那么就有可能实现 0.37kg 二氧化碳的减排目标。

（2）竞争亚洲天然气贸易枢纽

在福岛地震之后日本经历了天然气价格的大幅上浮，从过去 10—12 美元增长至 20 美元每百万英热。由于需要更多液化天然气来供给能源，而天然气价格的大幅上涨连带发电能源价格的上涨，对电价的影响颇为直接。日本作为通货膨胀难得一见的国度，发生福岛核泄漏事故之后，工业与居民用户面对着超过 20% 的电价上涨，承受了巨大的压力。

与 2010 年相比，日本天然气进口仍有增长，2010 年日本进口 6100 万吨液化天然气，到 2030 年预计液化天然气进口量将达到 6600 万吨。大多数能源公司，包括一些燃气公司还在试图进口液化天然气以保证所需。

由于受天然气溢价的影响，日本意识到把握国际天然气贸易中定价权的重要性，特别是目前亚洲还没有天然气的贸易枢纽，新加坡一直被看好并正渐渐成为液化天然气的贸易枢纽之一，因此日本试图成为其中一个枢纽，打造基于东京湾区的全球性天然气贸易枢纽。2016 年 5 月，日本产业经济省将建立液化天然气贸易枢纽的计划纳入其发展战略，提出了切实可行的相关措施。目前关于液化天然气贸易枢纽的工作主要由政府着手创建，燃气协会作为支持方协助建立。

（3）鼓励发展可再生能源

福岛核泄漏事故之后，日本将发展可再生能源作为国家能源战略的重要组成部分。为了鼓励可再生能源的发展，从 2012 年 7 月开始日本正式实施上网电价补贴制度（Feed-in Tariff）。这一制度的实施，使可再生能

① 如 2012 年，日本电力行业的二氧化碳排放强度迅速增长，较核电机组正常运行时上升了 40%。这让日本电力行业远远超出了其“气候指标”，每年增加了 1 亿吨二氧化碳排放量，使全国碳排量增长了 8%。对此即使未来提高效率，日本也面临着继续依赖煤炭方面的重大挑战。

源利用取得了一定成效，2015 年的非水再生能源占电力的比重从 2012 年的 1.6% 上升至 8.5%。其中以光伏发电发展最快。光伏发展迅速的原因是，与其他的可再生能源相比，光伏安装起来非常容易，并且上网电价的补贴力度最高。此外，当地政府还提供如安装补贴类的额外补贴。

3. 经验与启示

日本是能源管理的先进国家，尽管能源资源缺乏，却没有因为能源缺乏影响产业发展，并实现了在能源利用基础上的环境保护。尤其是福岛事故之后，日本政府分析国际国内的经济、能源形势，适时调整能源战略，采取的能源多元化战略、高标准煤炭利用，以及利用东京的区位优势调动能源资源、加强再生能源建设等，在其能源供给和清洁能源建设中发挥了积极作用，这些均值得上海进行借鉴。总结和归纳日本清洁能源利用的经验与启示可以概括为以下方面。

（1）开放能源市场消除行业垄断

2015 年 3 月，日本政府在内阁会议上通过了《电气事业法》等修正案，要求日本电力企业在 2020 年前实施发电和供电业务的分离。开发天然气市场时，允许新进入者参与燃气产业链各环节，允许用户自由选择资源供应商。在此基础上，2016 年 4 月 1 日起的电力零售全面自由化、2017 年 4 月天然气零售的全面自由化，标志着日本由大型电力公司、大型燃气公司垄断区域零售的时代结束，天然气零售价格对居民和商业用户全面放开。开放能源市场，改变以往燃气公司仅提供天然气、电力公司仅提供电力的常规模式，使主要的大型公用事业公司自我转型为综合能源服务公司，将服务拓展到水、电、气、电视、通信等公用事业行业。在这一形势下，燃气公司开始扩充其他方面的服务，比如为家庭居民供热、供电等服务，而电力公司也开始进行相应转型，比如向大用户售卖城市燃气等。未来还会有更多这样的综合能源公司出现。与此同时，用户获得了更多的选择机会。开发市场消除行业垄断促进了能源企业改革及能源结构优化。

（2）新能源利用中的问题不可忽视

日本鼓励新能源利用，但实施中也遇到过问题。2014 年 8 月，日本的冲绳电力、九州电力、东北电力、北海道电力和四国电力五大电力公司陆续宣布停止收购可再生能源电力，经济产业省也发出了“冻结可再生能源”的通知。出现问题的原因是光伏电站发展太快，超出了原来的想象。由于太阳能发电在夜晚和阴天都不能发电，极不稳定，过多收购极不稳定的光伏电力，电厂需要调峰机组，而一些电厂的调峰条件达不到。另一问题发生在输电过程中，日本的电压是 100V。输电电压应该保持在这个等级，通常情况在 95V 至 107V 浮动，但是当大量光伏涌入电网时，偏远地区的电力公司不能将电压保持在那个范围，还要安装额外的变压设备，而这笔花费也比较高，因此电力公司对太阳能的收购并不积极。

为解决这些问题，2016 年 5 月日本经济产业省提出了“可再生能源政策修正案”，主要措施包括三个方面：一是下调光伏发电的收购价格，重新设定不偏重太阳能的可再生能源的发展目标，对购买可再生能源所造成的国民负担设定上限等措施；二是在技术方面，日本正在研究光伏发电量的预测，其中包括利用卫星云图，捕捉到非常小的云，再根据云的移动，在光伏发电之后 10 或 20 分钟进行预测发电功率；三是研究发展高等级的燃气蒸汽联合循环燃机，为晚上的高峰用电做准备，以此解决可再生能源发电不稳定等方面问题。

（3）发挥区位优势促进降低污染排放

东京都市圈由于能源、资源的匮乏，难以负担都市圈庞大的经济体量，因此工业产业发展基本依靠进口能源维持其经济发展。其中东京利用了其地缘优势，由于不论从国外进口能源或材料，或者是出口产品，皆需要依赖海运。从港口海运进来的能源及原料直接运至临近的工厂生产，就地加工；制造出来的产品又直接从工场运抵港口，直接利用货轮销往世界各地。这样不仅节省了运输成本，又能充分利用土地资源、节省工业用地，获得巨大的经济效益。从这一点看，上海要降低船舶航运业的大气污染排放还有巨大潜力，关键在于怎么用好上海优势，包括如何把湾区及港口的优势用到极致。二战后日本准确地判断到可以利用世界的资源与市场，依托东京湾区兴建了大工业带，把在东京都市圈的优势发挥到极致，利用这一优势将其产品供应、流通到全世界。20 世纪 80 年代以后，日本推进国际化、全球化的大都市经济建设，使东京大湾区的知识经济、服务经济、旅游经济得到了长足发展，成就了交流交易经济中心。

三、上海城市空间布局与生态城市建设

（一）上海城市空间发展回顾

1.绿带和绿地系统建设的提出

上海城市发展战略反映在空间上，始于1945年编制的首部《大上海都市计划》，其表现是为“限制中心区再向外发展”，提议建设环形绿带和中心城绿地系统。这一规划中首次提出了在中心区外围建设2—5公里绿带，并通过建设卫星城对人口进行有序疏散，将工业企业向郊外迁移等。该规划试图将城市功能疏解到外围、控制中心城区向外扩展，尽管由于历史发展等原因，这一规划没能实际实施，但《大上海都市计划》对于如何向卫星城疏解城市人口提出了具体的方案：一是在预测上海市域可容纳700万人基础上，规划其他人口只得通过卫星市镇方式向附近区域转移，卫星城计划人口密度0.5—l万人/平方公里。二是计划将80多平方公里的300万人向新市区、市镇疏解。市镇有工业用地，工业用地与住宅用地之间用500米绿地隔离，市镇发展范围控制在30分钟的步行距离以内。三是在市中区以外（中山环路以外），设2—5公里宽的绿带，计划利用环状绿带来弥补市中区绿地的奇缺，在环状绿带内既可作公园、运动场，也可作农业生产用地。四是新市镇之间设电气化市镇铁路网（相当于快速有轨交通），以承担大量城市客运。电气化市镇铁路网，由一条环线与几条放射线组成。这是有参考价值的。

2.从单一中心向多中心转变

1949年上海发布《关于上海市改建及发展前途问题》报告，该报告以已有市中心区作为将来的市区中心的主张，认为以扩大已有市区的面积来发展新市区是上海最适合的空间发展方式。在这一报告指导下上海的城市人口继续了向中心城区集中的城市空间发展模式。直至1983年的《上海市城市总体规划方案》才有所改变。这个方案主张形成多中心的上海城市空间布局，并在疏散旧区稠密的人口基础上提出建设“点、线、面”结合的绿地系统，包括提出了中心城外围12处楔形绿地的建设方案。1959年的

《上海城市总体规划草图》，进一步对城市外围发展用地中的若干向外延伸的放射状绿带进行了明确，并规划了花木、三林、三岔港、大场、吴中路等楔形绿地建设。1960年的《上海城市总体规划草图》对外环绿地以及城市公共绿地等方案进行了延续，为后来的上海城市生态环境建设等奠定了基础。

3. 规划生态功能分区

1999年《上海市城市总体规划（1999—2020）》编制，其中从整个市域的角度提出了敏感区的理念，拟定了上海城市生态维护和发展的框架和基础。《上海市城市总体规划（1999—2020）》中的敏感区毗邻中心城，是受城市化发展影响较强也较直接的区域，现在这些区域有相当一部分也已经与中心城连成一片，但多处于控制发展的状态。《上海市城市总体规划（1999—2020）》除提出了敏感区的概念以外，并没有提出具体的工作措施，致使建设敏感区和生态敏感区的规划难以落地。此外生态建设方面，《上海市城市总体规划（1999—2020）》，在中心城确定了控制面积达69.2平方公里8片楔形绿地。中心城楔形绿地在总体规划基础上编制了控制性详细规划，张家浜、东沟、三林等楔形绿地的建设有了实施规划依据。但由于大部分楔形绿地位于中心城以内，随着城市快速发展对用地的刚性需求，以及商业性开发项目带来的经济利益的诱惑，至2008年，楔形绿地中公共绿地仅落实约25平方公里，与规划目标还有差距。在此基础上，《上海市城市总体规划（1999—2020）》进一步明确了“环、楔、廊、园”为基本框架的绿地系统建设愿景。同年，《上海市绿地系统规划》进一步对此进行了细化，对各类绿地的规模、建设要求等作出了规定。这是目前上海绿地系统建设的主要依据。近年来，上海市规划院编制完成了《上海市基本生态网络结构规划》。这个规划在上海建设生态城市总体目标的指导下，对目前存在问题进行了分析，提出了上海生态网络的规划结构，包括生态功能分区及各功能区块的管制要求。规划功能区块包括中心城绿地、市域绿环、生态间隔带、生态走廊、生态保育区5类；针对每种功能区块，规划提出了各类用地的构成比例，以及建筑高度、建筑量、复垦比重、绿地率、森林覆盖率等生态控制指标。该规划为上海生态建设提出了较为具体可行的措施，对今后生态空间的建设具有重要的指导意义，如图 4–7 所示。

几十年来上海城市空间在集聚与扩散中寻求城市发展的最佳结构。上海中心城区的空间形态不断地向外拓展，闵行、宝山等近郊区先后与中心城连接成片，突破了原有的城市建设范围。与此同时近郊城市化沿交通干道向外拓展，但由于近郊的发展缺少有力的规划引导，使城市发展演进为更大范围的圈层式蔓延，城市规划的外围生态控制区的管制在城市扩张中逐步失效，生态隔离空间基本无存。上海的城市空间形态发生了明显变化，城市发展空间外部拓展与内部更新作用使上海的城市发展空间规模不断增长和生态空间规模逐步地缩减。1980 年到 2010 年中心城区的生态空间由 64.1%下降到 18.2%，生态空间下降了 45.9%。[①] 上海农田的空间比重也由 1993 年的 25.7%下降为 2005 年的 18.4%。其中近郊区农田面积由 77212 ha 减少到 43156 ha。这其中尽管上海的城市绿地面积在不断增加，但依然难以抵消农田绿地空间比例下降给城市生态环境带来的损失。

进入 21 世纪，作为全球特大城市之一，上海城市建设日新月异。上海城市空间发展力求通过更加有效的管理方式和建设推动力，推进上海郊区新城和郊区城镇的全面发展，以建设与国际大都市多心多核发展相适应的城市空间格局。

（二）上海空间发展战略目标及生态建设中存在的问题

1. 上海城市空间发展战略目标

空间发展战略在城市发展战略中扮演着重要的角色，它把城市发展战略目标、对策、措施转化为空间资源的配置。城市空间发展战略目标是在城市的产业、生活、生态等要素与空间之间建立起一种新秩序，培养城市的活力和竞争力，以使城市适应竞争，以及经济和社会转型发展的要求，聚集人口和资本，改善城市生活环境质量。上海的空间发展战略目标从生态城市角度看，就是重视人与自然和谐的生态空间环境保护，创造社会发展协调、生态环境优化的城市生活体系。它包括：一、从区域生态空间一

---

① 徐毅等：《1980—2010 年上海城市生态空间和演进机制研究》，《城市发展研究》2016 年第 11 期。

体化出发，加强在区域环境保护和生态建设方面的协调，打造与全球城市发展定位相适应，与区域经济社会发展相适应的“区域（环太湖流域）生态圈”，为整个区域经济社会的整合提供相适应的自然环境支撑。二、结合城市与区域的河流、湖泊等构建大型的生态廊道、生态林地系统，保障生态安全，促进生物多样化。三、重视构筑市域整体生态空间，构筑上海生态维护空间，促进中心城区绿地系统建设，使之逐步得到完善，同时在快速的城市化进程中，加强郊区的生态环境保护。市郊的自然生态环境，农田、森林、湿地、河流等自然地形地貌的保护，使之逐渐统一成为城市风貌，避免市域内的生态空间在城市的急速发展中逐步被侵吞，促进城市的可持续发展。

2. 生态建设中的问题

上海城市空间在集聚与扩散中寻求城市发展的最佳结构。几十年来上海中心城区的空间形态不断向外拓展，闵行、宝山等近郊区先后与中心城区连接成片，突破了原有的城市建设范围。与此同时，城市化使得近郊区沿交通干道向外拓展，但由于近郊的发展缺少有力的规划引导，使城市发展演进成为更大范围的圈层式蔓延。上海城市空间形态的明显变化，城市空间的外部拓展与内部更新使上海的城市发展空间规模不断增长，生态空间规模逐步缩减。城市规划的外围生态控制区的管制在城市扩张中逐步失效，生态隔离空间基本无存。1980 年到 2010 年，中心城区的生态空间由 64.1%下降到 18.2%。[①] 上海农田的空间比重上也由 1993 年的 25.7%下降为 2005 年的 18.4%，其中近郊区农田面积由 77212 ha 减少到 43156 ha。尽管近年来随着《上海主体功能区规划》《上海市基本生态网络规划》《上海市环境保护和生态建设“十二五”规划》的发布，上海生态城市建设理念不断深化，城市绿地面积在不断增加，生态空间走廊也逐步形成，但依然难以抵消农田绿地空间比例下降给城市生态环境带来的损失。城市空间中存在的问题从制度管控来看主要存在以下不足。

① 徐毅等：《1980—2010 年上海城市生态空间和演进机制研究》，《城市发展研究》2016 年第 11 期。

一是在上海城市建设几十年的规划实践中，尽管总体规划层面强调了控制中心城区蔓延发展，规划了城市绿带与绿地系统，主张生态规划，但是在下一层次的规划中，没有对建设指导思想进行深化和落实。除对部分楔形绿地进行了详细规划外，分区规划、各个范畴的详细规划，极少对中心城区扩张和生态城市的规划和建设提出具体的策略和措施，而针对生态城市的专项规划只在近年才开始出现。相比生态建设，各区在发展规划中，更加重视的是集中建设区、工业园区等的建设项目。规划编制体系的缺失使总体层面的生态建设理念难以实施，成为“纸上谈兵”。

二是对于生态城市建设，如外环绿带和中心城区的楔形绿地等尽管已有规划，但在实施过程中，规划实施与控制力度受多种因素限制和干扰难以落实。如中心城区在发展过程中经济利益与生态保护的矛盾，对集中建设用地的刚性需求等，致使规划多次进行调整，原定的生态绿地被建设用地不断地蚕食，规划初衷难以完全实现。

三是建设用地是实现城市空间布局的重要内容。其中生态用地不同于一般的城市建设用地，涉及城市和社会发展各个层面的问题。首先是生态用地实施过程中的投入，如涵养林建设，需要很大的资金投入，而所带来的收益，需要在10—20年甚至更远的期限内才能体现。其次是生态保护与经济发展的关系需要协调。地区生态保护使很多经济型产业的落地发展受到限制，居民的经济状况、生活因此受到很大影响。因此在相关机制不完善的情况下，生态地区的保护与发展出现冲突时或是损失当地群众的切身利益为代价，或是以生态建设为代价。此外，生态用地的建设往往涉及区域范围内居民、工业企业的动、拆迁问题。如涉及搬迁资金以及农田保护与补偿等问题，处理不当将直接影响城市生态建设。

（三）国际案例借鉴

1. 波特兰案例：运用环境空间管理政策保障周边生态系统完整、土地合理利用

波特兰是西北太平洋地区的第二大城市，美国俄勒冈州的首府。20世纪40年代，波特兰以钢铁兴市，成为兴盛的工业城市。70年代后，该市凭借高新技术的进步逐步完成经济转型，形成加工制造、贸易、林业等多

元化经济结构。波特兰的城市空间特点有三个：一是人口居住集中。在1979年，为了控制城市蔓延，波特兰市政府提出了集约型增长的城市发展理念，通过20多年左右的规划发展，市内人口增加了一半，城市面积却仅增长2%。二是空间布局集约。根据城市人口增长、土地开发和地区就业增长的预估，政府在城市周围划出界线，提高开发密度，促进旧城区可利用空地的发展。三是资源利用的集约。1991年，波特兰市制定了《波特兰区域规划2040》，该规划规定城市边界增长不超过7%，明确城市用地需求集中安排在现有城市中心和交通路线周边，以提高现有中心的居住密度，增强轨道交通和现有交通设施的服务能力，通过限制保护城市周边的林地和耕地。该城市的边界在划定后得到了严格执行，边界控制减缓了城市蔓延发展，减少了对周边生态系统和耕地资源的破坏，使城郊农田破坏减少，保护了城市生态环境。

案例启示：城市化过程中面对城市生态环境减损等存在的问题，需要反思城市规划方法，波特兰的城市空间增长边界体系规划在城市规划中明确生态环境空间管控范围，包括在区域层面上规划和完善生态空间体系，形成能够高效维护城市生态环境质量、维护生态安全的空间格局，同时规划布局城市建设用地，这是与传统城市规划的工作流程有所不同的环境空间管控策略，约束和引导了城市空间集约化发展，构建了制度化的城镇化推进格局。上海在快速发展的大背景下，合理划定城市增长边界，将城市增长边界作为针对城市非建设用地的生态安全底线，从城市可持续发展的角度，运用环境空间管理政策保障周边生态系统完整、土地合理利用，对于指导城市空间结构的重构，优化城市空间格局，促进城市空间发展由粗放到集约、由外延到内涵的模式转变有着重大意义。

2. 斯德哥尔摩案例：生态城市空间结构的规划方法与政策支持

2010年瑞典首都斯德哥尔摩荣获“欧洲绿色之都”称号。斯德哥尔摩能够获得这一称号，且作为生态城市蓬勃发展得益于其规划确立的合理空间结构。斯德哥尔摩先进的参与式规划方法和与规划保持动态联系的政策支持无疑是其空间结构生态化的重要推手。

参与式规划。瑞典有民主参与的传统，其中包括城市规划。斯德哥摩的城市规划被认为是参与式规划。在斯德哥尔摩的生态城市建设过程中，相关部门充分协调城市空间规划与公众参与、教育、管理等方面的关系，确保市民、私人组织和公共机构能够广泛地参与城市综合发展规划的制定过程当中。这种参与式规划基于市民及不同集团组织的共识达成，规划在斯德哥尔摩城市发展的各个时期都发挥了重要作用。如在斯德哥摩海港区的重建中，社区成立了居民协会，相关部门为居民举办了多场介绍会、开放的项目讨论会，并通过大众媒体发布动态信息与社会互动，在制定规划时听取并反映了不同观点，进而使海港区生态社区的建设取得了令人满意的实际效果。

政策与规划动态结合。在城市快速发展变化中，城市规划需要结合新的发展形势与时俱进。斯德哥尔摩的政策与规划动态结合，表现在规划体系内建立了高效运作的制度，从立法入手，简化行政和规划程序。斯德哥尔摩出台多项政策和计划，通过短期目标和长期愿景的结合，把控和引导实现生态城市空间规划和区域发展建设方向。在短期规划方面，斯德哥尔摩有市议会通过的指导城市发展结构的《斯德哥尔摩城市规划》和《区域发展规划》，这两项规划在20世纪50年代初的空间规划的基础上，确定了斯德哥尔摩大都市地区的空间发展格局，同时利用城市绿地空间结构计划，将城市绿地开放空间作为基本的生态基础设施落实在具体的建设项目中。如斯德哥摩的城市密集地区是规划的重点地区，有专门且详细的发展计划，规定了该地区的发展类型、形式和时间安排。在这类地区的开发中，只要计划方案符合上述的规划标准，就会得到批准。在长期愿景方面，斯德哥尔摩有面向2030年，建设“世界级斯德哥尔摩”的大都市区域空间发展规划，以及指导城市2050年长期发展，涵盖瑞典东部及中部的广大地区的《区域发展规划》。斯德哥尔摩在发展过程中将政策与规划很好地结合，使城市规划涵盖了从短期到长期愿景的多维计划，全方位地打造以生态城市为核心的未来城市，引领了生态城市建设的潮流。

案例启示：斯德哥尔摩城市空间规划的实践是国际生态城市建设的典范。它为生态城市建设提供了如何将良好的环境、优质的生活和城市发展结合在一起的经验和启示，使我们对生态城市的空间结构有了新的认识。

其中值得上海生态城市建设借鉴的经验有以下几个方面。

一是城市空间规划注重自身环境条件，注重与自然的融合发展，尽量保持城市的自然格局和城市的自然风貌。例如，在交通走廊的间隙营造绿地空间，在城市中形成独特形态的绿地系统，注重自然环境在城市环境中的渗透，以满足现代城市生态系统的需要；建立人与生物和谐相处的城市环境，使城市发展呈现科学、高效、可持续的良性状态，为保护城市历史、培育城市文化提供充足的空间。

二是推动参与式规划发展。斯德哥尔摩各项举措的顺利实施并取得实际效果，关键在于社会各界的共同努力。而参与式规划的制定是以确保包括市民在内的各方的充分参与和积极配合为基础，同时在立法方面保证政策与规划相辅相成。在规划的决策过程中充分反映民意，建立高效的审批制度，保证规划的动态发展，在确立新的发展目标时，兼具近期和长远发展的眼光。

（四）上海生态城市建设

1.建立基于上海城市特征的生态分区

从生态城市建设角度出发，不同地区的不同功能特点决定了采取相应的保护、管理、建设措施，以构造可持续的城市生态系统，实现区域生态功能的平衡。生态城市生态分区的划分包括：自然生态保育区、人文生态保育区、生态新建区、生态提升区、生态过渡控制区。在这五类分区中，人文生态保育区和自然生态保育区是禁止进行大规模城市建设和改造的区域，区域重在通过保护和培育以维系城市历史文脉的延续和自然生态功能的动态平衡；生态新建区和生态提升区分别是目前和将来城市经济、社会活动的主要载体，在所有的城市生态功能区中，与人们生产、生活的关系最为密切区域；生态过渡控制区介于建设与保护之间，是具有弹性和保护作用的缓冲地带，通常以园林绿化和景观建设为主。上海生态城市建设应在城市生态分区的基础上，以城镇河道、水体、基本农田和人工林作为主骨架，市区内部的绿地系统作为次骨架，把沿主城对外辐射的交通走廊和河道的绿化带作为连接体而共同构成城市生态框架，使之成为上海城市空间布局的依托，保证城市生态系统的生态服务功能可持续利用。

2. 协调城市社会经济发展需求，构建城市空间生态化总体布局

生态城市建设包括城市空间总体形态、城市产业布局、城市人居布局以及城市交通布局的优化与调整。城市经济与生活有着相应的空间需求，这些需求促使规划在一定的物质空间条件下做出这样或那样的建设安排，进而促进城市形态的形成与发展。好的城市空间形态是一个既能延续复杂的生态体系又能允许逐步改进的空间环境。因此规划要充分考虑城市发展定位，以及城市资源分布现状与形态特点，统筹协调中心城区与外围片区之间的关系，优化布局交通道路用地、产业用地、居住用地等。上海应根据城市生态经济发展要求和环境保护以及城市用地控制目标，统筹规划，系统整合，引导产业资源合理配置，如开辟生态产业园区，主城区实施“退二进三”产业调整战略等；城市人居生态布局应充分利用城市现有的水域、园林、绿地等自然条件，铁路、公路等运输通勤条件，考虑居住区的环境质量要求，以及与工业区、商业区之间的配套等因素，坚持因地制宜、综合开发、配套建设的原则，优化调整居住用地。

3. 从上海生态环境有限的条件出发，处理好生态城市建设与全球城市目标的关系

上海生态城市建设应借鉴波特兰空间发展集约型控制策略的有益理念，从上海生态环境有限的条件出发，处理好生态城市建设与全球城市目标的关系，城市发展与自然可持续发展的关系。全球城市建设应与提升土地产出的效率同步，通过控制人均用地和调整用地结构，提高工业用地产出率，减少工业用地比例，达到对土地集约化的利用目的。

4. 推进不同层次城市生态专项规划的编制

生态规划是城市规划中的重要内容，在城市规划的各个阶段，都应对生态规划的理念有所体现。应根据城市规划的各个不同阶段，确定生态规划不同的工作重点和工作内容：在制定总体规划阶段，应在城市总体布局的基础上，划定各类城市生态保护区，研究确定各类保护区内的开发模式、开发强度等一系列指导内容；在制定详细规划阶段，应推进生态区控制性详细规划的编制，对各地块提出具体的规划控制要求，对宏观层面的规划要求进行深化和落实。

5. 生态城市建设是个长期的过程

波特兰和斯德哥摩都是通过长期努力才能取得成效的。上海生态城市建设要把生态规划作为一项长期的工作坚持下去，建立长效机制。其中包括建立生态用地保护与开发的实施机制；建立生态用地保育与开发的补偿机制；对承担生态用地开发的开发商，可在其他用地的开发上获得一定的政策补偿；鼓励生态用地内开发内容的多样性，设立生态建设的专项基金，用于城市生态建设与发展的各项需求；对生态用地开发涉及的居民和企业动迁，也应建立一套完善的后续保障机制。

6. 提高对城市生态发展的整体认识水平

在各类规划中，严格贯彻生态保护的理念和思想，提高对各类生态用地规划与管理的认识。加强宣传，整合全社会之力，共同为城市生态建设做出努力。

第四节　上海建设生态城市的对策

上海建设生态城市不仅对于提高城市自身影响力具有重要意义，而且对于促进我国城市等级体系整体的演化与升级具有重要作用。这不仅由于上海作为地区性首位城市具有带动作用，还在于城市发展的目的是为人们创造一个更为方便的工作与生活设施环境。本着这样的出发点，上海建设生态城市不仅要针对遇到的问题与挑战，而且要着眼未来，注意城市发展的四大基本功能（居住、交通、游憩与工作）的完善，提高城市宜居程度。具体地说，上海建设生态城市应当将以下三条对策作为抓手进行。

一、继续优化产业结构，促进经济增长方式转变

一个城市的生态状况主要取决于城市的生产与消费方式，城市的经济生产方式与增长方式对城市生态水平有着直接影响。上海应当继续优化产业结构，不仅要调整与优化产业空间布局，而且要提高技术与管理在经济发展方面的贡献率，让经济增长方式继续从粗放型向集约型转变。应当进

一步加大工业结构战略性调整的力度，不断壮大支柱产业，积极培育高新技术产业，调整改造传统工业，逐步形成以“高技术含量、高附加值、高市场占有率”为特征的现代化工业体系框架。制造业结构从初级加工为主的资源密集型和劳动密集型向深度加工为主的现代化、高附加值的技术密集型和资金密集型产业转移，传统产业进行高科技改造。上海在优化产业结构过程中应做到两点：一是必须提高服务业在产业结构中的就业比重与产值比重，提高产业发展的轻型程度；二是应当提高与长江三角洲其他地区的分工与协作程度，让创新与管理成为城市的主导功能。

（一）优化产业结构，推进产业转移

上海应当根据产业对环境的作用与影响，建立和完善符合上海国际化大都市特色的工业污染源普查制度。各行业要按照对环境的污染程度进行登记，根据工业污染源和主要污染物对工业行业进行分类，对于产生严重威胁城市环境的工业行业，如冶金、化学、化工、造纸行业，需要严格限制其发展，如有条件，可进行产业转移，搬迁到上海城市之外。上海需要进一步明确产业筛选和扶持机制，引导产业合理布局，构建资源节约型和环境友好型的产业结构。要进一步对产业进行划分，可以按照生产要素的投入分为资源密集型产业、劳动密集型产业、资金密集型产业和（知识）技术密集型产业等。

（二）严格产业准入制度，完善产业退出机制

上海应当实施更加严格的产业准入制度，完善产业退出机制，要形成更加严格的项目准入制度，不断降低占地、耗能、耗水率，提高资源产出率，确定“三废”（废水、废气、固体废弃物）排放等全市统一的强制性标准。由于上海的土地面积与资源人均相对低于全球水平，上海应当鼓励各区县实行严于国家和市级标准的准入条件。上海各区县应当鼓励和加快发展节能环保低碳产业，对环境污染型产业进行大幅度缩减，同时大力发展生态旅游和生态健康产业。对不符合区域发展方向的产业，通过迁移补贴、土地置换、提高投资强度等手段，推动产业转移和退出。对于在上海生产已不具有竞争优势的产业，鼓励通过产权转移方式转移到具有比较优势的地区继续生产。对于转移无望，企业难以维持生存的产业或产品则主动淘

汰。一批不适合上海城市发展方向产业与行业的被淘汰或转移，必将为新兴产业的发展提供了空间与条件。

（三）限制高污染的重化工业与钢铁工业的发展

上海拥有2500万人口，发展污染高的重化工业与钢铁工业势必影响城市环境质量，消耗大量的资源和能源，其产生的大量工业废气、废水和废物会污染周边地区空气、土壤与水域，使城市环境承载重压日渐显现，土地制约、用水紧张、用电短缺、环境污染也将随之而来，对上海城市可持续发展具有负面影响。重化工项目加剧环境资源压力，临近环境敏感区，威胁上海生态安全，这都将挑战上海生态环境的承受能力，加剧公众环境需求与环境形势间的矛盾。

因此，上海在重化工业与钢铁工业方面必须不断缩小产能，利用技术创新不断提高产品的附加值，减少生产环节对城市环境造成的污染，提高城市的宜居水平。上海应当鼓励高污染、低附加值的产业及企业外迁，不仅要迁出人口稠密的中心城区，而且要迁出上海，推动有效的产业转移。这对于上海产业结构升级与转型，提高城市环境质量具有重要作用。例如，2012年国家发改委核准了宝钢在广东湛江投资1000万吨生产能力，这对于宝钢逐步转移产能，减轻钢铁产业对上海城市环境的负面影响具有重要作用。它是上海实现产业布局优化，促进产业结构调整的重大举措，也是上海促进产业转型升级、区域协调发展和建设现代产业体系的一项重要措施。

（四）营造有利新兴产业发展的政策环境

上海需要对科技型与创新型企业的激励政策进行财政扶持、金融支持、税收优惠、产业扶持以及社会化服务支持，形成多层次、全方位的保护和激励自主创新的政策法规体系。上海要不断形成有利于新兴产业发展的政策环境，吸引人才参与创新，保护创新成果，促进科技成果转化，提高企业自主创新能力，利用良好的政策环境促进新兴节能型产业的发展，从而有利于战略性新兴产业发展，节能减排。

二、继续推进新城建设，促进城市有机分散

上海城市建成区面积的蔓延造成对土地的占有与浪费，长距离的交通

耗费大量的汽油，造成了环境污染。上海作为国际化城市，存在的空间问题是，中心城区过于密集，而城市边缘区的人口、产业和建筑过于分散，城市在浪费大量土地，郊区发展没有达到规模经济要求。上海城市空间存在的问题，既包括过于集中的问题，也包括过于分散的问题。解决国际化城市的空间问题不仅要在总体上于集中与分散之间找到平衡点，而且要深入到城市空间结构内部找到一种合理的布局。毕竟，发展中国家的问题与结构问题有紧密的联系。

上海当前紧迫且急需着手进行的工作是：减少城市中心区的产业与人口密度，在城市郊区培育新城或新镇吸引中心城区的人口与产业，分担中心城区过于聚集的综合功能，进行城市空间有机疏散：即城市日常的活动趋于集中，而偶然的联系趋于分散；个人的生活与工作趋于集中，而城市的各种活动趋于分散；建立功能性社区，利用现代交通工具衔接各个部分。把城市拥挤成一个团块的形态在合适的范围与领域中分解成为若干集中地点，缓解城市功能过于集中所产生的弊病，给城市带来功能性秩序，还给城市居民安静的工作与生活环境。毕竟，城市不应该为它的规模巨大而骄傲，城市的拥挤与混乱也不是光荣的事迹，“城市的目的，是为了给居民提供生活上和工作上的良好设施”①。

上海应该继续以第二产业布局战略调整为依托，利用旧城改造导入人口，利用工业企业迁移到卫星城的机会形成产业集群，形成强大的产业集聚力与吸引力，带动郊区城市化，形成具有一定规模与聚集效应的卫星城，以分担中心城区过分密集的人口与产业，缓解中心城区的环境污染与拥挤状况。应当加快推进以嘉定、松江和临港为重点的新城区建设，加快其他新城区的规划与建设，分担中心城区过于密集的功能，促进城市有机分散。

三、推进相关生态规划落实

《上海主体功能区规划》提出，要构建“环、廊、区、源”基本生态空

---

① 转引自：[美]E. 沙里宁：《城市：它的发展、衰败与未来》，中国建筑工业出版社 1986 年版，第 4 页。

间网络格局，改善城市生态环境，提高城市现代化水平，通过增加生态控制用地，预留出城市生态休闲用地，调整和优化城市格局，以达到分割密集区，联系新区以及协调工业区等目的。要形成多层次、成网络、功能复合的基本生态格局，促进耕地、林地、园地、湿地等生态用地的保护和发展，提升城市生态环境品质，改善居民生活环境质量。根据上述规划，上海将形成生态“双环”、生态走廊、生态保育区和基础性生态源构成的基本生态空间结构。

上海应当强化规划刚性约束，推进生态“双环”建设。建设中心城外环绿带和市域环形绿带生态“双环”，有利于城市空间形成合理的布局，限制大城市的用地规模，从而引导城市空间合理化、有序化扩展。在实施相关生态城市建设规划过程之中，要加强法制建设，研究制定生态规划、建设、管理的法规和规章，指导、规范生态建设推进。要制定管控弹性策略，推进生态走廊建设。要加快建设嘉宝、嘉青、青松、松金、松闵金、黄浦江—金汇港、浦奉、浦东、崇明 9 条放射状、通畅性的生态走廊，实现城市组团的隔离和市域生态空间的互联互通。制定管理与控制的弹性策略，尊重其场地的自然环境特征、恢复过去在城市开发中被破坏的生态平衡并提高其生物多样性。植物树种多采用生长良好，抗逆性强的乡土树种；注重异质性的景观建设等。这些手段有利于保证环城绿带的稳定性和生物多样性，促进城市的生态恢复。

由于上海的工业化时间相对较长，较多的土地已经有工业厂区，因此，要鼓励土地整治，推进生态保育区建设。重点建设宝山、嘉定、青浦、黄浦江上游、金山、奉贤西、奉贤东、奉贤—临港、浦东、崇明 10 片生态保育区，加强耕地整理，适当提高林木覆盖率，形成农田林网复合生态空间。积极运用以建设促保护的基本农田保护政策，适当使用新增建设用地有偿使用费，鼓励土地整治，加大对农民的补贴力度，建立完善基本农田保护补偿机制。积极开展土地整理复垦，对于生态控制区内的规划拆除地块，可运用占补平衡指标及市场化交易等手段，按照一定的标准给予资金补偿。

此外，上海还需要完善市内横向财政转移支付机制，推进基础性生态源地建设。加强长江口岛群、淀山湖水源地、杭州湾海湾休闲地带和长江口湿地以及自然保护区的保护，形成基础性的生态源地和生态战略保障空间。提升强化区县的生态环境保护责任，明确市与区县、乡镇的责任。拓展水源保护和生态修复等方面的补偿渠道，巩固完善生态林补偿机制，加强生态屏障建设和水源保护。

四、提高公众参与城市管理程度，建立经济增长与生态环境协调发展制度

建设生态城市与提高城市的宜居程度依赖于城市全体居民的努力，城市是居民的城市。在市场失灵的地方，政府的作用不一定能够予以弥补。应当提高公众参与城市管理程度，提高城市管理的透明度，建立让公众参与城市管理的渠道，改善居民参与城市管理的条件。城市管理既要充分民主化，又要一定程度的组织化与集中化。应当充分发动新闻媒体和社会团体的作用，加大公众宣传力度，提倡绿色消费、绿色生产，使用尽可能少的资源获得尽可能多的服务与效用。

同时，应当建立制度安排体系，促进企业与个人自觉维护城市生态环境，减少污染与资源浪费。可以通过相关的责权利相统一的制度安排，使企业生产成本与效益相等，克服由于污染使得社会收益与社会成本不对等的状况，促进外部问题内部化。通过建立排污监测制度与生态期限破坏管理制度，提高企业治理污染的积极性与主动性。总之，在制度设计方面，可以通过有效的法规建设，使得经济增长与生态环境协调发展。

第五章

上海国际大都市开放发展研究

开放是上海最大的优势。自开埠以来，上海的发展始终与对外开放息息相关，这座城市的竞争力与吸引力就在于其高度的开放性和国际化。改革开放 40 余年来，上海始终立足服务国家战略，深度融入经济全球化进程，巩固其联结中外市场的枢纽地位，坚持以制度创新推动对外开放，取得了一系列重要成就。随着全球化和区域一体化的不断深入，上海作为国际大都市要进一步扩大对外开放，以上海自由贸易试验区为抓手，实行高水平的贸易和投资自由化、便利化政策，扩大服务业对外开放，积极参与“一带一路”建设，带动长三角以及长江经济带更高水平的开放。

第一节 改革开放以来上海国际大都市开放历程

改革开放以来，上海始终坚持落实国家关于改革开放总体部署和战略安排，加强“对内对外”双向开放，以开放促改革促发展，使上海国际大都市建设不断跃上新台阶。纵观改革开放的 40 多年，上海国际大都市开放发展主要经历了四个发展阶段：

第一阶段，20 世纪 80 年代，上海是全国改革开放的“后卫”。20 世纪 80 年代初，我国设立了 14 个沿海开放城市，深圳经济特区实行对外开放，广州、深圳等沿海城市对外开放也走在了全国前列，而上海受计划经济体制束缚，国有企业的数量、作用高度集中，仍处于探索突破传统体制的阶段。这一时期，上海在外贸体制上主要以“简政放权”为中心，按照中央确定的“放开经营，自负盈亏、工贸结合、推行代理制”的方向，进行了一系列改革。

第二阶段，20 世纪 90 年代初，以浦东对外开放为标志，上海成为全国对外开放的“前锋”。1990 年 4 月，中共中央、国务院作出了开发开放浦东的重大决策，这掀开了上海对外开放的崭新的一页。从此，上海从原先全国对外开放后卫转变成全国对外开放的前锋。20 世纪 90 年代以来，上海大力实施对外和对内双向开放，以开放促改革促发展，使上海的“四个中心”（国际经济中心、国际金融中心、国际贸易中心和国际航运中心）

建设不断跃上新台阶。从对外开放来看，20 世纪 90 年代初上海对外开放的最大亮点是外商在上海的投资。中央给予了浦东很多优惠政策，如生产性“三资”企业，其所得税减按 15% 税率计征；经营期在 10 年以上的，自获利年度起，2 年内免征，3 年减半征收，等等。扩大区县及有关局的审批权，继 1992 年向区、县及有关局下放了 500 万美元以下的外资项目审批权。1993 年又将审批权下放至 1000 万美元以下，同时放宽 5 项政策界限。上海充分利用浦东开发开放的优惠政策，实行东西联动，扩大利用外资，提高利用外资的质量和效益。1999 年，上海工业 6 大支柱产业中，外商投资企业产值约占 40%。从对内开放来看，上海积极创造平等竞争的市场环境，吸引中央各部委和兄弟省市的企业共同参与浦东开发。1997 年，由上海、无锡、宁波、舟山、苏州、扬州、杭州、绍兴、南京、南通、常州、湖州、嘉兴、镇江、泰州 15 个城市的市政府组成经济协调组织，即长江三角洲城市经济协调会，由各城市的市长参加，上海市市长任常务主席。这个协调会的主要任务是推进长三角城市间合作项目实施，协调解决城市间的实际问题。

第三阶段，21 世纪初中国加入 WTO 以后进入开放全面提升阶段。2001 年我国加入 WTO 也使我国对外开放由有限范围、领域、地域内的开放，转变为全方位、多层次、宽领域的开放。进入 21 世纪以来，上海重点突出国际金融中心和国际航运中心建设。在加快上海国际金融中心建设方面，国家和上海采取了一系列措施：中国人民银行上海总部在浦东挂牌、上海银监局落户浦东、上海金融衍生品期货交易所在浦东抽检；国家外汇管理局在浦东深化外汇管理改革九项措施，率先开展跨国公司地区总部外汇资金管理方式改革。上海国际航运中心方面建设，2005 年 12 上海国际航运中心洋山深水港区正式开港，同期洋山保税港区同步启用。洋山保税港区享受保税区、出口加工区相关税收和外汇管理政策。国外货物入港区视作境内关外，国内货物入港区视同出口，实行退税。洋山保税港区在功能上进行了最大限度拓展，将港口、保税区、保税物流园区和出口加工区四者功能集一身。对内开放来看，上海国际大都市加快与长三角一体化发展，在政府层面形成了“三个层次，四个座谈会”的合作机制。“三个层次”，即为决策层、协调层、执行层。“四个座谈会”，是指三地最高决策层一年一度的峰会、长三角两省一市的常务副省（市）长以及相关部门领导的定期会晤机制、长三角城市联席会议以及各级政府职能部门之间的磋商会议。

第四阶段，2013 年以来，设立上海（中国）自由贸易区，进入“再开放”新阶段。2013 年 9 月，国务院发布了中国（上海）自由贸易试验区总体方案。这个方案包括了金融、航运、专业、商贸、文化、社会六个领域的开放。上海自贸区的设立标志我国进入了“再开放”的新阶段。中国经济、社会、政治、文化、生态等建设进入新阶段后，改革也进入深水区、攻坚期，之前的第一轮的改革红利逐渐消失，改革面临各种既得利益集团的阻碍，面临日益严重的利益固化的挑战。中国（上海）自贸区的建设，也蕴含着通过“再开放”来倒逼中国国内改革红利的出现，通过改革红利的释放来维持中国各方面的可持续发展。自贸区的设立，深化推进上海国际金融中心建设，金融开放创新取得多项成果。2013 年 9 月至 2015 年 3 月，“一行三会”（人民银行、银监会、证监会、保监会）共发布了 51 条金融支持试验区建设的意见和措施以及 13 个细则文件。2015 年 10 月迄今，上海市人民政府与“一行三会”发布了进一步推进自贸区金融开放创新的“40 条”意见（即“金改 40 条”）及 3 个相关细则。截至目前，“一行三会”发布的“51 条”政策已基本破题，“金改 40 条”政策正在逐步推进实施，其中，已有 19 项政策通过出台细则或推出创新实例的方式取得突破；5 项政策已初步拟定细则，正在推进。目前，上海自贸区已基本形成以宏观审慎管理为基础的跨境资本流动监管体系，在资本项目可兑换、人民币跨境使用、金融服务业全面开放、面向国际的金融市场建设以及风险防范等方面取得了阶段性成果。截至 2016 年 5 月底，共有 786 家持牌金融机构和约 7300 家各类金融服务企业入驻自贸区，为区内企业提供各项金融相关业务。2018 年 4 月，国家主席习近平在博鳌论坛开幕式上宣布中国扩大开放的重大举措，并要求“尽快使之落地宜早不宜迟，宜快不宜慢”。上海作为开放的先行者，2018 年 7 月，发布了《上海市贯彻落实国家进一步扩大开放重大举措加快建立开放型经济新体制行动方案》，明确了 5 个方面、20 项任务及 100 条举措。

第二节　上海国际大都市双向开放态势

一、切实把握战略新机遇

我国经济发展进入新常态后，呈现增速减缓、结构调整、动力转换等特征。开放、改革、创新将成为上海发展的主旋律，自贸区、长江经济带等国家战略和“一带一路”倡议的实施，将为上海对内、对外开放带来新的发展机遇。

“十三五”期间，我国经济“稳中向好”，预计保持 6%—8% 增长水平，成为全球最大经济体也是指日可待的。这是全球经济格局变化中最具有里程碑意义的标志，会倒逼我国扩大和深化对外开放的领域、范围，加快人民币国际化步伐，在全球发挥更大的作用和争取更大话语权。由此，“十三五”时期，长三角要充分利用我国成为最大经济体的机遇，突出“开放、改革”在全局中的领先作用，以开放促改革促发展，提升长三角开放型经济水平。

建设世界级城市群的关键时期。2016 年 5 月国务院批复的《长江三角洲城市群发展规划》，进一步明确了长三角城市群战略定位：顺应时代潮流，服务国家现代化建设大局，从战略高度优化提升长三角城市群，打造改革新高地、争当开放新尖兵、带头发展新经济、构筑生态环境新支撑、创造联动发展新模式，建设面向全球、辐射亚太、引领全国的世界级城市群。长三角城市群再一次从国家战略高度进行规划，要紧紧抓住国家实施推进《长江三角洲城市群发展规划》的战略机遇期。“十三五”将是长三角建设世界级城市群的关键时期，要从国家战略高度和区域整体布局角度，谋划长三角区域合作与发展。

“两带一路”的实质性推进。“两带一路”即“一带一路”倡议和长江经济带战略。“一带一路”倡议统筹我国内外发展，它将构筑新一轮对外开放的“一体两翼”，是我国对外开放政策 2.0 版。长江经济带战略，是我国经济发展重要轴带，其经济总量占全国的 40% 以上。长三角地区作为“一带一路”倡议和长江经济带发展战略的交汇处，战略地位重要，也将迎来重要的战略机遇。“一带一路”倡议将围绕“互联互通”进入实质性启动阶段。这一阶段的工作重点，在于交通基础设施、投资贸易、能源合作、区域一体化、人民币国际化等领域实现内外联动。为此，长三角要积极引导基础设施、工程机械、钢铁等相关优势产业企业走出去，推动长三角与沿线国家和重要经贸节点城市开展投资贸易合作，加快构建链接全球的贸易投资网络。

自贸区建设的重点突破。中国（上海）自由贸易试验区率先设立，为上海改革开放试验提供了国际化平台。“十三五”期间，在其他自贸区不断改革创新背景下，上海自贸区建设将重点进行三大改革：一是金融改革。将在人民币资本项目可兑换、人民币跨境使用、民营银行发展、资本市场双向开放等改革事项上加大推进力度，促进上海国际金融中心建设。二是政府管理体制改革。将加快政府职能转变，促进地方政府管理体制、监管模式的制度创新。三是医疗卫生、教育文化等服务业领域改革。将加大力度，进一步释放上海服务业发展活力，进一步放开了服务业领域。对于外商投资服务行业实行了负面清单管理，只要是法律法规没有明文限制禁止的行业，各类投资主体都可以进入上海自贸区，同时取消了对于投资人的资格、属性和股份的比例，尤其是对于外商投资企业可以享受准入前国民待遇。对于外贸行业上海自贸区也出台了一系列优惠措施鼓励跨国公司在自贸区建立区域总部，发展和总部经济有关联的各种配套服务行业企业，上海自贸区建立了人民币跨境贸易结算中心试点，能够方便贸易企业利用人民币进行结算，也允许和支持各类具备开展对外业务需求的融资租赁公司在试验区内设立专门面向于境外业务客户特殊目的的子公司。上海自贸区还鼓励大宗商品交易仓储物流以及服务外包产业和电子商务等产业的发展，在自贸区外贸监管方面实行了“一线放开二线安全高效管住”的基本监管原则。

二、积极应对四大新挑战

在新的国内外背景下，“十三五”期间，上海国际大都市开放发展面临着外部竞争挑战与经济下行压力、资源瓶颈约束、区域竞争等挑战。

面临全球和亚太地区的制高点竞争。上海作为亚太地区重要的国际门户，围绕国际金融、贸易、航运和科技中心建设，将打造在亚太乃至全球有重要影响力的国际金融服务体系、国际商务服务体系、国际物流网络体系和全球科技创新中心，将在我国参与全球合作与对外交流中发挥主体作用。上海达到上述目标后，将大大提高我国开放型经济水平。正在向现代化国际大都市目标迈进的上海，肩负着面向世界、服务全国、联动“长三角”的重任，在全国经济建设和社会发展中具有十分重要的地位和作用。面对全球和亚太地区的制高点竞争，与纽约、伦敦、巴黎等国际化大都市以及东京、新加坡、中国香港等亚太地区大都市相比，上海城市空间结构还有待优化，城市发展的载体功能有待加强。未来上海要提升开放型经济发展水平，加快从全球加工装配基地向研发、先进制造和服务基地转变；要率先建立与国际化相适应的管理体制和运行机制，增强区域国际竞争软实力；要推进服务业开放和国际服务贸易发展，吸引国际服务业要素集聚。

全球贸易格局复杂多变引发的压力加大。当今世界正发生复杂深刻的变化，国际金融危机深层次影响继续显现，世界经济缓慢复苏、发展分化，国际投资贸易格局和多边投资贸易规则酝酿深刻调整，各国面临的发展问题依然严峻。2019 年以来，美国奉行贸易霸凌和单边主义，公布了对中国 500 亿美元商品加征 25% 关税的清单，此后又额外增加 2000 亿美元，意味着中美贸易战进一步升级。中美贸易争端主要发生在两个方面：一是中国具有比较优势的出口领域；二是中国没有优势的进口和技术知识领域。中美贸易战对我国对外开放必然产生影响，一方面，在贸易摩擦冲击下，我国经济进入了一个比较特殊时期，外部环境趋紧，经济增长及股市、债市、汇市、房市等波动的压力加大。继日本与欧盟达成自由贸易协议之后，美国和欧盟发布联合声明宣称：“要共同致力于零关税、消除非关税壁垒、消除对非汽车工业产品的补贴”。美欧日有可能达成三方自贸协议的动向，将对我国形成新的压力，我国经济发展面临严峻考验。另一方面，中美贸易战倒逼中国进一步加快了体制改革，扩大了对外开放。在未来的现代化进程中，中国将通过全面深化改革不断加长体制短板，进一步扩大对外开放。习近平在上合组织青岛峰会上强调，中国将继续大幅度放宽市场准入，继续创造更具吸引力的投资环境，加强知识产权保护，主动扩大进口。这也为上海进一步扩大开放提供新的机遇。

经济下行压力加大引发的市场风险。“十三五”时期仍存在国内国外两个风险源：国外发达国家债务高峰期在2011—2018年，尤其是以希腊为代表的欧洲国家由债务问题引发的金融危机有可能颠覆全球资本市场；国内则面临房地产、产能过剩与地方融资平台三大风险，尤其是房市、股市、汇市互动叠加影响，可能诱发市场大波动，引起经济增长不稳定，甚至发生局部风险。在房地产领域，上海在土地供应、财政税收、市场价格、社会保障之间实现制度衔接与平稳过渡时，面临不小的压力。在金融市场日益开放的环境下，国外油价、美元一有波动，极易诱发国内资本市场波动。

面临区域竞争和区域一体化的新要求。改革开放以来，我国东部沿海地区率先开放、发展，形成了京津冀、长江三角洲、珠江三角洲等一批城市群，区域一体化进程不断加快，有力推动了东部地区快速发展，成为国民经济重要的增长极。以上海为首位城市的长三角城市群作为世界第六大城市群，城市群整体发展水平也居全国城市群之首，一体化层次与水平领先全国。随着长江经济带、“一带一路”建设、京津冀协同发展等国家战略的提出，长三角发展面临着新任务与新挑战。为解决我国地区经济社会发展不平衡现象，国家提出了长江经济带和“一带一路”倡议。长三角作为“两带一路”（即长江经济带、陆上丝绸之路经济带和21世纪海上丝绸之路）的交汇地，既要整合国内资源，又要整合长三角区域内部资源，对长三角合理布局城市空间提出了新任务。同时，京津冀协同发展上升为国家战略，京津冀城市群一体化进程不断加快，这使上海加快辐射带动长三角区域一体化面临新挑战。

瓶颈约束趋紧导致的发展难题。在土地资源方面，上海建设用地资源短缺严重。上海制定的《关于编制上海新一轮城市总体规划的指导意见》中提出，在用地规模上，上海未来应严守规划建设用地总量“天花板”，力争实现全市建设用地规划总量在3226平方公里以内，未来5年上海建设用地规划总量接近“零增长”。通过提高土地集约化水平、提高土地利用质量和效益、转变土地利用方式等方法得到的可利用土地资源十分有限，土地资源紧张；在土地利用结构方面，上海城乡建设用地占比过高。一般国际大都市如纽约、伦敦、东京等开发强度为20%左右，香港也仅为24%。而上海开发强度已经超过40%，大大高于伦敦、巴黎和东京圈等国际大都市的比例，生态用地等其他城市空间面临被进一步蚕食的压力。同时建设用地中工业用地规模占比过高，土地利用结构与产业发展方向不符。面对土地资源的紧张和土地结构的不合理，土地空间亟待二次开发。

第三节 上海国际大都市双向开放总体思路与任务

一、上海国际大都市双向开放总体思路

上海要以开放、发展为引领，争当“全国改革开放排头兵、创新发展先行者”，加强对内对外双向开放，突出自贸区的核心作用，积极落实“一带一路”倡议，深化上海“四个中心”建设和全球科技创新中心建设，更好服务长三角、服务长江流域、服务“一带一路”国际合作。

（一）在开放、发展中，提升上海国际大都市国际影响力

上海将以建设“卓越的全球城市”为目标，在2040年建成国际经济、金融、贸易、航运、科技创新中心和文化大都市，成为令人向往的创新之城、人文之城、生态之城。上海要以更开放的视野，对照国际最高标准、全球领先城市标准，着力巩固提升上海面向国际、服务全国、引领长三角的门户枢纽地位和功能，不断提高城市的国际竞争力。

（二）在开放发展中，提升上海国际大都市城市功能

上海要在加快开放改革创新中提升“四个中心”目标内涵。在新时代背景下，由于信息技术为引领的科技创新发展日新月异，跨界电商、互联网金融、新型物流正逐渐改变这传统国际贸易、金融、航运中心的实现形式，“四个中心”建设内涵已发生重大变化。上海“四个中心”建设一定要与开放改革创新紧密结合，突出“科技创新中心”建设作为经济中心建设的内核，加强国际创新要素集聚，以创新为引领，打造新经济时代的“四个中心”目标。

（三）在开放发展中，落实国家“一带一路”发展倡议

“一带一路”倡议是我国在新形势下对外开放的重要战略布局。“一带

一路”沿线大多是新兴经济体和发展中国家，在基础设施建设、制造业等方面有很强的需求。上海作为“一带一路”建设中的重要支点，要加强对外开放，成为我国对外开放的最前沿，率先与“一带一路”沿线城市合作。

（四）在开放发展中，拓展上海国际大都市发展空间

上海发展不仅要放在全球价值链上，还要着重于上海与长三角、长江经济带的联动发展。现在，长江经济带已经上升为国家战略，长三角城市群发展规划也颁布了，这都为上海发展提供了新的机遇。上海要加强对内开放，放到国家发展战略的大格局中去谋划发展，在与兄弟省区共同发展中找到上海发展的更大空间，特别是打通长江黄金水道，构建沿江城市出海大通道，推进长江流域大通关新模式，加强长江流域产业布局与合作，使上海做到“服务长三角、服务长江流域、服务全国”。

二、上海国际大都市双向开放重点领域与任务

上海要进一步发挥自由贸易试验区、自由贸易港的制度创新功能，着力对内对外双向开放，与国家重大战略实施对接。为此，上海的重点任务主要体现在以下三方面：

一是发挥上海核心城市功能，推动长三角更高质量一体化。新时代下，实施区域协调发展成为建立我国现代化经济体系的重要战略之一。长三角城市群作为世界第六大城市群，肩负着创新引领率先实现东部地区优化发展的历史责任。长三角区域合作源于 20 世纪 80 年代，迄今为止其合作过程经历了规划协调、要素合作和制度合作，目前进入了高质量合作阶段。这为上海进一步发挥核心城市龙头带动作用既带来了新机遇，也提出了新要求。在新时期，上海要立足于国家战略高度，统筹区域整体利益，共推长三角更高质量一体化发展。主要遵循四个原则：第一，硬件设施与软环境相结合。长三角区域一体化要以国家重大发展战略为着力点，以影响区域发展的大通道、大设施为抓手，推动区域合作。同时要加强软环境的协同推进，增强软实力。第二，对内开放与对外开放相结合。充分发挥上海自贸区、新区等国家战略优势，加强长三角区域内外联动发展，带动长江经济带乃至全国发展，并成为我国实施“一带一路”的桥头堡。第三，政府引导与市场主导相结合。

在国家重大战略项目选择、推进过程中，政府要积极发挥引导作用，搭好平台、创造良好的合作环境。在项目推进、实施过程中对涉及各地区利益平衡时，可以采取市场化形式，以参股、控股等多种形式推进项目合作。第四，点状突破与面状带动相结合。长三角地区涉及三省一市，区域发展呈现一定阶梯性、差异性，可采取点状突破与面状带动相结合形式进行。

二是发挥上海龙头引擎作用，带动长江经济带对内对外双向开放。2014年5月24日，习近平总书记在上海指出："上海要按照国家统一规划，参与丝绸之路经济带和海上丝绸之路建设，推动长江经济带建设。"为了落实习近平总书记讲话，上海21世纪的龙头作用如何定位并能更好发挥？在"十三五"期间，上海可定位为"一龙头，五中心"。总体上看：上海是"两带一路"的交汇点，也是"两带一路"的战略基点。20世纪90年代浦东改革开放带动了长三角发展，目前上海已到了带动长江流域的发展阶段。着力点可以有以下几个方面：第一，江海航运的龙头。加快长江航运的"四个标准化"建设，推动江海直达运输，推动内河船舶直达洋山港，带动长江航运发展。第二，国际贸易中心的龙头。上海通过提高市场开放度和贸易便利化水平，进一步打开海洋贸易市场与大陆经济市场，带动形成对内对外全面开放新格局。第三，开放经济的龙头，引领长江经济带企业从上海"走出去"。通过上海自贸区，使中国企业"走出去"。在近10年来，人民币汇率处于上升区域，也成为中国形成跨国公司的关键期，助推中国企业"走出去"。第四，科技创新中心的龙头。上海最具条件集聚国内外的人才、科技、资金、信息，上海加强与长江流域、向全国辐射。第五，制度试验推广的龙头。将中国（上海）自由贸易试验区的可复制可推广制度率先向长江流域转移和推广，串通东中西形成大市场，充分发挥市场在资源配置起决定性作用。

三是发挥上海"桥头堡"功能，积极参与"一带一路"国际合作。"一带一路"国际合作，是我国今后相当长一个时期对外开放和对外合作的总规划，对于全面提升我国全方位开放水平具有重大意义。把中国（上海）自由贸易试验区（以下简称上海自贸试验区）建设成为服务国家"一带一路"国际合作、推动市场主体走出去的桥头堡，是习近平总书记在全局高度对上海提出的新要求。上海在国家"一带一路"国际合作中发挥"桥头堡”作用，有利于进一步提升上海城市综合服务功能，发展更高层次的开放型经济；有利于推动形成我国全方位开放、东中西联动发展的新格局，更好地参与全球竞争与合作。[①] 为此，上海要抓住“一带一路”国际合作的机遇，以上海自贸区建设为抓手，以经贸合作为突破口，以金融服务为支撑，以基础设施建设为重点，以人文交流和人才培训为纽带，以同全球友城和跨国公司合作为切入点。发挥上海作为国家多个战略叠加效应，承接一批国家重大功能性载体，打造一批开放型合作平台，增强要素集聚和辐射能力，为上海全球城市建设注入新动力。充分对接市场主体需求，把市场在资源配置中的决定性作用和企业的主体作用发挥出来，切实解决市场主体开展双向投资、双向经贸的发展需求。

第四节　上海与长三角一体化发展研究

一、长三角一体化发展历程

长三角区域合作源于20世纪80年代，迄今为止长三角区域合作过程经历了规划协调、要素合作和制度合作三个阶段。

（一）规划协调阶段（1982—1988年）

在这个阶段，中央以派出机构的方式，成立上海经济区办公室，最早包括10个城市：上海、苏州、无锡、常州、南通、杭州、嘉兴、湖州、宁波、绍兴。这一阶段对区域发展进行了规划，通过中心城市和工业基地把计划经济体制下的条条块块协调起来，以期逐步形成以大城市为依托的网络型经济区。1988年，撤销上海经济区办公室。在20世纪80年代，苏浙沪合作的形式主要是国有大型企业与江浙的乡镇企业之间的横向的配套合作，合作内容是工业加工上的对接。20世纪80年代最典型的就是上海“星期六工程师”，大都来自国有科研院所和国有企业，为苏锡常地区提供

① 上海市发展和改革委员会：《上海服务国家“一带一路”建设发挥桥头堡作用行动方案》，2017年10月11日。

技术指导和顾问，产生了上海智力及技术技能资源最早的辐射带动效应。

（二）要素合作阶段（1989—2004 年）

在这个阶段，长三角地方政府相关职能部门顺应时代发展要求，按照市场要素配置资源的要求出发，自发倡议并建立起初步的合作机制，实行自下而上的区域合作。在这个阶段协调机制主要是 1992 年成立的长三角协作部门主任联席会议，最早成员为 14 个城市（上海、南京、苏州、无锡、常州、扬州、镇江、南通、杭州、嘉兴、湖州、宁波、绍兴、舟山），1997 年上升为长三角城市经济协调会，目前该协调会成员已经扩展到 34 个城市。在 20 世纪 90 年代合作模式变为“政府搭台、企业唱戏”，利用浦东的优惠政策以及上海的国际影响力大力吸引外资及技术引进，区域合作的广度与深度不断得到拓展。

（三）制度合作阶段（2005 年至今）

在这个阶段，长三角地方政府间通过平等磋商，以共赢为目的，展开体制机制对接，形成了决策层、协调层和执行层“三个层次、四个座谈会”的政府间合作协调机制。2005 年，时任浙江省委书记的习近平同志参加了首次在杭州召开的长三角两省一市主要领导座谈会，区域合作正式纳入三省市最高决策层视野，形成了“三级运作，统分结合、务实高效”的区域合作机制推进。决策层为“三省一市主要领导座谈会”，审议、决定和决策关系区域发展重大事项，是最高层次的联合协调机制。协调层是以常务副省（市）长参加的长三角地区合作与发展联席会议（简称“联席会议”），主要任务是做好主要领导座谈会筹备工作，落实领导座谈会部署，协调推进区域重大合作事项。执行层包括发改委联席会议办公室、重点合作专题组以及城市组。

二、长三角一体化新态势

（一）从目标上，长三角一体化发展进入到升级版，即更高质量一体化发展的阶段

长三角区域合作源于 20 世纪 80 年代，区域合作经历了规划协调、要素合作和制度合作三个阶段，并取得了长足的进展。但随着长三角一体化

发展的深入，行政区划约束愈加明显，迫切需要探索区域合作新机制。在上海召开的长三角主要领导座谈会，以“聚焦高质量，聚力一体化”为主题，进一步明确了以全面建成全球一流品质的世界级城市群为目标，标志着长三角合作进入了更高质量一体化阶段。

（二）从速度上，长三角一体化发展进入全面加速阶段

长三角一体化作为国家战略，在“三省一市”政府、企业、科研机构等不同层面得到了高度统一认识。在政府合作机制层面，在长三角的“三个层次，统分结合”体制机制下，自 2005 以来主要领导座谈会每年举行一次，13 年后的 2018 年分别在 1 月和 6 月召开了两次主要领导座谈会，并且成立长三角区域合作办公室，进入“合署办公”阶段。在企业间的市场合作层面，千亿级“长三角协同优势产业基金”投资合作协议正式签署，推动企业与企业的深度合作，充分发挥市场在资源配置中的决定性作用。在科研机构层面，纷纷建立智库联盟，长三角研究中心等，并首次聘请了 10 位长三角一体化发展决策咨询专家，为长三角区域一体化建言献策。

（三）从举措上，长三角一体化发展进入实质推进阶段

在 2018 年 6 月 1 日召开的主要领导座谈会，讨论审议了《长三角地区一体化发展三年行动计划（2018—2020）》，该计划覆盖了 12 个合作专题，签约了 11 个重点合作项目，进一步明确了长三角一体化发展的路线图和时间表。以合作项目为抓手，推动长三角区域一体化落实成为关键。

（四）从内容上，长三角一体化发展进入拓宽拓深的阶段

合作内容从以经济合作为主向经济、社会、人口、资源、环境、技术、服务的全面可持续发展的合作转变，更加关注科技协同、民生工程等内容。合作关注点由共享共赢转向共治共防，例如金融防范、生态环境的联防联控联治等。在合作形式上，由点对点的合作形式向载体、平台建设拓宽，纷纷建立文化共享平台、旅游服务平台、民生工程平台、专业服务平台、合作交流平台等，推动建立 G60 科创走廊、嘉昆太创新协同圈等载体，为长三角高质量一体化发展提供了新的抓手和良好的媒介。

三、上海与长三角一体化发展现状与问题

上海与长三角区域合作发展还面临着各地方行政壁垒的阻碍，归纳起来，主要存在着以下几个方面的问题。

（一）对长三角其他城市带动有待增强

上海作为长三角城市群中的首位城市，科技创新资源丰富，科技实力雄厚，但对周边城市带动作用却不强。主要表现：一是上海科教资源丰富，辐射带动周边城市科技创新作用不强。目前，长三角地区已经建立长三角高校合作联盟，在本科生学分互认、研究生访学互访、联合举办博士生论坛和暑期学校等方面已经展开了合作。但在产学研联盟，充分利用高校科技创新能力和成果及进行跨区域合作等方面尚未进行深入合作。受各地区行政区划障碍，优质教育资源和科技成果还不能在区域内无障碍地流动。二是上海现代服务业发达，却与长三角产业创新链延伸不足。上海产业，特别是高科技产业以及为高科技产业提供金融、咨询、信息、会展等现代服务业的服务范围和辐射范围仍然主要集中在上海本地。虽然上海与长三角产业联动较强，但目前阶段仍然以竞争为主，没有达到竞合的良性循环格局。例如浙江温州、台州、义乌等产业比较多元化、民营经济发展势头好的地方，需要上海的专业服务，但相互之间的关联度不够。上海在金融、贸易、航运、科技创新等领域的龙头作用没有充分发挥，没有带动长三角次核心城市产业转型升级。

（二）城市功能协同有待推进

上海长三角单中心特征仍比较明显，核心城市功能高度集中，城市间尚未形成有序的分工体系。虽然近年上海周边城市建设发展速度较快，甚至部分城市在人均 GDP、环境品质等领域更胜一筹，但是，从城市建成区面积、城区人口规模、城市建设和发展的综合能级实力、国际国内影响力来看，与长三角区域首位城市上海的差距仍比较悬殊，尚没有其他城市可以超越上海。2014 年底长三角城市群的城市首位度为 2.3，超过一般均衡值，人口仍高度集中于首位城市，且相对于 2000 年首位度非但没有下降，反而上升了 0.5 个百分点。目前，上海面临着人口过度集中、城市综合运营成本快速上升等大城市病，现在所做的拆违章建筑、制止群租现象等工

作，都是在控制上海的人口增长。但如何解决人口到中小城市居住和工作的问题，使大、中、小城市均衡发展仍是重要任务。为完成这个任务，除了解决人员通勤问题，发挥同城效应外，还要从顶层设计进行功能转移，将上海一部分功能转移出去，才是有效控制上海人口的根本之策。

（三）科技创新对产业转型驱动不强

长三角核心地区创新链和产业链尚未实现有效衔接，科技创新对产业转型驱动作用不强。具体表现为三点：一是缺乏具有行业领先的科技行企业。硅谷每3—5年就会新产生一家对全球产业格局产生重要影响的企业，谷歌、惠普、苹果、思科、英特尔、甲骨文等进入世界500强的行列。英特尔主宰全球芯片市场，所占份额超过80%；思科是全球路由器与交换器市场的领军企业，所占份额超过65%。近年来中关村产生了一些在业界具有一定影响力的大企业，但长三角核心区直到目前还尚未出现在国际上具有知名影响力的本土高技术企业。从德勤公司发布的2013年《亚太地区高科技高成长企业500强》名单中可以看出，长三角仅有11家企业上榜，不仅低于北京，还低于广东、四川和辽宁省。二是科研成果的产业转化率低。企业的转型升级主要依托企业自身的研发创新，而企业外部科研机构的创新支持力度相对较

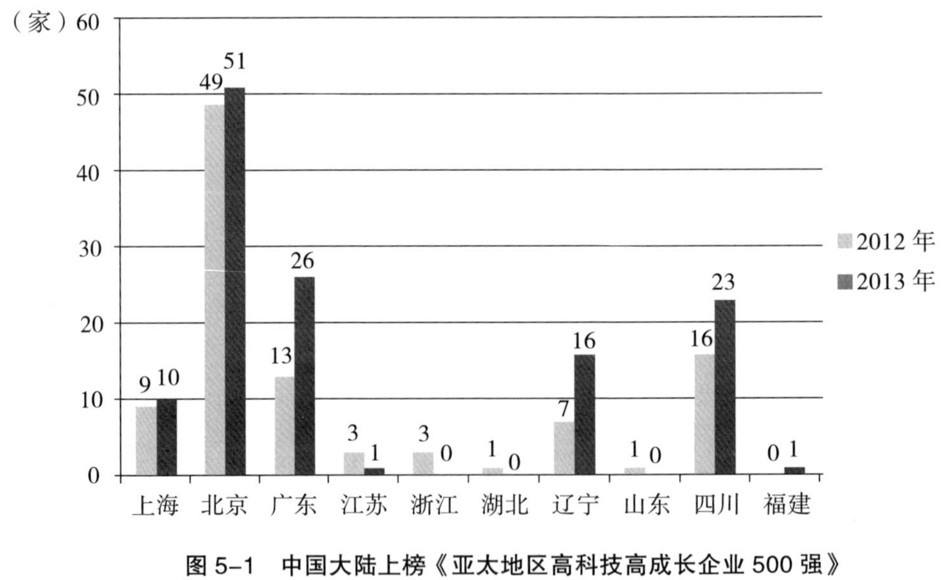

图5-1 中国大陆上榜《亚太地区高科技高成长企业500强》所在省市分布（2012—2013年）

小，县级以上政府部门科研机构的研究经费投入远大于专利转化的合同金额。三是企业和产业创新衔接不够紧密，模式单一。目前，长三角企业和产业协同创新主要集中在中小微企业的研发孵化，大型企业通过风投、并购等模式进行收购，这使大企业创新成本降低的同时，也使大企业缺少了产业创新的主动性。特别是在跨区域企业和产业创新的衔接方面更加分散。

（四）商务成本过高、上升过快抑制要素集聚

上海作为我国经济发达地区之一，也是全国商务成本较高的地区。商务成本具体可分为两部分，一部分是直接的劳动力、土地等成本。根据经济学人智库最新发布的《中国制造业劳动力成本分析》报告显示，随着我国劳动力供给数量减少、最低工资标准提高、职工工资协商能力提升，未来 6 年全国的年收入平均增速将维持在 12% 左右。该报告预计，我国制造业劳动力成本在 2019 年分别达到越南劳动力成本的 177% 及印度的 218%。另一部分就是房价间接成本。上海房价居高不下，进一步提升了商务成本。在全球经济后危机时代，外资对我国投资已有不同程度的减少。来自汤森路透的调查显示，2014 年外商直接投资流入新加坡、印度尼西亚、马来西亚、菲律宾、泰国及越南的总金额，达到历史新高的 1280 亿美元，超越我国同期外商直接投资金额 1195.6 亿美元。从 2013 年福布斯发布的全国商务成本城市排名来看，上海商务成本列居全国第 2 名。其中上海在企业险金负担、劳动力成本、办公成本等方面居于全国前 3 位，再加上上海居高不下的房价间接成本，商务成本成为创新要素基金的主要障碍之一。上海商务成本较高，不仅要警惕产业转移，也给企业创新带来阻碍。

表 5-1　全国商务成本最高 20 个城市排名

排名	城市	劳动成本指数	办公成本指数	能源成本指数	税收成本指数	企业险金负担指数
1	北京	1	1	112	2	19
2	上海	2	3	124	6	1
3	天津	7	8	79	27	3
4	杭州	3	6	1	24	80
5	南京	14	7	48	30	16

续表

排名	城市	劳动成本指数	办公成本指数	能源成本指数	税收成本指数	企业险金负担指数
6	乌鲁木齐	8	16	131	18	16
7	宁波	6	9	1	39	87
8	大连	22	4	36	40	24
9	武汉	26	20	18	37	24
10	深圳	9	2	29	21	121
11	广州	4	5	25	53	80
12	沈阳	41	17	36	33	24
13	厦门	4	27	96	12	110
14	合肥	13	60	42	49	24
15	珠海	17	10	23	29	130
16	太原	9	23	115	45	49
17	长春	29	30	21	60	38
18	西安	18	18	72	42	65
19	舟山	15	34	1	32	120
20	哈尔滨	43	22	46	58	2

资料来源：2013年福布斯。

（五）基础设施有待进一步对接

目前，长三角地区交通、能源以及环保等基础设施和组织管理有待完善。例如，城际间的高铁、高等级公路、地铁、公共交通等有效衔接的交通网络体系还未健全完善。区域间“断头路”仍然较多，路桥费仍然较高，跨省区的公共交通及“一卡通”实质性进展缓慢，港口重复建设、定位相同和无序竞争、地方保护等问题仍比较突出。以港口交通为例，长三角城市群也拥有通江达海、联系内外的优越港口条件，沿海分布着上海港、舟山—宁波港、南通港、连云港等大型海港群，南京港、镇江港、苏州港等沿长江的港口群，但在江海联运、沿江港口、沿海港口发展中，还存在重复建设、定位趋同、资源使用方面恶性竞争等不协同、不协调的问题。同时，上海小洋山北侧和大洋山港开发模式也有待进一步打破行政壁垒，探索出新的合作模式。

（六）区域社会管理能力不足

长三角地区外来流动人口将近3000万人，其中有60多万中国台湾同胞，还有数十万的外国人长期居住在长三角地区。据有关部门测算，上海2020年城市化水平达到85%，江苏达到70%，浙江达到65%。据最新人口普查资料表明，由于制造业的发展，在长三角的特大城市和大城市中，农民工占二、三产业从业人员的比重高达40%以上，其中第二产业超过60%，在建筑行业甚至占80%。这种状况导致了大部分从业人员长期处于流动状态，不利于提高劳动者的素质，阻碍了这些行业技术水平的提高，使得流动人口的劳动力市场报酬过低，缺乏社会保障。随着时间的推移，在城市中逐步沉淀一批收入低又缺乏社会保障的人员，形成了一个城市贫困群体，各种社会矛盾由此引发。可见，长三角的社会管理能力显然不足。

（七）区域合作体制机制有待完善

目前长三角地区已经形成决策层、协调层、执行层"三级运作"的合作机制，在城市层面有专门的城市经济协调会，对区域共同发展起到重要的协调推动作用。目前又成立了长三角地区合作办公室，并已进入合署办公阶段。该办公室发布了长三角地区区域合作三年行动计划，以项目为抓手推进为长三角城市群协调发展。但长三角区域对于跨行政区的制度性合作有待进一步推进，行政区经济仍很明显。在一些敏感问题上往往竞争多于合作，经济协调和沟通渠道不畅，缺乏紧密的区域内经济联系。同时，平台建设和专题合作缺乏统筹，虽然长三角地区区域之间的合作已经切实展开，先后建立了区域合作的"四大平台""十个重点合作专题""六项专题调研"，但是这些项目之间存在着一定的职能交叉。此外，长三角工商、金融等部门自发地开展了区域合作，而这些合作领域未纳入现有的区域合作协调机制之中，缺乏统筹协调最终致使力量分散，浪费资源，难以形成合力。还有些重大设施建设和规划需要从国家层面进行推进，如长三角机场群协调、重大交通通道的规划建设，需要国家有关部委协同等。

（八）生态环境协同治理尤为迫切

近年长三角地区环境联防联治取得积极进展，但尚未建立全面、系统、长效的生态环境协同保护和治理机制。根据我国主要城市污染物排放统计结果，从主要城市废气中主要污染物排放情况、废水中主要污染物排放情况、一般工业固体废物产生量等指标来看，上海、南京等长三角核心城市均处于前列，“三废”污染物排放量居于高位，生态环境仍是长三角城市群发展中的重要短板和瓶颈制约。而在长三角环境污染中，雾霾、水污染等复合型、流域性的环境污染问题仍十分严峻，区域环境保护中的联控联防覆盖面还比较窄，推动力度不足，尚未走出“一方治理一方污染”，“哪里出了问题治理哪里”等困局，跨界污染仍是长三角生态环境中的突出问题。生态环境的协同保护和协同治理修复，已成为长三角区域协同发展中的重要任务。

四、上海与长三角一体化发展路径与建议

（一）开放包容，树立大上海理念

上海应以开放促发展，聚焦国际经济、金融、贸易、航运、科技创新中心的核心功能要素，增强对流量的管控和增值能力。要全面融入全球分工合作，不断提高城市国际化水平，占据全球城市体系的核心节点。要以包容促合作，以共建共赢的自信与豪迈，着眼于国家战略和区域整体利益，积极参与长三角地区合作，在大格局中实现更高质量发展。要以文化促融合，促进中外文化交相辉映、现代和传统文明兼收并蓄，让上海更具人文关怀，让城市更有温度。大力弘扬“海纳百川、追求卓越、开明睿智、大气谦和”的上海城市精神。要深化长三角文化底蕴，以江南文化为底色，以海派文化为特色，使上海成为传统与现代、人本与科技、精英与大众、全球与地域等各种形态的文化交融地，引领长三角区域文化内涵拓展和深化，建立自信开放的文化新价值。

（二）充分发挥上海“四大品牌”优势，使上海成为长三角连接全球城市网络的窗口

上海要抓住“一带一路”国际合作带来的新一轮对外开放的历史机遇，深入参与全球城市网络建设。一是将上海自由贸易港的建设试点、浙江自由贸易试验区制度创新，可推广、可复制的经验率先在长三角地区推广、复制。发挥合作联动效应，探索建立推动合作的机制，重点在港口合作，

贸易便利化合作（海关、国检），投资便利化合作，外汇管理便利化合作等。二是联手打造服务“一带一路”企业走出去的合作平台。充分发挥苏州工业园区的苏州和新加坡共建园区模式优势，总结提炼海外园区在投资、建设、招商、运营、管理等方面的经验，对接上海在法律、金融、人才等方面的服务优势，联合建立苏沪“一带一路”海外园区服务平台。笔者在考察中埃苏伊士经贸合作区时发现，到海外园区投资有很大一部分来自长三角地区中小企业，迫切需要海外投资服务。我国“一带一路”倡议成功的关键在于，在“一带一路”上打造多个苏州工业园区、浦东新区。建议以海外园区合作为切入点，打造苏沪新一轮对外开放合作抓手。

（三）以利益共享为动力，着力政策创新，推动长三角区域协同创新。

完善创新环境政策，打造“创新成本洼地”。要使上海在整体上减低商务成本不现实，也不符合发展规律，建议通过特殊区域与功能政策安排，变成本劣势为优势。对于上海特大城市可采取打造科技创新战略特区，从点上实现突破，直接降低商务成本。通过政策特区与创新便利，形成创新成本洼地，并运用非经济杠杆相对降低综合成本。包括进一步放开人才入沪政策、公共服务水平提高、优化空间布局手段，营造更好的创新、创业与生活环境，使得相对高的成本能对应更好的服务条件。

要激发企业成为创新主体，弥补技术创新短板。一是以国家、区域、省市重大工程与项目为抓手，使国企成为创新驱动的主要动力源。同时，形成开放式创新网络，让民营企业也参与重大工程与重大项目，使长三角核心区在重大产业和行业技术方面有所突破，引领全国产业转型升级。二是鼓励跨国公司研发总部落地上海，成为第三代跨国公司研发中心，抓住“反向创新”“离岸创新”“开放创新”“技术共享”等全球创新趋势，加速形成第三代跨国公司研发中心。通过完善知识产权保护体系扩大外企本地化研发与应用规模，与本土企业形成互动，扩大溢出效应。三是通过营造良好的创新创业环境，使民营企业成为长三角核心区“草根创新”的主力军。

搭建创新服务平台，营造创新转型环境。一是打造创新公共服务平台。深化长三角技术互动和专业服务平台，在继续发挥原有的“孵化器”“加速器”等平台功能的基础上，鼓励和扶持公共技术研发平台、检测实验平台、信息情报平台、科技成果工程化平台、技术转移服务平台、咨询服务平台、创新服务机构及产业集群服务机构等专业中介服务机构（平台）的建设。二是完善创新金融服务平台。应建立适应科技中小企业的贷款管理体制和业务流程，引入贷款的风险定价机制，建立适用于科技企业的风险评估方法和风险管理制度，通过组合投资、与风险投资合作、持续监控等进行风险控制。三是营造允许创新失败的文化氛围。科技创新有自身的规律，风险是第一意识，失败是常态性结果。要鼓励承担风险和宽容失败的创新文化，形成鼓励知识共享的开放商业氛围等。

要完善创新人才政策，构建创新人才高地。一是建立“高端人才特区”，吸引各种人才进入长三角核心区，包括技术创新型人才、创业创新型人才、管理创新型人才和风险投资家。通过一系列创新政策吸引留住人才，对人才引进采取落户、住房、事业启动费、子女入学、生活安置以及配偶安置、社会保障等方面的优惠政策。二是激发体制内人才的创新创业活力。允许和鼓励科研人员离岗创业、在职兼职创业，创业期间保留原有身份和待遇，并可获得相应个人收入或股份。应允许和鼓励科研人员科研成果向企业转让，所获收益多数归团队负责人及其科研人员。要改革事业单位用人制度与科研经费管理制度，赋予团队负责人应有的创新空间与收入激励。三是完善创新海外人才引进制度。要设立上海市的海外市民证制度和技术移民制度，完善境外人才绿卡（永久居留）制度。四是在长三角核心区苏州、常州、宁波等重要节点城市建立高端蓝领技术人才培训基地，为产业技术孵化、转化以及产业化提供高端蓝领技术人才。

要完善协同创新政策，形成多式连接创新网络。一是建立以企业为主体、以市场为导向、大学和科研机构积极参与的产学研协调机制，促进科研成果转化，形成创新链和产业链有效连接。要建立利益共享和风险共担机制促进企业和科研院所的良好合作。建立企业、大学、科研人员之间的利益分配机制，包括技术入股、科研人员持股、知识产权归属等；要建立企业与大学院所合作的风险共担机制，弹性股权结构成为产学研合作的新方式。二是促进区域内各城市协同创新，由上海市科委和长三角合作交流办牵头，组织长三角核心地区城市，建立综合性的科技创新公共服务平台，就科技创新项目、共性技术开发项目、科技基金扶持项目等定期公开公示科技创新相关信息，形成信息共享、合作交流、互动发展的格局。三是共同建设长三角技术产权交易大市场。要积极发展知识产权与技术产权的中介机构和业务，促进知识产权和技术产权的交易，乃至建设全国性的技术产权交易中心，增强长三角作为技术中心的影响力，形成巨大的聚集和辐射效应。

（四）深化制度创新，完善长三角区域合作体制机制

在长三角区域一体化进入高质量一体化发展阶段时，也掀起了建立一批长三角区域合作载体的高潮，如 G60 科技创新走廊、嘉昆太科技创新协同圈、青浦美丽长三角、南通海门与黄浦建立合作，等等。目前，长三角地区拥有 36 个地级市和上海的 16 个区，各个基层单位也迫切加入、参与长三角一体化合作中。但在实际推动合作的过程中还存在信息不畅，机制分散的问题，许多区域合作停留在框架协议上，这容易形成以小范围为联盟载体的同质化、壁垒化问题。解决这些问题具体可从三个方面做进一步完善工作：一是建立国家层面长三角区域协调体制机制，或者建立与国家部委沟通的协调体制机制，对长三角的重大交通通达规划、机场群建设等进行协调。二是建议建立长三角区域合作办公室信息通报机制和备案机制，这样有利于更加有效整合资源，互通有无，使长三角区域合作更加根植于实际工作部门。三是建立相配套的区域协调体制机制。如干部考核机制，应将区域合作纳入考核指标中；建立监督协调机制，对区域合作进程进行约束；形成常态化的快速反馈机制，如对长三角遇到重大问题要如何上报、响应、反馈等。

第五节　上海与长江经济带发展研究

一、上海参与长江经济带建设基本现状

自 2014 年长江经济带上升为国家战略以来，得到了国家和沿江各省市

的高度重视，加强区域联动发展。上海作为长江经济带的重要增长极，也在积极参与长江经济带建设。上海在创新转型升级、黄金水道立体交通、双向开放、生态共建和区域合作体制机制等方面取得了初步进展，但也存在诸多问题。

（一）创新与产业转型升级联动发展现状与问题

在产业调整转型过程中，产业转移成为重要推动力。近年来上海通过省市间的跨区域产业合作、对口支援的产业扶持以及企业对外投资等形式，引导产业与长江经济带联动发展。主要呈现以下特征：一是长江经济带的中西部地区承接上海产业转移的能力日趋增强。传统上，长三角区域内一体化程度较高，上海周边的苏州、无锡、南通、湖州、嘉兴等地是承接上海产业转移的主要区域。由于长三角区域的生产成本不断提高，地区内的部分产业已向长江经济带中西部地区转移。2010 年，国务院正式批复《皖江城市带承接产业转移示范区规划》。这是首个获批复的国家级承接产业转移示范区。运行几年来，承接多个上海和长三角产业转移项目，与上海形成“块状转移”的对接合作的模式。上海部分产业不断向长江流域中上游地区纵深方向转移，电子信息等产业已呈现向成都、重庆、贵阳等地转移态势。二是通过产业跨区域投资，初步形成“两头在沪”，生产在长江经济带的产业链发展。据估计，上海每年涉及产业转移投资 1000 亿元，其中宝钢集团、华谊集团、上汽集团在“十二五”期间市外投资占全部投资比重分别提高到 75%、70% 和 40%。目前，上海产业投资由向长三角逐渐向长江经济带中上游地区扩展。例如，上汽集团为拓展市场和克服成本上升，分别在江苏、湖南、湖北等长江沿线建设生产基地，将成熟车型的生产环节逐步转移到上述地区。上海纺控集团在江苏、重庆建设产生基地，形成了纺织、印染、服装垂直整合的市外产业链。上海本地则转向时尚创意发展。在化工行业方面，上海利用异地资源优势，在安徽、重庆分别建设煤化工、轮胎产业基地，上海本地则集中发展大型炼化一体化、精细化工和化工新材料。三是以产业园区为代表的科技创新合作平台不断推进，促进产业转型升级。2015 年，在上海举行的汇聚全国 48 个城市、59 个开发园区的长江流域园区与产业合作对接会上，长江流域园区合作联盟正式成立。长江流域园区合作联盟由上海张江高新区、武汉东湖新区、重庆两江新区、南京高新区和合肥高新区共同牵头成立，同时，长江经济带大数据发展研究中心正式建立，国内首个长江经济带一体化指数和园区投资指数也将发布。在长江流域九省二市中共有 61 家高新区，占全国的 40% 以上，加入长江流域园区合作联盟的园区有 47 家。

上海与长江经济带产业一体化发展还面临诸多问题。一是上海与长江经济带产业协同发展仍以点状合作为主，尚未形成网络化。长三角与长江经济带中西部地区合作是以城市之间的合作、部分产业领域之间的合作为主的，以及国家级科研机构、国家级实验室、高等院校等双向合作为主，尚未形成如长三角区域之间的立体化、网络化的全面合作态势。如前所述，长江流域园区合作联盟的成立，从产业合作的角度看，就是上海张江高新区与武汉东湖新区、重庆两江新区、南京高新区和合肥高新区等通过园区合作，为产业和企业之间搭建的合作发展平台和桥梁。二是上海与长江经济带产业链、创新链联动程度还较低。上海产业特别是高科技产业以及为高科技产业提供金融、咨询、信息、会展等专业服务的现代服务业的服务范围和辐射范围仍然主要集中在长三角区域。上海在金融、贸易、航运、科技创新等领域的龙头作用没有得到充分发挥，进而在长三角城市群中的核心带动作用也未能充分体现，上海、长三角与武汉、长株潭、成渝城市群等长江经济带中的二、三级城市群之间的资源和产业合作无法真正“破冰”。产业联动程度低，导致长江经济带的区域创新链无法在区域整体范围内充分延伸。

（二）综合交通运输联动发展现状与问题

依托长江黄金水道，上海加强与长江经济带综合交通联动发展，主要体现在以下几方面：一是推进长江港口战略合作。上海港口企业与沿江多个港口建立战略合作关系，形成港口、航运、物流三大合作体系，并通过长江港口物流公司实现了一体化运作。例如，2014 年上海港与太仓港签署战略合作框架协议，双方在码头操作平台、物流运输体系、通关一体化、信息共享、相关政策等方面展开对接。二是推进内河航道网建设。上海市、江苏省推进长江口深水航道三期工程，不断向长江上游延伸，适应船舶大型化和货物量快速增长的需求，提升对长江流域的服务辐射能力。2012年，上海内河航道实现货物运输量1.3亿吨，完成货物吞吐量0.98亿吨；全市内河航道里程2162.55公里，等级航道合计767.44公里，内河三级及以上高等级航道里程152.0公里，占全市内河航道里程的7.1%。三是开展“五定班轮”业务。通过定卸港口、定运输线路、定班轮船期、定运输时间、定全程运价，优化组织方式，提高港口、航道资源利用率，降低外贸企业物流成本，提升上海港对长江流域的服务能力。2013年1—7月，上海洋山港“五定班轮”运输量超过30万TEU，占洋山直达比例的33.2%。

同时，上海综合交通运输与长江经济带联动发展还存在诸多问题。一是黄金水道的“四个标准化”建设推进缓慢，制约上海与长江经济带航运联动发展。早在2004年，长江黄金水道建设提出“四个标准化”，即船舶标准化、航道标准化、港口泊位标准化、航运管理与服务标准化。但近二十年来，长江黄金水道建设后序跟进不多，使“四个标准化”成为一个口号。长江黄金水道航道漫长，各河段通航能力不同。其中，水富至宜昌河段可通航500—3000吨级内河船舶，宜昌至武汉河段可通航1000—5000吨级船舶，武汉至湖口河段可通航5000吨级海船，湖口至南京河段可通航5000—1万吨级海船，南京至长江口河段可通航3万—5万吨级海船。制约长江航运的另一瓶颈为船舶标准的不统一，导致了整个航道很难采取一元化的管理模式。除此之外，长江黄金水道还受三峡水利工程、南水北调工程等影响，致使长江中上游的船闸、大坝较多，增加了翻坝成本，削弱了长江黄金水道的经济性。二是长江经济带铁水、水水联运较低，江海直达运输能力有限。长江黄金水道的建设不仅是水运建设，还要注重公水、铁水联运，打造立体综合交通运输体系，构建长江流域航运港口集疏运体系。增加铁水和水水联运比重，提高公水联运效率，建立沿江大通关制度，解决江海航道链接、船型对接等问题。聚焦航运服务功能，吸引国际航运要素集聚，优化长江流域航运服务政策环境，深化国际航运服务功能，开拓国际航运市场和专业领域。三是上海现代航运服务业优势尚未发挥。上海现代航运服务业相对发达，但各地还存在行政壁垒，航运金融、航运仲裁、保险、咨询等对长江中上游的辐射服务尚不明显。

（三）双向开放合作发展现状与问题

国务院颁布的《关于依托长江建设中国新支撑带指导意见》指出，要全面推进沿海沿江沿边对外开放，扩大上海自贸区示范效应，形成长江流域双向开放。长江经济带开放体现在三个层面：沿长江流域由东向西开放、沿长江流域由西向东开放以及统筹沿海、沿边和沿江开放。其中，上海作为向东开放的“桥头堡”，带动长江经济带双向开放已经进行了初步实践探索：一是探索建立长江经济带大通关制度。目前已经形成了长三角区域、上海与中部六省、川渝沪等区域通关合作机制。自 2014 年 9 月启动的长江流域大通关体制改革，已经逐步形成了长江经济带“12 城市海关如一关”的格局，但贯通长江流域的大通关制度还有待进一步确立。二是充分发挥上海自贸试验区的示范带动作用，进行制度创新。上海自贸区制度创新主要在“四大制度”，即投资管理制度创新、贸易监管制度创新、金融制度创新、综合监管制度创新。目前上海自由贸易试验区尚处于不断探索创新阶段，还未将大部分创新制度在长江经济带推广、复制。

上海与长江经济双向开发联动发展还存在诸多问题：一是对内开放的市场体系不完善。目前长江经济带各省市之间仍存在行政分割导致的“诸侯经济”现象。相关省市间产业和公共基础设施建设的合作意愿不强，甚至将经济带内兄弟省市看作竞争对手，对跨界经济合作的重要性认识水平尚待提高。总体来看，长江经济带的光伏、新能源、集成电路、生物医药等产业生产能力过剩，生产要素远未形成充分的市场流通。二是上海对外开放能级有待进一步提高。上海在吸引外资特别是吸引跨国公司地区总部等功能性机构方面，在税收环境、法律和监管制度、商业环境、政策透明度、市场准入等关键指标方面还需要进一步改革创新。另外，还需进一步拓宽对外资开放领域，特别是要拓宽服务业领域。现在不少领域还存在股比要求、投资工作有待进一步加强。

（四）生态环境保护联动现状与问题

生态环境保护是长江经济带发展的基础支撑与保障，长江具有流动性，要加强全流域联动与保护。上海在合作推进长江生态文明建设中作出了有益的尝试。上海的环境治理合作方面一向走在全国前列，在长三角区域环境合作平台建立以后，通过共同实施和完善环境政策提高政策的执行效率，也为其他城市的环保合作提供示范。2008 年 12 月 15 日，苏浙沪两省一市签订的《长江三角洲地区环境保护合作协议（2009—2010 年）》中提出要重点推进太湖流域水环境综合治理。要共同实施一批工业污染源治理、城镇生活污水处理设施建设等重点治污工程。进一步完善跨界水污染防治中的联合办公、监测预警和信息共享等制度，强化联合执法检查，共同打击环境违法行为，减少污染纠纷。在实施《长江口及毗邻海域碧海行动计划》中，要开展长江沿岸及杭州湾地区的污染综合治理，切实加强崇明岛生态建设和近岸海域环境保护。

上海与长江经济带生态环境保护与合作还存在诸多不足，具体表现为：一是缺少水生态补偿机制。水作为一种公共资源，具有生态系统的完整性，水资源中任何一个部分受到污染，都可能破坏整个水循环系统，污染方必须对整个循环系统作出补偿。然而在现行制度设计中少了规范的水生态补偿机制。二是地方博弈中存在不合作现象，地方保护主义引发跨界污染。现行的垂直型行政管理体制导致环境资源管理失灵，产权界定不清造成不同地区对环境资源的过度使用并出现“公共用地的悲剧”，在治理污染时的“搭便车”心理，又使政府间在相互合作解决环境问题的博弈中选择不合作。三是在长江流域部分区域内虽然初步形成了区域环境合作框架，但这种松散型的行政磋商，缺乏强有力的组织保证和财政保障，跨界生态环境保护的总体规划、任务分解和重大政策难以落实。当各行政区的经济社会发展与跨界的环境保护、生态建设产生矛盾时，牺牲的往往是区域生态环境整体利益。

（五）区域合作体制机制现状与问题

目前，长江经济带已形成了以城市群或者中心城市为主体的部分区域合作体制机制，例如形成了长三角区域合作体制机制，建立了长江沿岸中心城市经济协调会、长江中游城市群省会城市商会等。其中，长三角区域合作体制相对比较完善和成熟，并在长江经济带联动发展中发挥积极作用。一是不断完善长三角区域合作体制机制。2009 年长三角区域启动了“三个层级，四个座谈会”的区域协调体制机制，三层是指决策层、协调层和执行层，四级会议制度主要指沪苏浙三地党政一把手的定期会晤制度、副省（市）长级别的“沪苏浙经济合作与发展座谈会”、城市市长级别的“长江三角洲城市经济协调会”、长三角各城市政府职能部门之间的不定期协调会。2018 年，建立长三角地区合作办公室后，使长三角区域合作进入了“合署办公”阶段。二是推进四大平台多项专题领域合作。长三角积极推进交通平台、科技创新平台、环保平台和能源平台建设，并深化交通、能源、科技、环保、金融、信息和信用、人力资源社会保障、涉外服务、城市和产业等重点专题领域合作，深化合作内容，拓展合作范围，推动重点领域和关键环节实现突破。三是积极参与长江流域合作发展。参与长江黄金水道建设，联合推进航道治理、船型标准化等六项工程。与沿江省市重点加强港口、大通关、物流、商业、信息、产权交易、人才、金融、旅游、文化等方面的合作，取得阶段性成果。深化与中部地区的战略合作，在粮食、能源、汽车、化工、机械、基础设施等方面实施一批重大项目。但上海参与长江经济带建设工作多是在务虚层面，缺乏良好的协作机制与平台，难以实现有效对接与合作仍是长江经济带区域合作存在的现实问题。

二、上海参与长江经济带建设主要路径与建议

（一）充分发挥上海自由贸易试验区示范带动作用，推动长江经济带扩大开放

加快推进自由贸易试验区建设，充分发挥示范带动作用。上海地处长江流域的最东面，有利于把自由贸易试验区探索形成的经验、成果率先向全国转移和推广。中国上海自贸区制度创新主要体现在以下几方面：一是投资管理制度创新。借鉴国际通行规则，按照简政放权、转变政府职能的要求，加快推进外商投资管理体制改革，营造有利于各类投资者平等准入的市场环境。例如，在试验区实施负面清单管理模式，制定试验区负面清单，对负面清单之外的领域，原则上将外商投资项目核准改为备案制、将外商投资企业合同章程审批改为备案管理。在试验区内试行注册资本认缴制、“先照后证”登记制、年度报告公示制等登记制度。对境外投资开办

企业实行以备案制为主的管理方式，对境外投资一般项目实行备案制。二是创新贸易监管制度。围绕推动海关特殊监管区域转型升级的目标，创新海关和检验检疫监管模式，促进区内货物、服务等各类要素自由流动，提升贸易便利化水平。如推进实施“一线放开”，坚决实施“二线安全高效管住”，探索建立货物状态分类监管模式等。推动贸易转型升级，积极探索具有国际竞争力的航运发展制度和运作模式。三是创新金融制度。围绕金融为实体经济服务、促进贸易和投资便利化的目标，在风险可控前提下，创造条件，重点在资本项目可兑换、人民币跨境使用、利率市场化、外汇管理体制等方面先行先试。四是创新综合监管制度。深化行政管理体制改革，推进政府管理由注重事前审批转为注重事中、事后监管。如在试验区建立信息共享和服务平台，加强社会信用体系建设，探索建立综合执法体系，鼓励社会组织参与市场监管，建立风险防范体系等。

提高上海市场开放度，成为连接对内、对外贸易的枢纽节点。长江经济带经济总量占全国一半，拥有广阔的内地市场。充分发挥上海通江达海的优势，推进沿长江经济带由西向东开放，成为我国向东对外开放的“桥头堡”。大力提高上海市场开放度，加快形成货物贸易和服务贸易同步发展、国际市场和国内市场相互融通的发展格局，成为链接长江流域腹地和国际市场的枢纽节点。

提升上海国际贸易功能能级，辐射带动长江经济带贸易发展。上海要构建现代市场体系，集聚高能级的贸易主体，营造国际标准的商贸环境，带动长江流域的贸易发展。要全面提升上海大宗产品交易和定价功能、国际展览与跨国采购功能、总部经济功能、国内商贸流通功能、服务贸易功能、离岸贸易等功能，打造多功能综合平台，构建区域无障碍市场，辐射带动沿江城市的贸易发展。

加强与沿江地区电子通关衔接，推进贸易便利化。进一步完善上海口岸贸易便利化，实现上海海关分类通关关区全覆盖，进行通关无纸化改革。沿江城市要加强电子通关建设，并与上海进行无缝对接，通过信息化、网络化，大力发展电子商务，重点打造长江经济带电子商务大平台。

（二）强化上海综合交通枢纽功能，服务长江综合运输通道建设

巩固上海枢纽港地位，深化落实上海国际航运中心“一体两翼”的发展战略，促进长江港口群联动发展。鼓励上海港口物流企业以市场化方式参与沿江港口的建设和运营，建立以港口码头（点）为基础，以内支线运输（线）为纽带的港口格局。例如，2014 年 4 月，太仓港与上海港签署战略合作框架协议，在码头操作平台、物流运输体系、通关一体化、信息共享、相关政策等方面实现了对接，推动了太仓港融入上海国际航运中心建设。发挥“五定班轮”航线的示范效应，最终形成了以上海港为终端，辐射长江流域的物流网络（面）。通过“点、线、面”的配合，提升了上海港口服务能级，充分发挥了上海国际航运中心的辐射功能。

依托黄金水道，大力推进以江海联运为主的多式联运集疏运体系发展。目前，长江黄金水道中上游面临着大坝、下游面临着大桥等障碍，在这种条件下，黄金水道建设不能仅局限于万吨轮直通，要转换思路，在依托水运的基础上，加强沿江高速公路、高速铁路建设，特别是要加强高速铁路的货运建设，形成水、铁、公综合运输体系。同时，长江水运可通过驳运体系，由矿产驳运拓展到集装箱驳运，使上海港成为沿江港口向国际航线的重要中转港。加快长江航运的“四个标准化”建设，推动江海直达运输和江河直达运输。通过地方性适度补贴，对支线航运企业进行政策扶持，推动长江沿线港口至洋山的江海直达运输，提高水水中转比例。鼓励和引导内河集装箱运输发展，在集装箱船舶通行权、费收、适箱货“散改集”等方面给予政策扶持，推动内河船舶至外高桥港区的直达运输。推广标准化船型的应用，提高船员适航范围。加快内河高等级航道建设，打通沿江内河航道网络，大力推广标准化船型，积极推进“江海直达”，降低综合物流成本。推进“长江战略”和长江内支线业务班轮化、大型化、联盟化运作，促进沿江港口分工协作。扩大启运港退税政策试点范围。在现有试点港口和运输企业基础上，进一步增加积极性高、信誉好的沿江港口（如重庆、南京、芜湖等）和运输企业加入试点，扩大政策效应。

拓展国际国内航线网络，构建航空枢纽快速集疏运体系。加强虹桥机场和浦东机场航线网络建设，成为集本地运量集散功能、门户枢纽功能、

国内中转功能和国际中转功能为一体的大型复合枢纽。浦东机场兼顾国际、国内航线、提升国际竞争力；虹桥机场以国内为主，承接部分国际航线。加快规划建设浦东机场与虹桥枢纽之间的快速轨道交通联系，加强浦东机场与长三角紧密联系。

（三）加快上海创新驱动，推动长江经济带产业升级发展

开放创新资源，主动在长江经济带进行区域布局。上海要进一步开放科技创新资源，发挥在科技、资金、人才、文化、教育、医疗等方面的优势，把产业、园区、高校、医疗、科研型医院、科研院所、高职等优质科技资源主动在长江经济带进行布局，形成以上海为主导的科技创新网络。目前，上海科技教育资源与长江经济带的合作还处于以项目和课题合作为主的短期合作阶段，合作的深度和延续性不够。因此，要以长江经济带各城市的需求为主导，与上海建立科技战略合作关系，鼓励高等院校、科研机构、高等职业学校等在当地成立分校。特别是要考虑市属、理工类、应用技术类高校，以及高职等与周边产业比较契合的特点，把应用类科技教育和科技研发资源积极与长江经济带城市进行对接，并根据当地产业特点设置相关专业和研发项目，推进长期合作。通过 5 年左右的布局与协同发展，形成当地的产学研科技创新体系。由于这种产学研创新体系注入了上海科技创新要素，必然会与上海产学研体系进行对接，进而推动上海科技创新的深度发展。

推动科技服务，注重科技无形资产的整体输出。长期以来，上海科技创新要素的输出往往是以项目、产品、技术等有形资产和以点为主形式进行的。由于缺乏整体性，科技创新要素在当地的培育与发展不甚理想。随着经济社会的发展，无形资产的输出将逐步占据主导地位。科技专业服务是科技创新重要的无形资产。具体来讲，与长江经济带其他城市相比，上海科技创新能力强，不仅体现在科技本身，更重要的是体现在具有较强技术服务能力上。这种服务能力与科技创新是一体的。上海具有较强的金融、保险、咨询、信息服务、文化创意、品牌策划、平台服务等专业服务能力，这也是其他城市所不具备的。上海要发挥科技专业服务业优势，把无形资产注入有形资源中，形成整体输出科技创新要素的态势。未来上海技术服

务业与专业服务业将在高度融合发展的同时，须将科技专业服务融入科技产品、科技项目、科技资金、科技人才等有形资源中，向长江经济带辐射。由政府搭台，行业协会承接，建立联席会议制度，定期展开创新服务对接的论坛、研讨会、交易会、交流会等合作活动，争取形成以科技有形资源为先锋、以无形资源为支撑的科技输出体系。

从点上突破，探索上海与长江经济带创新合作模式。长江经济带涉及我国11个省市，各城市经济发展、科技创新、人才支撑呈现区域差异，要以点为突破，选择重要节点城市和重点园区探索创新合作模式。具体表现在三个方面：一是深化园区合作模式。借鉴上海与长三角园区合作经验，深化推动长江流域园区合作联盟，做实科技创新合作。2015年，上海举行的汇聚全国48个城市、59个开发园区的长江流域园区与产业合作对接会上，长江流域园区合作联盟正式成立。在进一步推动上海张江高新区、武汉东湖新区、重庆两江新区、南京高新区和合肥高新区等园区合作的基础上，推广更多园区进入合作联盟。选择张江、漕河泾等园区中的高新技术企业，重点围绕科技创新合作中的研发和成果转化为核心，鼓励企业在长江经济带合作园区设立分公司，或开展与长江经济带合作园区内企业的合作。探索园区之间就企业创新成果的转化和利益分配等合作政策。发挥上海专业服务能力强的优势，提供品牌策划、文化创意、工业设计等配套服务，当地园区发挥研发产品中试环节优势，逐步形成知名龙头企业。二是推广创新合作联盟。以市场为导向，发挥行业协会的作用，积极建立科技创新技术领域、技术服务领域、专业服务领域三大合作联盟，在联盟内部开展各种交流活动。以上海与长三角已建立的较为成熟的创新合作联盟为载体（如科学与仪器产业技术创新战略联盟、长三角中小企业服务机构联盟、长三角青年创新创业联盟等）逐渐向长江经济带推广。可选择将长江经济带重要节点城市如重庆、成都、武汉、昆明、贵阳等逐渐纳入创新联盟，推动上海与长江经济重要节点城市进行网络创新合作。三是鼓励小微企业之间合作。上海由于商务成本较高，小微企业的成长也受到一定限制，而长江经济带其他城市的发展环境又存在不足。因此，要发挥上海专业服务优势，在长江经济带范围内广泛寻找、筛选、锁定有成长性的小微企业予以扶持。一方面，鼓励上海的社会资金和专业服务介入，共同培育发展；另一方面，通过区域战略合作，形成政府合作搭台，企业、市场、社会力量合作发展的格局。

创新区域政策，引领上海与长江经济带协同创新。抓住上海建设全球科技创新中心的机遇，创新区域政策打破行政区划壁垒。一是建立竞争性区域产业政策，避免长江经济形成新一轮产业趋同。目前，长江经济带沿线城市均以新能源、新材料等战略新兴产业为发展重点，重视科技研发创新。建议建立企业创新成果应用保护期制度，对企业将自主研发成果形成的产品予以一定期限的保护。保护期内其他企业不得进入该领域，有限的保护期限过后则全面放开市场，允许其他企业自由竞争。政府要完善评定办法和执法措施。二是率先在高科技创新产业领域建立税收分享机制。上海在长三角区域内重在全球科技创新中心建设，研发企业多在上海，而科研成果产业化和制造环节多在长三角其他城市。研发企业在初创阶段属于保护行列，税收普遍优惠甚至完全免除，等到研发成果需要较大规模产业化时，由于土地劳动力等要素的成本比较，它们又会倾向于向周边地区转移，这样大大降低了上海支持企业研发的积极性。因此，为鼓励人才、技术、产业园区等优势资源的跨区域流动配置，提高长三角总体效益，建议在长三角区域建立高科技创新产业领域税收区域分享机制

深化制度创新，完善长江经济带创新合作机制。上海通过改革促进创新，探索一系列制度改革，可率先在长江经济带进行推广和复制。主要体现在以下三个方面：一是将上海自由贸易试验区制度创新，率先在长江经济带推广和复制。加强上海海关与武汉海关、重庆海关等长江沿线海关联动发展，进一步完善长江流域大通关体制。将上海海关的监管服务制度创新率先在长江经济带推广复制，推进实施“一线放开”，坚决实施“二线安全高效管住”，建立货物状态分类监管模式。二是发挥浦东新区以及综合配套改革试点的先行先试作用，探索在体制机制改革方面的率先突破和创新，引领长江经济带制度改革创新。长江经济带囊括了国家 1/3 的国家新区，有浦东新区、重庆两江新区、舟山群岛新区、贵州贵安新区、湖南湘江新区、南京江北新区。放大浦东新区建设和浦东综合配套改革的建设经

验，把浦东综合配套改革试点作为服务全国的重要载体，将成熟的经验和做法首先向长江流域推广。三是区域合作体制机制创新，为长江经济带中其他城市群以及长江经济带区域合作体制提供有益经验借鉴。目前，长三角城市群已形成了“三个层次，四个座谈”相对比较成熟的区域合作体制机制。参照长江三角洲区域合作协调体制与机制实行的会议制度经验，建立轮值制为长江流域各城市群合作协调体制与机制的正常运行提供制度保障，并探索长江流域合作联动体制机制。

利用信息化手段，打造创新服务平台。利用信息化手段，充分发挥上海创新优势，建立与长江经济带互通的创新服务平台。重点打造四大平台：一是科技资源共享平台，包括专业数据库网络、科学技术创新网络、科研教学机构网络、人才队伍网络、科学数据网络等，实行科技资源共享。以上海与长三角已建立的科技创新、重大科技设施共享平台为载体，与长江经济带重点城市进行统一数据交换标准和借口对接，建立重大关键产业技术，重大设施共享，推广上海信息数据、大型仪器、农业种植资源、新药创制、集成电路设计等创新服务平台。二是创新公共服务平台。由上海市科委和长三角合作交流办牵头，组织长江经济带成员城市，建立综合性的科技创新公共服务平台，就科技创新项目、共性技术开发项目、科技基金扶持项目等定期公开公示科技创新相关信息，形成信息共享、合作交流、互动发展的格局。三是技术互动平台。重点发展行业协会的作用，组织相关行业形成若干个企业联盟，形成行业趋势信息、产品开发、技术专利、知识产权、品牌创新、产品交易等专业性服务平台。四是跨区域专业合作平台。可通过扶持创立区域行业协会、建立区域利益分享和补偿机制、实施跨区域发展促进基金等手段，推动企业、中介组织、非政府性区域合作组织以及承担社会服务的相关机构参与上海长江流域的工程，促进不同区域间人员、商品、资本、生产要素的自由流动和融合，达到优势互补、互利双赢，推动长江经济带共同发展和繁荣。

（四）加快上海新型城镇化建设，推动沿江城镇带协调发展

推动城镇群成为上海新型城镇化主体形态。充分发挥上海大都市优势，构建由特大城市、大城市、中等城市、小城市以及小城镇组成的上海市域

城镇群。优化中心城区发展，重点发展松江新城、嘉定新城、临港新城、金山新城、南桥新城和宝山新城等成为大城市。形成特大城市、大城市、中等城市、小城市以及小城镇之间相互联系的网络化布局，并加强与长三角其他城市及城镇之间联系。

体现以人为本思想，促进社会事业发展。坚持分类指导、资源聚焦、梯度发展，加大对社会公共服务设施的建设和投入力度，不断提高社会公共服务供给能力和水平，逐步缩小与中心城区在社会公共服务方面的差距，推进公共服务均等化，提高优质公共服务的覆盖面。同时注重建设与管理的无缝衔接，创新探索管理体制机制，提高城市化运行管理水平。

重视农民工市民化，加大对农民工的社会保障力度。新型城镇化是以人为核心的城镇化。据“六普”数据，上海常住人口达到2300万，其中户籍人口1400万，流动人口超过900万。目前上海户籍人口中农民不到300万，而900万流动人口市民化成为上海新型城镇化主要瓶颈。上海要加强对农民工标准的认定，加大公共服务设施建设和社会保障力度，推进农民工市民化发展。

（五）强化上海生态文明建设，提高长江流域生态环境质量

促进绿色低碳发展，强化节能减排。建立明确的责任体系和有力的推进机制，科学合理的评估考核机制，强化节能减排和环境影响评价对转型发展的调控和倒逼机制。加快推进工业结构布局优化和农业发展方式转变，积极发展低碳和循环经济。深化改革加快完善环境保护长效管理体系。

强化水环境治理，提高水资源利用与保护能力。进一步完善防汛保障体系和农田水利体系。推进污水处理厂提标改造，雨污混接改造、初期雨水治理以及农村生活污水处理工作。实行严格的水资源管理制度，建立水资源开发利用、用水效率及水功能区限制控制红线。实施太湖流域水环境治理，进一步完善河口海洋开发保护体系。

积极拓展生态空间，加强生态资源保护和生态经济发展。加快实施基本生态网络结构体系建设，扩大城乡绿色生态空间，推动立体绿化发展和林业建设。进一步加强绿地、林地、湿地等资源保护，完善网格化管理等机制，加强对毁绿占绿行为的监督检查和处罚力度。鼓励林地资源综合利

用，推动生态服务、生态旅游、生态农业、生态文化、生态科普深入发展。

（六）建立区域合作体制机制，促进长江流域一体化发展

建议建立国家层面的长江流域协调机制，在规划编制、项目建设、政策制定、统一市场平台等方面加大推进力度，营造公平公正统一的市场环境。

建立长江经济带区域协调推进机制。长江经济带发展，不仅需要相关省市的密切配合、通力合作，更离不开国家和中央有关部门的统筹协调、大力支持。一是建议尽快建立国家层面的协调推进机制，组织召开联席会议，统筹协调长江经济带的规划、政策和发展中的一些重大问题。特别是针对长江经济带生态保护等问题，加强在国家层面进行统一协调，不断完善生态环境补偿机制等。二是建议在现有长三角联席会议机制基础上，加强长三角城市群与长江中游城市群、成渝城市群三大城市群联动机制，可借鉴长三角区域已形成的“三层、四级会议制度”，形成跨省市的区域合作常态化机制。三是建议鼓励长三角研究机构、高等院校、社会组织等以多种形式与长江经济带城市开展学术研讨、走访调查等合作交流，逐步形成常态化合作机制。

建立推进长江经济带区域合作配套机制。一是将区域合作纳入政府的绩效考核范围。目前，我国政府绩效考核机制是行政区划考核，地方财政激励。干部晋升以地方政府的行为业绩为主，这就助长了地方保护主义。推进长江经济带区域合作，落实长江经济带区域协调体制机制，必须推进政府绩效考核等相关体制机制改革。将跨区域合作工作纳入政府绩效考核，可率先在长三角城市群、长江中游城市群和成渝城市群三大城市群内部实行，推进区域合作。二是设立长江经济带合作协调与发展基金。由国家引导，以沿江 11 省市为主，设立长江经济带区域合作协调与发展基金，围绕长江流域重大基础设施项目、生态保护等确立长江经济带跨区域合作专项基金，用于长江经济带跨区域合作重大攻关和引导资金。在区域合作中，以基金为抓手进行区域利益平衡和补偿，以建立在区域合作中产生的区域利益分享和补偿机制，实现区域深层次合作。

积极构建跨区域专业合作平台。可通过扶持创立区域行业协会、建立

区域利益分享和补偿机制、实施跨区域发展促进基金等手段，推动企业、中介组织、非政府性区域合作组织以及承担社会服务的相关机构参与长三角服务长江流域的工程，促进不同区域间人员、商品、资本、生产要素的自由流动和融合，优势互补、互利双赢，推动长江经济带共同发展和繁荣。

第六节 上海与“一带一路”发展研究

一、上海在“一带一路”发展中地位作用

（一）“一带一路”国际合作

根据《推动共建丝绸之路经济带和21世纪海上丝绸之路的愿景与行动》，界定“一带一路”倡议布局。陆上丝绸之路经济带，主要托国际大通道，以沿线中心城市为支撑，以重点经贸产业园区为合作平台，共同打造新亚欧大陆桥、中蒙俄、中国—中亚—西亚、中国—中南半岛等国际经济合作走廊，主要有三条经济带：一是从我国西北、东北经中亚、白俄罗斯到欧洲。二是从我国西北，经中亚、西亚、波斯湾、地中海。三是从我国西南经中南半岛到印度洋，经中亚五国、中南半岛，俄罗斯、蒙古国、中东、中东欧。21世纪海上丝绸之路，以重点港口为节点，共同建设通畅安全高效的运输大通道。这些通道主要有：一是从我国沿海港口，过南海、马六甲到印度洋到欧洲。二是从我国沿海港口，过南海经印尼，过南太平洋，以东盟10国为重点。据估计，“一带一路”沿线约64个国家，总人口约44亿，经济总量约21万亿美元，分别约占全球的63%和29%（图5-2）。

“一带一路”不仅是历史商贸通道的传承，更是在对外开放大背景下区域开放联通的战略构想。其战略思想主要体现在以下几个方面：

全球视野的互利共赢。目前世界经济复苏乏力，很多国家经济面临增长困境，缺乏新的经济增长点，亟须新的经济驱动力来推动世界经济发展。“一带一路”国际合作，秉持和平合作、开放包容、互学互鉴、互利共赢的理念，全方位推进务实合作，打造政治互信、经济融合、文化包容的利益

共同体、命运共同体和责任共同体，是与相关各国打造互利共赢的经济繁荣带。

借古论今的传承升级。“一带一路”不仅是历史商贸通道的传承，更是在对外开放大背景下区域开放联通的战略构想。古代丝绸之路为茶马古道，中国的丝、绸、绫、缎、绢等丝制品及养蚕、缫丝和纺绸技术通过经济、交通走廊源源不断地运向中亚和欧洲。现代丝绸之路为陆桥通道，将中国制造的产品、资本、技术以及文化等，通过经济、交通走廊不断开拓中亚、西亚、欧洲等市场。我国各省市提出加入丝绸之路的计划。这些省市可能更多以本地区发展为基点，应该要从理解中国的对外开放战略格局中去体验。“一带一路”国际合作，不是追赘古代，不纠缠于古代丝绸之路的走向，不缠绵于区域交易的物品，不争执于发源地和启终点；讲的是开拓国际市场的精神，求的是世界的和平，传的是中华民族的文化。

互联互通的跨区合作。“一带一路”沿线各国和地区资源禀赋各异，经济互补性较强，彼此合作潜力和空间很大。“一带一路”国际合作重点主要为“五联五通”，即政策沟通、设施联通、贸易畅通、资金融通、民心相通。特别是基础设施互联互通是“一带一路”建设的优先领域，沿线国家发展水平参差不齐，可通过加强基础设施建设规划、技术标准体系的对接，共同推进国际骨干通道建设，逐步形成连接亚洲各次区域以及亚欧非之间的基础设施网络。这不仅有利于发挥我国在基础设施建设方面的优势，也有利于释放国内产能过剩的局面。同时建立区域协调机制和相应规则，以完善大通关制度为突破口，通过简化通关、检验检疫等方面手续，降低区域关税，推进资金流、物流、人流的便利化，推进投资和贸易便利化，促进“软件基础设施”和标准的互联互通。

多元开放的机制创新。“一带一路”沿线有 64 个国家，地域文化差异较大，经济发展水平参差不齐、利益诉求各异，国家、地区间关系错综复杂。“一带一路”建设以目标协调、政策沟通为主，不刻意追求一致性，高度灵活，富有弹性，是多元开放的合作进程。“一带一路”可在既有双多边和区域次区域合作机制框架下，通过合作研究、论坛展会、人员培训、交流访问等多种形式开展区域合作。同时，“一带一路”建设要以开放的视野，充分发挥各方智慧和创意，兼顾各方利益和关切，寻求利益契合点和合作最大公约数。创新跨区域、跨国家合作机制和模式，构建多层次政府间宏观政策沟通交流机制。加强双边合作，开展多层次、多渠道沟通磋商，推动双边关系全面发展。

（二）上海在“一带一路”国际合作中的地位作用

新时期，世界经济复苏乏力，亟需寻找新的经济增长点。“一带一路”倡议的提出，是对古代丝绸之路的传承和提升，是推动经济全球化深入发展的一个重要框架。上海具有通江达海的区位优势，作为全国对外开放的先行者，上海自由贸易试验区的设立，众多国家战略的叠加，使上海在“一带一路”倡议中发挥重要的桥头堡作用。具体体现在以下几方面：

一是上海通江达海，区位优势明显，战略地位极其重要。上海位于我国最长河流长江的入海口，地势平坦，四季分明，雨水充沛。交通发达，铁路、公路、水路和航空都是我国东部的交通中心。自中国的大门被迫打开之后，上海的地理位置就决定了上海就是西方投机家们掠夺中国的“前沿阵地”，从而确定了上海工业中心和经济中心的地位。目前，上海即是“陆上丝绸之路经济带”和“21世纪海上丝绸之路”的交汇点，也是“一带一路”国际合作和“长江经济带”发展战略的交汇点，战略地位极其重要。

二是上海作为国家众多战略的叠加区，拥有浦东新区、上海自由贸易试验区、具有全球影响力的科创中心等载体，优势突出。其中，国家已经明确上海自贸区要进一步发挥“走出去”的桥头作用。2017年两会期间，习近平总书记在参加上海代表团审议发表讲话时，要求上海在深化自由贸易试验区改革上有新作为，努力把上海自由贸易试验区建设成为开放和创新融为一体的综合改革试验区，成为服务国家“一带一路”建设、推动市场主体走出去的“桥头堡”。上海要紧紧抓住“一带一路”倡议的新机遇，发挥区位优势、政策优势，依托产业基础雄厚、科技创新活跃、基础设施建设和产业投资发达等优势条件，积极参与“一带一路”建设，并为长三角乃至全国企业“走出去”提供平台服务。

三是上海成为连接国内国际两种资源、两种市场的枢纽点，成为中国企业参“走出去”的窗口。上海作为国际化大都市，不仅自己积极参与“一带一路”建设，还充分发挥金融、贸易、科技创新、航运等优势，为中国企业“走出去”提供专业化的全产业链服务。把服务国家“一带一路”建设作为上海继续当好改革开放排头兵、创新发展先行者的新载体，服务长三角、服务长江流域、服务全国的新平台，联动东中西发展、扩大对外开放的新枢纽，努力打造能集聚、能服务、能带动、能支撑、能保障的“桥头堡”。

二、上海参与“一带一路”建设现状与问题

（一）上海参与“一带一路”建设基本态势

自 2013 年习近平总书记提出“一带一路”倡议以来，上海积极参与“一带一路”建设，发挥在高端服务业、科技创新等领域的优势，以上海自贸区建设为抓手，打造成为“一带一路”桥头堡。

上海自贸区是企业开展国际合作的最重要平台，致力于投融资服务。截至 2017 年初，上海自贸区内服务业扩大开放项目数量达到 2175 个，2017 年上半年自贸区内的企业实现进出口贸易额 6427 亿元，年增长 17.9%、占全市进出口总值的 41.4%。试验区累计已在新加坡、捷克、俄罗斯等 25 个“一带一路”参与国家投资了 108 个项目。目前，上海自贸区已成为中国企业“走出去”的重要途径。一方面积极打造资金池，在《中国人民银行上海总部关于进一步拓展自贸区跨境金融服务功能支持科技创新和实体经济的通知》（银总部发〔2016〕122 号）的指导下，上海自贸区首批全功能型跨境双向人民币资金池落地，至 2106 年底，上海自贸试验区开设 FT 账户超过 6.34 万个，账户收支总额 5.74 万亿元。人民币跨境交易规模持续扩大，全年保税区跨境人民币境外借款 40.70 亿元，跨境人民币结算总额已达 11518 亿元，跨境双向人民币资金池业务收支总额累计 3520.13 亿元。另一方面进行融资创新，通过“债券通”境外投资者可经由香港与内地基础设施机构之间在交易、托管、结算等方面互联互通的机制安排，在不改变业务习惯的基础上高效便捷地通过香港投资于内地银行间债券市场。

上海以工程承包为先导、产业投资为主，在“一带一路”参与国家和地区建设一批合作园区和投资项目。2016年，上海企业在“一带一路”参与国家和地区新签工程承包合同额89.15亿美元、占全市总额75.3%，完成营业额40亿美元、占全市总额60%；2017年上半年，上海对参与国家和地区投资占全市投资总额的14.2%，参与国家和地区在建项目实现营业额同比增长72.5%。从对外承包工程合同市场分布来看，主要以埃及、印度尼西亚、菲律宾等国为主，上海鼎信投资（集团）有限公司投资建设的中国印尼综合产业园区青山园区被评定为国家级境外经济贸易合作区。行业分布主要集中在电力工程建设、房屋建筑业和交通运输业等优势产业，对外承包工程领域的主体是上海电力建设有限责任公司、振华重工、上海建工、上海贝尔、上海电气、隧道股份、惠生工程、中国建材等大中型国有企业。上海企业与“一带一路”参与国家和地区的投资合作则主要集中在东南亚和南亚地区，其中新加坡、印度、马来西亚占前3位，“一带一路”参与国家目前成为上海开展国际产能和装备制造合作的集中地。

表5–2 上海企业与“一带一路”参与国家现有部分合作项目

上海企业	合作国家	合作项目内容	合作方式
华信集团	俄罗斯、哈萨克斯坦	开发油田，收购DGT液化石油气公司	收购
振华重工	韩国、印度、土耳其、俄罗斯等14个国家	境外投资机构	直接投资
中国远洋海运集团	希腊、北极东北航道参与国家	上海与希腊比雷埃夫斯港两大港口间经贸和其他领域合作；开辟北极东北航道（意向）	2008年签署获取35年特许经营权；2016年收购比港港务局67%股权
上海国际电影电视节	2017年47个“一带一路”沿线国家参与	1016部影片参展	人文交流的主题活动
春秋航空等	俄罗斯、甘肃、贵州	上海航空枢纽港	开通100多条国际及地区客运航线
上汽集团	泰国	整车制造新工厂	绿地投资
华谊集团	泰国	橡胶轮胎制造	绿地投资

续表

上海企业	合作国家	合作项目内容	合作方式
上海纺织控股（集团）公司	孟加拉国	纺织产业合作	
上海鼎信投资（集团）有限公司	印度尼西亚	青山产业园（国家级境外经贸合作区）	国际产能和装备制造合作的示范区和产业合作平台
金砖国家开发银行	巴西、俄罗斯、印度、南非	上海临港智慧新能源推广应用示范（分布式光伏电站）	投资
猎鹰国际	阿联酋	上海“迪拜周”活动	经贸、文化交流
上海复星医药	印度	并购印度注射剂药企Gland Pharma，利用其研发能力和仿制药政策优势，嫁接复星已有的生物医药创新研发能力，开拓海外市场	并购
上海电气集团	印度尼西亚、孟加拉国、菲律宾、巴基斯坦	承接印度尼西亚爪哇、孟加拉国帕亚拉、菲律宾马力万斯等国家和地区的海外火电单机；巴基斯坦新设子公司，并计划新增南非、马来西亚、土耳其、波兰、哥伦比亚等海外销售网点	承接订单；设立子公司，推进电站工程产业在“一带一路”重点市场发展
华测导航技术股份有限公司	缅甸、土耳其	中标缅甸高精度GNSS接收机，中标土耳其测绘局GNSS设备	工程承包
上海隧道股份有限公司	新加坡、印度、波兰等国	城市基础设施建设运营综合服务	工程承包
上海港湾集团	印度尼西亚、越南、马来西亚、阿联酋	印度尼西亚Tarahan Port Phase 5振冲碎石桩地基处理工程、电厂；越南电厂；马来西亚高速公路地基处理项目	工程承包

资料来源：作者整理。

上海在不断推进科技国际合作方面已经形成了科技合作基地、平台、项目等多种合作方式。上海通过国际合作基地、国际技术平台、项目合作、科考远航等多种方式，积极参与科技国际合作。以海洋科技合作为例，上海海洋大学联合葡萄牙阿尔加夫大学CCMAR海洋生物研究中心、国际南极研究中心、美国密歇根州立大学等国际知名科研机构共同建设的海洋生物科学国际联合研究中心入选为2014年科技部国际合作基地。万米级载人深潜器科考母船“张謇”号奔赴“海上丝绸之路”南线——南太平洋岛国巴布亚新几内亚及其附近海域，开展经济、科学与文化交流活动。

（二）上海参与“一带一路”建设存在问题

上海“一带一路”建设尚处在起步阶段，还存在诸多问题，主要表现在以下几个方面：

一是企业间、产业间、产业链上下游之间合作不足，在国际合作中还未形成协同机制。一方面，产业间合作不足，上海产业在“一带一路”参与国家的布局比较分散，部分项目进行港口合作，但临港区域开发不足，综合物流服务不到位，还没有形成同参与国家临港经济区、工业园区、科技产业园区等的全面合作发展。另一方面，企业投资方式单一，国际合作效益不高，尚未形成与当地政府和企业形成利益共同体。针对不同行业和不同地区，还需利用不同投资形式，在借助中国企业在工程建设、操作效率、IT系统等方面的优势的同时，发挥合作伙伴熟悉当地环境、拥有货源等优势，实现合作共赢。

二是优势产业合作不足，受多方面因素限制。上海产业在“走出去”的过程中，面临诸多限制。在远洋渔业合作方面，面临的关键外部制约因素是入渔门槛的不断提高。国际社会对公海渔业资源的管理日趋严格也使得远洋渔业发展受到很大限制，主要沿海国家在扩大自身远洋渔业资源的权益和份额的同时，不断加强对自己专属经济区内渔业资源的管理和保护。在船舶制造产业方面，我国船舶制造企业过分强调属地管理，存在条块分割、行业垄断地方保护主义现象，缺乏统一、有效的协调机制，造成价值链不同环节的隔离和信息交流的障碍。在工程建设方面，国内企业“重建设、轻管理，重规模、轻效益”的发展模式影响企业在国外的综合竞争力。

市场营销理念和能力滞后，缺乏应对激烈市场竞争的能力和手段，跨国组织整合能力不足，管理机制现代化程度不够。

三是海外合作面临诸多风险，规避外部风险的能力弱。由于海上丝绸之路参与国家和地区的情况各异，政治、宗教、法律存在较大差异，开展国际和地区间合作时，面临诸多不确定风险。由于对沿线国家和地区的情况了解不足，安全风险评估不到位，风险应急预案不健全，导致在国际和地区间合作中规避外部风险能力偏弱。如当前世界局部地区政治局势仍处于不稳定状态，尤其是在非洲、中东和部分拉美等国家和地区，政治动荡时有发生，而政权和政策的变动往往给海洋合作构成威胁；由于各国的法律法规，如劳动法、环境法、合同法、证券法等存在较大不同，且在境外投资方面通常会有具体的法律法规限制，因此在企业海外投资和经营过程中经常会遇到法律风险；部分“一带一路”参与国家和地区的自然灾害特别是台风风暴潮等海洋灾害易发、频发，灾害类型多样，其中发展中国家或不发达国家的防灾减灾基础设施差，抗灾能力弱，势必将影响港口等基础设施以及临港产业合作项目的推进，这些合作中不确定的风险，都为上海参与“一带一路”国际合作提出更高的抗风险能力要求。

四是海外合作“走出去”主体多为国有企业，对民营企业扶持力度不足。由于国际合作信息不对称、综合竞争力等因素，对民营企业的投资保护力度不足，金融服务水平不高，现阶段国际合作主体以国有企业为主，基数庞大的民营企业参与程度不高。一方面，我国涉海企业“走出去”过程中境外信息渠道有限，政府、行业协会的信息平台上能够查询到信息较少，国内相关科研机构、咨询机构非常分散，信息资源得不到有效整合，导致涉海企业尤其是民营企业无法及时准确地获取境外市场信息，也就无法及时把握“走出去”良机。另一方面，“走出去”的东道国多样化、复杂多变的政治经济环境，企业“走出去”面临着更大的不确定性，需要具有极强国际竞争力的实体走出去才能具有抗风险能力。

三、上海参与“一带一路”建设路径与建议

（一）发挥上海自贸区在“一带一路”的桥头堡作用

中国（上海）自贸区的建立为准备“走出去”的企业提供了一个窗口

和试点。主要体现在：上海自贸区的外资企业为我国企业提供了一个了解国外市场的窗口和信息渠道。通过上海自贸区，熟悉和深入了解外国企业的文化、法律和工会组织等情况，以便在海外投资时做好功课，降低海外投资和并购及经营的风险。上海自贸区的建立减少了我国企业海外投资的审批程序，推动了投资便利化。上海自贸区总体方案中提到“构筑对外投资服务崔进体系，改革境外投资管理方式，对境外投资开办企业实行以备案制为主的管理方式，对境外投资一般项目实行备案制”，“在风险可控前提下，可在试验区内对人民币资本项目可兑换、金融市场利率市场化、人民币跨境使用等方面创造条件进行先行先试”，上海自贸区为中国企业走出去降低了融资成本。中国民营企业并不缺乏“走出去”的动力，但企业融资问题成了众多民营企业“走出去”的一道坎儿。上海自贸区的建立，推动了金融服务业对符合条件的民营资本和外资金融机构的全面开放，支持在试验区内设立外资银行和中外合资银行。同时，境外金融机构落户上海自贸区，拓展我国企业尤其是民营企业海外投资并购的融资渠道，降低了其融资成本和风险。

（二）提升上海对外开放的枢纽功能，服务带动区域发展

一是支持上海推动总部经济发展，提升资源配置能力。进一步落实吸引跨国公司在沪设立地区总部、投资性公司、研发中心、营运中心、结算中心、共享服务中心等各类区域总部及功能性机构的准入、外汇、税收、人才等政策。建立和完善面向跨国公司地区总部的高效协同的工作机制，鼓励跨国公司整合区域内投资、销售、研发、结算、资金管理、共享服务、物流分拨等业务，开展区域总部业务一体化运作，重点强化在全球范围内进行资金调拨、贸易结算、人力配置、研发共享等方面功能，促进上海从跨国公司全球布局中的生产、销售基地向对各类资源进行协调、控制的区域性乃至全球性枢纽转变。二是支持上海成为国内企业“走出去”的平台。支持上海在政府管理、社会服务、市场体系、专业支撑方面加强探索，完善“走出去”的促进机制和“走得好”的保障机制，使上海成为境外投资制度创新先导区，企业走出去的桥头堡，内外联动发展的连接点。

（三）推进上海经济结构优化升级，实施创新驱动核心战略

聚焦一批重大科技创新工程和创新产业项目，力争在基础科技领域有大的创新，在关键核心技术领域取得大的突破。围绕区域共同关注的公共安全、民生保障、环境保护等问题开展科技联合攻关。上海要建设具有全球影响力的科技创新中心，必须依靠长三角的城市一起来构筑科技创新集群，如果没有长三角城市共同打造科技创新中心的集群建设，上海要建设具有国际影响力的科技创新中心就是一句空话。因此，长三角地区应是上海打造全球科技创新中心的重要承载区域。从全球科技创新中心形成的条件来看，长三角拥有经济、文化、开放和创新等优势，已经具备了从经济增长区域向科技创新区域转型的基本条件。因此，上海要建设全球科技创新中心，将要做到“三个借力”。

一是借力于长二角区域的产业分工体系，推进国际化和多元化发展，加速要素配置流动，加快科技创新中心体系建设。发达国家历史表明，创新多发生在国际化程度较高的城市和区域。国际化和多元化有利于国外文化和技术的引入，能够从供给和需求两个方面影响创新的形成，促进要素流动，产生创新成果，在区域内根据各地的禀赋优势，形成和优化产业分工体系。

二是借力于长三角的城市化进程，建设长江经济带和长三角城市群，加快科技创新中心布局建设。长三角的城市化，形成了产业集聚，加快了非专利技术等的扩散速度，大大降低了创新试验的成本，有利于形成创新的良好氛围。集聚程度的提高，使企业竞争加剧，迫使企业不断创新。城市化实质是要素资源在空间的集聚，促进了多元知识和文化的交流，带动了人才集中，形成区域创新的动力源泉。长三角地区已具备了良好的产业基础、市场意识、国际影响力和居民消费水平。因此，上海需要与长三角城市一起，共同建设有世界级和区域性成体系的科技创新中心。

三是借力于长三角城市群区域科技创新中心建设，合理定位城市群区域科技创新中心的功能与布局。重点发挥城市群区域科技创新中心体系中五大机构，主要包括实验室、企业技术中心、工程研究中心、工程技术研究中心、外资研发机构的作用。上海要在未来发展中，主要构建科技资源

服务系统、科技创新服务系统、科技管理服务系统三大系统。同时，上海要在全球科技创新中心建设中，为江苏省在未来发展提供建立国家级和省部级重点实验室、国家级和省部级工程技术研究中心、企业重点实验室和工程化服务平台四大类重大创新平台服务；为浙江省在未来发展提供建设依托重点实验室、工程技术研究中心、企业技术中心等研究机构，构建公共科技基础条件平台、行业创新平台和区域创新平台三大研发科技服务平台体系服务。

（四）发挥上海国际金融中心优势，鼓励在“一带一路”进行投资

一是鼓励资本在“一带一路”沿线国家和地区进行基础设施跨境投资。从地理区位来看，“一带一路”基本上是中国向西开放之通道，途经中亚、南亚和东南亚，并一直延伸到西亚、北非、俄罗斯及部分中、东欧国家和地区，未来还可能进一步拓展到其他欧洲大陆国家。这些国家和地区大多为新兴市场或发展中经济体，正处于经济发展的上升期，后发优势强劲，但基础设施严重不足是这些国家和地区后续经济发展的短板和资源开发的瓶颈。相比之下，基础设施建设恰恰是中国长期积累的一大强项，因而也是合作潜力最大的领域之一。上海资本雄厚，资金实力优势明显，应积极抢占“一带一路”基建投资的先发优势。特别是在交通、油气管线、电力、信息基础设施建设方面的投资，不仅能够有力支持“一带一路”沿线国家和地区的经济建设，也能为资本和资金带来较高的收益。

二是加强建筑建材机械行业企业的跨境投资与合作。依托上海的资金优势和技术优势，开展建筑建材机械领域的跨境投资与合作，鼓励江浙沪地区具有资金优势、技术优势的企业到“一带一路”沿线投资、开展合作。

三是发挥资金优势，推动能源建设的跨境投资与合作。在电网设备、油气产业链如油气开采、钻探服务等领域，“一带一路”国内地区如新疆维吾尔自治区已经具有国际竞争力的企业，而上游有突出的资金优势，因此，上海可以通过充分发挥资金优势，与当地企业合作，实现优势互补，开展跨境的投资和产业合作，推动“一带一路”的能源建设。例如德龙镍业和南通长江在印度尼西亚、东方恒信在巴基斯坦以及天合光能在泰国的投资均超过 1 亿美元。其中东方恒信 3 个项目协议纳入习近平总书记访问巴基

斯坦的高访签约清单。

四是以战略引导在大数据、云计算、计算机信息服务等方面的跨境投资与合作。近几年来，随着信息技术的迅速发展，信息传输及计算机服务的投资增长势头迅猛。而且，在全球化、信息化浪潮下，“一带一路”沿线国家和地区吸收资本和产业的需求偏好也必将随之变化。全球化、信息化时代的跨境投资和产业转移具有鲜明的时代特点，信息传输和计算机服务方面的跨境投资应引起重视，特别是在信息传输设施和计算服务方面的战略投资，无疑将更具先发优势，也能在一定程度上同时带动和促进内地相应产业的发展。

（五）发挥上海国际航运中心作用，积极参与“21 世纪海上丝绸之路”建设

以“一带一路”国际合作为契机，优化长三角港口群发展。上海国际航运中心虽然空间在上海，但其功能则覆盖整个长三角乃至全国。在“一带一路”国际合作的引领下，上海国际航运中心建设的地位更加凸显。长期以来，作为长三角港口群呈现“一体两翼”的格局，南部以宁波—舟山港为核心，北部却一直不明确，这对以上海港为龙头的专业化港口群的形成产生了不利影响，也将对“一带一路”国际合作带来不利影响。建议以南通为核心，打造上海国际航运中心北翼组合强港。重点是围绕建设江海交汇的现代化国际港口城市目标定位，加快南通港江海组合强港建设，打造衔接长江经济带和海上丝绸之路的枢纽港。要着力推进洋口港、吕四港、通州湾、通海港四大港区的开发。加快通州湾 10 万—20 万吨级、洋口港 15 万吨级、吕四港 10 万吨级航道和港口配套设施建设。连云港要充分发挥东桥头堡优势，提升港口枢纽功能。按照航道深水化、泊位大型化、码头专业化、功能多元化的要求，加强港口基础设施建设。优化连云港区布局，加强集装箱吞吐能力建设，建设集装箱深水港。建成连云港港 30 万吨级航道二期工程、30 万吨级原油码头，提升矿石接卸能力，建成中石化连云港 LNG 接收站，在此基础上，加强与新亚欧大陆桥经济走廊的经贸合作。

以“一带一路”国际合作为引领，统筹规划长三角集疏运体系。要统

筹规划物流体系。目前，虽然连云港、杭州、义乌、宁波、合肥、南京、上海等地区开行了铁海联运中亚班列，但与全国其他相关地区相比，由于运量较少，难以实现规模效益，处于竞争劣势地位，经营状况不容乐观。同时，由于全国其他地区地方补贴普遍较高，对长三角城市造成较大的压力。与俄罗斯相比，我国铁路运费较高，运费高出10%以上，无法真正吸引韩国、日本的货物进入物流体系。

表 5–3 新亚欧大陆桥与西伯利亚陆桥运价对比情况

流向	运行周期（天）	铁路运距（公里）	运费（美元）
釜山—连云港—塔什干	18	5995	6720
釜山—东方港—塔什干	22	8628	5880
差距	4	2633	—840

资料来源：连云港市发改委提供。

因此建议：一是统筹规划长三角城市群物流体系，包括统筹规划的内容包括车皮价格补贴、产品类别、配送时间等。要充分利用长三角经济协调会等合作平台，通过协商制定相应规划，形成产品供应细分、时间科学、车皮补贴合理的格局。二是加大力度开发附加值高、适合中亚地区的产品。要对中亚地区进行充分调研，了解当地的需求；或借鉴南通对外城市结对子的经验，鼓励与中亚地区城市结成友好城市，通过相互沟通了解当地需求情况。三是充分利用铁路运输能力降低成本。目前，由于运输成本过高，回程往往会放空车，因此，货物运到中亚后，很多火车皮被选择低价卖给对方，造成了巨大浪费。建议长三角统筹规划，与铁道部门协商，在沿线各省市采购冰鲜水果、水果制品、农产品、中草药等相对时间要求不高的产品运回长三角，通过充分利用铁路运力降低成本。四是在长江流域统筹布局集疏运枢纽。由于南京长江大桥、长江三峡等基础设施的限制，高吨位船只无法从上游到达上游地区，换用拖船后成本也较高。因此，建议在长三角流域统筹布局几个大型货物集散地，建成水铁、公水转运基地。

参考文献

[1] 丁胡送、吴福象、王新新:《泛长三角城市群产业转移中的异地产业园区合作机制及模式研究》,《科技与经济》2012 年第 6 期。

[2] 白少君、白冬瑞、耿紫珍:《中国企业创新驱动典型案例分析》,《科技进步与对策》2015 年第 22 期。

[3] 张立成、李志红、高雪峰等:《我国科技文献信息资源共享研究》,《内蒙古科技与经济》2006 年第 10 期。

[4] 盛垒、洪娜、黄亮等:《从资本驱动到创新驱动——纽约全球科创中心的崛起及对上海的启示》,《城市发展研究》2015 年第 10 期。

[5] 何小勤、谷人旭:《苏浙两省创新转型比较》,《开放导报》2013 年第 6 期。

[6] 葛守昆、李慧:《长三角创新驱动发展研究》,《长三角蓝皮书：率先基本实现现代化的长三角》, 2012 年。

[7] 上海产业转型发展研究院:《长江经济带城市转型发展指数报告》, 2016 年 3 月。

[8] 孝感、王磊、杨清可、叶士琳:《长江经济带战略的背景及创新发展的地理学解读》,《地理科学进展》2015 年第 11 期。

[9] 和燕杰:《长江流域经济一体化：文献综述及其引申》,《改革》2012 年第 4 期。

[10] 沈玉芳、陈江岚、张超:《上海与长江中上游地区区域经济发展的不平衡性及其协调机制研究》,《华东师范大学学报（哲学社和会科学版）》2000 年第 2 期。

[11] 沈玉芳:《长江经济带高新技术开发区协同发展研究》,《学习与实践》2007 年第 8 期。

［12］徐俊武、肖晓勇:《湖北长江经济带区域合作问题研究——基于制度理论变迁的视角》,《学习与实践》2009年第12期。
［13］陈雯、周诚军、汪劲松、向俊波:《长江流域经济一体化下的中游地区产业发展研究》,《长江流域资源与环境》2003年第3期。
［14］王志宝、孙铁山、李国平:《区域协同创新研究进展与展望》,《软科学》2013年第1期。
［15］白津夫:《应从五方面推进区域协同创新发展》,《中国科技网》2015年9月17日。
［16］张仁开:《长三角区域协同创新战略研究》,《发展规划研究》2010年第7期。
［17］张仁开:《上海建设全球科技创新中心与长三角区域科技一体化》,《江南论坛》2014年第10期。
［18］薛霞:《上海全球科技创新中心与长江经济带协同创新研究》,《江南论坛》2015年第10期。
［19］曹方、何颖:《长江经济带协同发展三大瓶颈》,《瞭望》2015年第14期。
［20］张林:《区域知识系统的协同研究》,《科学学与科学技术管理》2008年第3期。
［21］柳卸林:《区域创新系统成立的条件和建设的关键要素》,《中国科技论坛》2003年第1期。
［22］范太胜:《基于产业集群创新网络的协同创新机制研究》,《中国科技论坛》2008年第7期。
［23］陈劲、阳银娟:《协同创新的理论基础与内涵》,《科学学研究》2012年第2期。
［24］谈燕、孔令君、樊丽萍:《一体化进入快车道！李强首次接受长三角党报联访，6000字详解“上海会议”成果落实》，上观新闻，2018年6月12日。
［25］徐蒙等:《此事关乎浙江长远，省委书记车俊披露超多重磅信息》，富贵门，2018年6月14日。

[26] 袁杰:《对话长三角一体化“智囊”: 沪苏浙皖大合唱，各扬其长讲故事》，澎湃新闻，2018年6月7日。
[27] 陈长江:《高质量发展阶段长三角实现更高水平一体化的重点行动》，江苏长江经济带研究院，2018年6月8日。
[28] 赵红军:《2.0版的长三角一体化，应该是个什么样子》，上观新闻，2018年6月7日。
[29] 林欣:《重磅！长三角主要领导今天在沪座谈，收获这些重要成果！》，上海发布，2018年6月1日。
[30] 李兴彩:《长三角一体化发展千亿级产业母基金起航》，《上海证券报》2018年6月5日。
[31] 何欣荣:《迈向更高质量一体化发展长三角编制最新路线图》，新华社，2018年5月28日。
[32] 王海平:《央地合力促长三角一体化加速 打造世界级城市群》，《21世纪经济报道》2018年5月10日。
[33] 林欣:《长三角更高质量一体化发展，上海要更主动发挥龙头带动作用》，上海发布，2018年5月8日。
[34] 杨成凤、韩会然、张学波、宋金平:《国内外城市功能疏解研究进展》，《人文地理》2016年第1期。
[35] 杨舸:《国际大都市与北京市人口疏解政策评述及借鉴》，《西北人口》2013年第3期。
[36] 杨林:《建立更加有效的城镇格局协调发展新机制》，《经济日报》2017年11月24日。
[37] 杨伟民:《十九大对新时代的新目标进行战略谋划》，《中国网》2017年10月26日。
[38] 杨小军:《建国60年来我国区域经济发展战略演变及基本经验》，《现代经济探讨》2009年第9期。
[39]《“一带一路”国际合作高峰论坛成果清单》，《人民日报》2017年5月16日。
[40] 肖林:《携手共建长江经济带服务国家战略》，《科学发展》2016年第

1 期。
[41] 屠启宇等:《国际城市发展报告，国际城市蓝皮书》，社会科学文献社 2018 年版。
[42] 万钢:《开放创新 促进长江经济带发展》,《中国发展》2014 年第 6 期。
[43] 汪伟全:《国外区域合作协调机构的比较研究及其启示》,《中国科技论坛》2011 年第 1 期。
[44] 王德、程国辉、刘律等:《上海市中心城区人口疏散机制研究》,《人口与经济》2008 年第 5 期。
[45] 上海产业转型发展研究院:《长江经济带城市转型发展指数报告》，2016 年 3 月。
[46] 上海市人民政府发展研究中心开放形势分析课题组:《2015/2016 年上海对外开放形势分析报告》,《科学发展》2016 年第 1 期。
[47] 孟兆敏、吴瑞君:《上海市基础教育资源供需的现状、问题及对策研究》,《上海教育科研》2013 年第 2 期。
[48] 潘建成:《建立更叫有效的区协调发展新机制》,《经济日报》2017 年 11 月 16 日。
[49] 乔森:《特大城市空间疏解与新城发展战略研究——以上海为例》,《华东师范大学学报》2010 年。
[50] 李娜、刘靖:《长江三角洲与京津冀区域协同发展的比较与启示》,《上海经济》2015 年第 4 期。
[51] 侯仁勇:《中部区域发展战略研究》,《武汉理工大学学报》2005 年。
[52] 胡鞍钢、张新:《现代化经济体系：发展的战略目标》,《经济日报》2017 年 10 月 27 日。
[53] 胡鞍钢:《三大战略保障区域协调发展》，人民网，2016 年 9 月 26 日。
[54] 胡凤乔、李金珊:《从自由港代际演化看“一带一路”倡议下的第四代自由港发展趋势》,《社会科学家》2016 年第 5 期。
[55] 黄桦:《聚焦关键精准发力 促进区域协调发展》,《经济日报》2017 年 12 月 1 日。
[56] 黄建峰:《“21 世纪海上丝绸之路”战略研究》,《山东师范大学学报》

2017 年。

[57] 贾珅:《新时期区域发展要落实好新的三大区域战略》,《中国经济时报》2017 年 4 月 28 日。

[58] 范恒山:《关于推进长三角地区城市转型与创新的思考》,《城市学研究》2012 年第 6 期。

[59] 范恒山:《国家发改委副秘书长范恒山谈十九大报告强调"区域协调发展"》,澎湃新闻,2017 年 11 月 7 日。

[60] 邓立丽:《长三角城市群科技创新发展的现状、瓶颈、与态势》,《上海蓝皮书上海经济发展报告 建设具有全球影响力的科技创新中心》,2015 年。

[61] 李娜:《撬动长三角协调发展的支点在哪里?》,《解放日报》2018 年 3 月 13 日。

[62] 李湛、李娜:《长三角一体化发展要有一个大平台》,《解放日报》2018 年 4 月 17 日。

[63] 李娜、张岩:《长三角城市群创新驱动发展特征与对策建议》,《上海城市管理》2018 年第 2 期。

[64] 王战、郁鸿胜、李娜等:《长江经济带与中国"一带一路"发展战略研究》,上海辞书出版社 2015 年版。

[65] 李娜、张岩:《构建长三角大湾区的几点思考》,《江南论坛》2018 年第 7 期。

[66] 上海国际能源创新中心:《东京湾区能源发展启示录》,2018 年 4 月 14 日。

[67] 朱松丽:《北京、上海城市交通能耗和温室气体排放比较》,《城市交通》2010 年第 3 期。

[68] 梁朝辉:《上海能源发展战略和节能城市建设研究》,《科学发展》2015 年 10 月。

[69] 黄亚平:《城市空间理论与空间分析》,东南大学出版社 2002 年版。

[70] 徐毅松:《迈向全球城市的规划思考——上海城市空间发展战略研究》,复旦大学建筑与城市规划学院,2006 年 9 月。

［71］马道明：《城市空间结构生态调控研究——以常州生态城市规划为例》，《城市生态与环境》2007 年 3 月。
［72］荆晓梦：《斯德哥尔摩生态城市空间规划的路径、特征与启示》，《南京林业大学学报（人文社会科学版）》2017 年第 4 期。
［73］陈英姿：《欧美域市环境空间管控研究及对我国的启示》，《中国环境科学学会科学与技术年会论文集》2017 年。
［74］徐毅等：《1980—2010 年上海城市生态空间演进及动力机制研究》，《城市发展研究》2016 年 11 期。
［75］刘旭辉：《城市生态规划综述及上海的实践》，《上海规划学刊》2012 年 3 月。
［76］周冯琦：《上海环境资源发展报告》，社会科学文献出版社 2017 年版。
［77］张若曦：《国际生态城市实践中的理念与方法：基于案例库构建与分析》，厦门大学出版社 2016 年版。
［78］［美］理查德·瑞吉斯特：《生态城市：重建与自然平衡的城市》，社会科学文献出版社 2010 年版。
［79］胡冬雯等：《新常态下上海环境保护的新特征和新挑战——“十三五”上海环境与发展形势分析》，《上海节能》2016 年第 1 期。